Paul Julius Möbius

Goethe über das Pathologische

Das Pathologische in Goethe

Verlag
der
Wissenschaften

Paul Julius Möbius

Goethe über das Pathologische

Das Pathologische in Goethe

ISBN/EAN: 9783957008022

Auflage: 1

Erscheinungsjahr: 2016

Erscheinungsort: Norderstedt, Deutschland

Hergestellt in Europa, USA, Kanada, Australien, Japan
Verlag der Wissenschaften in Hansebooks GmbH, Norderstedt

Cover: Tizian "Ländliches Konzert "

Verlag
der
Wissenschaften

Ausgewählte Werke.

Von

P. J. MÖBIUS.

Band II.

GOETHE, I. THEIL.

LEIPZIG,
VERLAG VON JOHANN AMBROSIUS BARTH.
1903.

GOETHE.

Von

P. J. MÖBIUS.

I. Theil.

Ich lasse dich nicht,
du segnest mich denn.

Mit einem Titelbilde.

LEIPZIG,
VERLAG VON JOHANN AMBROSIUS BARTH.
1903.

Bemerkung zu dem Titelbilde.

Als ich die Gips-Maske zum Photographiren hingab, fügte ich nur die Weisung bei, man möge die Beleuchtung so einrichten, dass alle Unebenheiten möglichst scharf herauskämen. Das ist geschehen, und nun sieht das Bild fremdartig aus, ja man möchte es wohl für karrikirt halten. Damit ist aber der Vortheil erreicht, dass man die Eigenthümlichkeiten der Stirnbildung, die sonst nur durch sorgfältige Betrachtung und Betastung zu erfassen sind, ohne Weiteres wahrnimmt, dass auch der Ungeübte das durch die gewaltsame Beleuchtung als übertrieben Erscheinende sehen muss.

Die von Weisser bearbeitete Gallsche Maske
aus dem Jahre 1807.

Vorwort zur neuen Ausgabe.

Daran, dass meine Sachen nicht für Viele sind, werde ich mich wohl gewöhnen müssen. Indessen, wenn man die Stimmen wägt, so kann ich mit dem Erfolge meines „Goethe" zufrieden sein, denn ich habe bei vielen von Denen, auf deren Urtheil es ankommt, Anerkennung gefunden. Auf Widerspruch und Tadel musste ich von vornherein gefasst sein. Ein Theil der Goethe-Verehrer verurtheilt überhaupt jede Kritik an ihrem Abgotte; man soll ihm nur verehrend nahen und auf das eigene Urtheil verzichten. Da sie sozusagen ihre eigene Männlichkeit aufgeben, könnte man sie Goethe-Galli nennen. Viel grösser ist die Schaar Derer, die nicht um Goethes willen, sondern um ihrer eigenen Vortrefflichkeit willen widersprechen. Sie fürchten die Kritik des Arztes, weil sie ahnen, es möchten ihre eigene Gesundheit und die Herrlichkeit ihrer Cultur schlecht wegkommen, wenn an die Stelle spiritualistischer Phrasen ärztliche Erkenntniss gesetzt würde Hinzukommt, dass es den „Gebildeten" auch bei gutem Willen kaum möglich ist, unbefangen zu denken, da

ihre Bildung hauptsächlich darin besteht, dass sie Vorurtheile in sich aufgenommen haben. Mit erheiternder
Naivetät sagt z. B. Frau v. Ungern-Sternberg: „Möbius
schreibt, über das Pathologische bei Goethe, und wir
erfahren, was man füglich voraussehen konnte, dass dem
grossen Dichter keine Hausknechtgesundheit zu eigen
war." Im Grunde kommen viele gelehrte Männer auch
nicht weiter als diese Dame, der man es ja nicht übel-
nehmen kann. Welche Verständnisslosigkeit, ja man
kann wohl sagen Gedankenlosigkeit in manchen literarischen Kreisen herrscht, das zeigt am besten ein
gegen mich gerichteter Aufsatz von Hieronymus Lorm
(Berliner neueste Nachr. vom 22. 11. 1899). Das
elendeste Geschwätz hat ein anonymer Bösewicht in
der „Deutschen Welt" des H. Dr. Friedr. Lange (vom
15. 10. 1899) veröffentlicht, und, obwohl ein unge-
nannter Nervenarzt mich in der Nummer vom 22. 10.
sehr verständig und gemessen vertheidigt hat, tritt doch
Herr Lange für jenen Bösewicht ein. Irgend ein Literat
hat gar von meinem „berüchtigten Buche über Goethe"
gesprochen. Schliesslich kommt es auf das Geschrei
gar nicht an, sondern allein darauf, ob ich Recht habe
oder nicht. Darüber zu entscheiden aber sind jene
Herren wahrlich nicht gemacht. —

Die neue Ausgabe bringt viel Neues. Es ist aus
äusseren Gründen nöthig gewesen, das Buch in zwei
Theile zu zerlegen, sodass es den zweiten und den
dritten Band der „Ausgewählten Werke" füllt. Der erste
Theil allerdings ist trotz vieler Abänderungen und Zu-
sätze im Wesentlichen unverändert. Ich habe diesmal

Vorwort zur neuen Ausgabe.

versucht, die Periodicität Goethes, sein Stigma, eingehender als früher darzustellen, und ich hoffe, dass es in überzeugender Weise geschehen sei. Auch die Familie ist etwas ausführlicher besprochen worden als früher.

Ganz neu ist der zweite Theil, mit dem ich mir Mühe gegeben habe. Zuerst erscheint ein „Porträt" Goethes, d. h. ausser Bemerkungen über die körperliche Erscheinung Goethes ein Versuch, sein geistiges Wesen zu schildern. Ich habe diesem Versuche das Schema Galls zu Grunde gelegt und gebe damit neuen Anstoss. Man hat mir gerathen, ich möchte meiner Sache nicht durch die Beziehung auf Gall schaden. Wie sollte ich die Wahrheit aus Rücksicht auf wissenschaftliche Moden vernachlässigen? Mögen die Psychologen und die Gehirnphysiologen à la mode ihre Feste feiern, wie sie wollen, mir sind sie ganz gleichgiltig. Gefällt ihnen das nicht, was ich sage: gut, mir gefallen sie auch nicht, also gehe Jeder seinen eigenen Weg. Goethe selbst hat Galls Verdienste anerkannt, und es ist mir ein besonderes Vergnügen gewesen, die Beziehungen beider Männer in dem dem zweiten Theile des Buches eingefügten Aufsatze zu besprechen.

Für Die, die ernstlich Antheil nehmen und nachprüfen möchten, habe ich die „Belege und Ausführungen" zusammengestellt, d. h. die wichtigsten Beweisstellen. Hier wie anderwärts hätte ich gern mehr gegeben, aber Beschränkung auf das Nothwendige ist nöthig, denn wollte man sich gehen lassen, so möchte einen die Fülle des Gegenstandes ins Grenzenlose verlocken.

Vorwort zur neuen Ausgabe.

„Zur zweyten Ausgabe würde ich die lateinische Schrift wählen, da sie heiterer aussieht . . ich glaube denn doch zu bemerken, dass der gebildete Theil des Publikums sich durchaus zu lateinischen Lettern hinneigt" (14. 5. 1797). Dieser Weisung Goethes bin ich auch gefolgt.

Endlich sei Allen, die mich durch Rath und Belehrung unterstützt haben, herzlich gedankt. Am meisten verpflichtet bin ich meinem verehrten Hausgenossen, Herrn Prof. Heinemann.

Leipzig, im Mai 1903.

M.

Inhalt.

Inhalt.

———

Inhalt.

Goethe über das Pathologische.

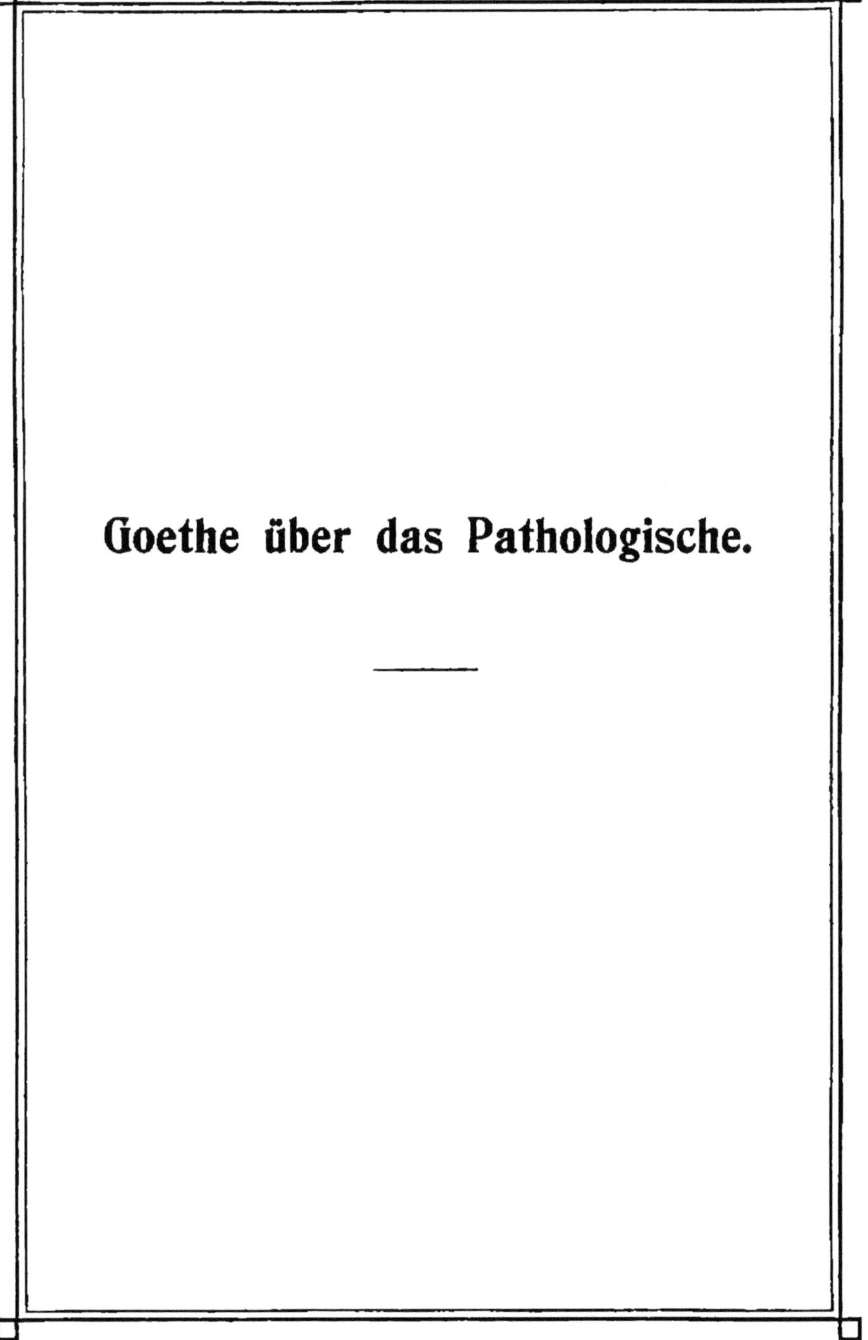

Einleitung.

Selten wird die Bedeutung krankhafter Geisteszustände genügend erkannt. Mangel an Kenntnissen einerseits, Befangenheit in Vorurtheilen andererseits haben die richtige Beurtheilung der vom Gewöhnlichen abweichenden Geistesbeschaffenheit in der Regel unmöglich gemacht, und es ist gar nicht zu sagen, wieviel Thorheit und Unheil im Laufe der Zeiten durch unpassende Verwendung juristischer, moralischer, theologischer Kategorieen an Stelle naturwissenschaftlicher oder ärztlicher entstanden ist.

Das Ungewöhnliche wird am leichtesten erkannt, wenn es recht weit vom Gewöhnlichen abweicht, sich als ein durchaus Neues darzustellen scheint. So sind freilich die groben geistigen Störungen der Aufmerksamkeit nie entgangen, und die Thatsache, dass es Geisteskranke giebt, ist immer anerkannt worden. Die Geisteskranken wurden theils eingesperrt, theils in Freiheit gelassen, hier als Kranke im gewöhnlichen Sinne angesehen, dort als Besessene oder Dämonische, immer aber als eine abgeschlossene Species.

Einleitung.

Die menschliche Bequemlichkeit neigt stets zum Entweder—Oder, es ist daher begreiflich, dass man annahm, der Mensch sei entweder gesund oder geisteskrank. Bis zum Beweise des Gegentheiles wurde Jeder für gesund gehalten, war Einer aber einmal für geisteskrank erklärt, so schied er aus der menschlichen Gesellschaft aus, wurde sozusagen in eine andere Classe versetzt. Ein grosser Teil der Juristen steht jetzt noch auf diesem Standpuncte. Man hätte sich von vornherein sagen können, dass, da doch nirgends in der Natur Sprünge vorkommen, auch zwischen Gesundheit und Geisteskrankheit keine scharfe Abgrenzung anzunehmen sei. Man hätte bei unbefangener Beobachtung ohne besondere Vorkenntnisse die Zwischenformen erkennen und sich davon überzeugen können, dass nicht nur oft der Gesunde erst ganz allmählich zum Geisteskranken wird, sondern auch zwischen den ganz Gesunden und den ganz Kranken eine überaus grosse Menge zu finden ist, bei der Gesundes und Krankes vermischt ist, Leute, bei denen einzelne krankhafte Züge unverkennbar sind. In Wirklichkeit jedoch wuchs die Erkenntniss ausserordentlich langsam, und trotz der Zugänglichkeit des Materials hat man bis zur neuesten Zeit recht bescheidene Fortschritte gemacht.

Auch die sogenannte ärztliche Wissenschaft konnte in dieser Angelegenheit nicht gerade viel leisten. Entsprechend der Theilung des Menschen in Leib und Seele überliess man in früheren Zeiten den Leib den Aerzten, wies die kranke Seele den „Seelenärzten" zu,

d. h. Geistlichen und Philosophen. Deshalb ist die Psychiatrie der jüngste Zweig der Medicin, ein Spätling, dem man nicht zum Vorwurfe machen sollte, dass er noch nicht ausgewachsen ist. Als man endlich an Stelle der alten Tollhäuser Krankenhäuser für Irre unter ärztlicher Aufsicht errichtete, wurde die Absonderung der Irrenärzte wieder ein Hinderniss. Sie hausten in ihren klosterähnlichen Anstalten, wurden oft weltfremd, und es bildete sich vielfach die Meinung, als gäbe es nur in den Irrenanstalten geistige Störungen, während doch nur die am Schlimmsten Erkrankten und die Störendsten aus der Gesellschaft ausgeschieden und in das Irrenhaus gebracht werden. Andererseits blieb bis in die neueste Zeit die grosse Zahl der Aerzte von allen psychiatrischen Kenntnissen verschont. Nicht nur fehlte es auf den Universitäten meist an Gelegenheit zum Unterrichte über geistige Störungen, sondern der ganze Geist der medicinischen Erziehung hinderte die Schüler, das Seelische verstehen zu lernen, ein plumper Materialismus behandelte alles Geistige als quantité négligeable. Neuerdings hat man zwar fast überall psychiatrische Kliniken eingerichtet, aber noch fehlt die Nöthigung der Studenten, diese Kliniken so, wie es nothwendig wäre, zu besuchen, noch fehlt vielfach die Einsicht, dass der Arzt überall, nicht nur in der psychiatrischen Klinik, das Geistige ins Auge fassen muss, dass ein psychiatrischer Sinn in jeder Klinik von Nöthen ist.

Dass trotz aller Schwierigkeiten auch die ausserhalb der Irrenhäuser vorkommenden geistigen Störungen studirt worden sind, das ist das Verdienst einzelner scharfsichtigen Aerzte, und mit Anerkennung soll jederzeit der Irrenärzte gedacht werden, die schon frühe den Blick über die Mauern der Anstalt hinaus richteten und die Psychiatrie sozusagen in das tägliche Leben hinein trugen. Es galt, alle Formen geistiger Störungen zu erkennen, ihren Zusammenhang mit körperlichen Veränderungen zu begreifen, Verschiedenartiges als Stufen einer Reihe zu verstehen und das specielle Fach als Zweig der Menschenkunde überhaupt aufzufassen. Wir dürfen mit Stolz sagen, dass seit 50 Jahren ein weiter Weg zurückgelegt worden ist. Einzelne Missgriffe sollen das Verdienst Derer, die vorangegangen sind, nicht schmälern. So wie die Sache jetzt steht, hindern den Fortschritt nicht sowohl Unkenntniss und Mangel an Erfahrung als Vorurtheile. Die rein naturwissenschaftliche Beurtheilung des Menschen gilt Diesem als unsittlich, Jenem als herabwürdigend. Für die ärztliche Auffassung giebt es nur die Norm einerseits, das Abnorme andererseits. Weicht ein Mensch von der Norm, der Regel, dem Gewöhnlichen ab, und erreicht die Abweichung eine gewisse Grösse, die die je nach der Anschauung verschieden grosse „Breite der Gesundheit" überschreitet, so ist er abnorm oder, was im Grunde dasselbe ist, krankhaft. Nur der Gebrauch der Sprache hindert abnorm und krankhaft als gleichbedeutend zu fassen, da bei dem Worte krankhaft zunächst an Beschwerden und Nachtheile gedacht wird. Nun begleiten zwar solche jede Abnormität, aber sie

Der Begriff der Entartung.

sind oft nicht von vornherein deutlich, oder werden übersehen. Gleichbedeutend mit Abnormität ist eigentlich der Ausdruck Entartung, ja dieser ist die Uebersetzung jenes, da er bedeutet: von der Art, der Regel abgewichen. Zwar denkt man oft bei Entartung nur an beträchtliche angeborene Abnormitäten, man könnte aber im Grunde jede Abnormität, jede Krankheit als angeborene oder erworbene Entartung auffassen. Besser bezeichnet man als Entartung jede nachtheilige Abweichung vom Typus, die vererbbar ist, durch die also die Art weiterhin geschädigt wird. So gewinnt man einen Begriff, der das Verschiedenartigste und doch Zusammengehörige zusammenfasst. Diese Erörterungen lassen Alle gelten, solange sie sich auf das Gebiet des Körperlichen beziehen. Wendet man sie aber auf geistige Zustände an, so heisst es, ja Bauer das ist ganz was andres. Ich erinnere nur an den Streit über den geborenen Verbrecher, an die Erörterungen über die krankhafte Natur des Genies, möchte aber hier auf die Sache nicht näher eingehen, da es mir nur daran liegt, zu zeigen, dass die psychiatrische Beurtheilung, d. h. die Beurtheilung menschlicher Geisteszustände vom ärztlichen Standpuncte aus, von einer Bedeutung ist, die weit über den Bereich der Irrenanstalt hinausgreift, in fast alle Fächer menschlichen Wissens hineingreift und unsere Auffassungen in der wichtigsten Weise zu bestimmen geeignet ist. Mit der Gebietsausdehnung der Psychiatrie muss das Interesse an ihr in's Grosse wachsen, und der Werth psychiatrischer Kenntnisse ausserordentlich steigen.

Einleitung.

So unangenehm das Manchem sein mag, so ist doch
an der Sache nichts zu ändern. Ein Blick auf die
neuere schöne Literatur zeigt, dass das Interesse am
Pathologischen wächst. Mag auch die Form, in die
sich dieses Interesse kleidet, vielfach unerfreulich, ja
widerwärtig sein, so liegt doch diesen modernen Bestrebungen, deren Auswüchse freilich Tadel verdienen,
eine richtige Erkenntniss zu Grunde. Es macht sich
eben überall die enorme Bedeutung krankhafter Geisteszustände fühlbar, und man beginnt einzusehen, dass
ohne ihre Berücksichtigung eine zutreffende Beurtheilung menschlicher Zustände und Werke überhaupt
unerreichbar ist. —

Kurz kann man also sagen: Krankhafte Geisteszustände sind im wirklichen Leben von der grössten
Bedeutung, sie müssen es daher auch in dem Bilde
des Lebens, in der poetischen Schilderung sein. Dieser
von vornherein auffallende Satz wird durch die Betrachtung der Werke des Dichters, dem man gern einen besonderen Sinn für die Wirklichkeit zuschreibt, nemlich
Goethes durchaus bestätigt.

Das, was zumeist das Verständniss krankhafter
Geisteszustände verhindert hat, war die Ansicht, dass
der Mensch aus Leib und Seele, Körper und Geist,
oder gar aus Geist, Seele und Leib zusammengesetzt
sei. Diese Annahme zweier Substanzen, der sogenannte Dualismus oder Spiritualismus, scheint der

naiven Auffassung so unvermeidlich zu sein, wie die, dass die Sonne sich bewege, die Erde stille stehe. Offenbar entsteht sie zuerst durch den Anblick des Todes: Dem Todten fehlt etwas, obwohl er sonst ganz dem Lebenden gleicht, das ist die Seele. Alle Sprachen sind spiritualistisch, und am schroffesten hat sich der Spiritualismus in den abendländischen Religionen ausgeprägt. Ist die Seele etwas, das erst mit dem Leibe in Verbindung gebracht worden ist und von ihm wieder getrennt werden kann, so sind offenbar auch ihre Krankheiten eine Sache für sich. Nicht der Arzt des Leibes versteht sich am besten auf die Seelenkrankheiten, sondern Der, der überhaupt am meisten von der Seele weiss, d. h. je nach der Auffassung der Theolog oder der Philosoph. Ebenso wie in der Pathologie dieselben Grundsätze herrschen wie in der Physiologie, so muss dann auch die Psychiatrie auf der Psychologie fussen, und die seelischen Krankheiten müssen psychologisch verstanden und behandelt werden. Diese Auffassung wurde bekanntlich im Mittelalter folgerichtig durchgeführt, aber sie ist auch heute noch nicht verschwunden, wie aus der Pastoral-Psychiatrie zu ersehen ist. Eigentlich müsste bei der allgemeinen Anerkennung, die auch heute noch die spiritualistische Ansicht geniesst, die Pastoral-Psychiatrie viel mehr Anhänger haben, als sie hat. Die Bedürfnisse der Praxis jedoch sind stärker als alle Theorieen, sie haben die Geisteskranken den Aerzten zugeführt, und die ärztliche Psychiatrie hat sich zwar langsam, aber doch fortschreitend und über spiritualistische Anschauungen wegschreitend entwickelt. Es ist gar nicht zu leugnen, dass der Arzt, wenn er sich an das Thatsächliche hält und streng der Erfahrung folgt, jede Theorie entbehren kann, indessen trüben falsche Theorieen doch auch seinen Blick vielfach, und noch mehr wird der Laie, den die Erfahrung nicht belehrt hat, in alle seine Raisonnements über Geistesstörungen etwas Schiefes mit seiner mitgebrachten Theorie hineintragen. Für den Arzt, ja den der Naturforschung Beflissenen schlechtweg, liegt es nahe, einen Ausweg im Materialismus zu suchen, d. h. zu sagen: Es giebt überhaupt nur im Raume Bewegliches, Materie, auch der Mensch ist nur Materie, und was ihr Geist oder Seele nennt, das ist eine Function, eine Absonderung der Mterie,a oder eigentlich nur eine Redensart. Thatsächlich hat sich ja der Materialismus seit den Tagen der Encyclopädisten bis zu unseren Tagen mehr und mehr ausgebreitet und hat die Fachkreise regirt, wenn auch vielfach nur als verhüllter König. Die „Gebildeten" jedoch im Allgemeinen hielten und halten an einem mehr oder weniger modernisirten Spiritualismus und damit an dem Influxus physicus fest. Unter Influxus physicus versteht man, dass die Materie Veränderungen des Geistes und der Geist Veränderungen der Materie bewirke. Zwischen der Absurdität des Materialismus einerseits und der Absurdität des Influxus physicus andererseits schwankt heute die Masse der Gebildeten hin und her. Nur Wenige begreifen, dass Klarheit allein durch Loslösen von der in der Sprache fixirten Auffassung des naiven Verstandes zu gewinnen ist, dass nur eine idealistische Auffassung oder richtiger die Beschränkung auf die wirkliche Erfahrung vor Widersprüchen schützt. Unser Bewusstsein zerfällt in das Bewusstsein unser selbst und das Bewusstsein anderer Dinge. Was für uns Gefühl, Gedanke, kurz Seele ist, das ist für Andere ein Bewegen in Nervenzellen und Fasern, und was uns als Gehirn erscheint, das ist dem Besitzer des Gehirns Seele. Soweit unsere Beobachtung reicht, geht neben jedem seelischen Vorgange ein körperlicher oder materieller her. Es ist aber eine Forderung der Vernunft, diesen psychophysischen Parallelismus als einen stetigen, durch die ganze Welt gehenden zu denken und in beiden Reihen nur verschiedene Seiten desselben Vorganges zu erkennen. Körperliches und Geistiges sind dasselbe, nur der Standpunct ist verschieden. Leib und Ich sind Eins, doch fällt in das Bewusstsein unser selbst nur ein kleiner Theil des Ich. Der grössere gehört für uns zu dem uns Unbewussten oder, sofern er in das Bewusstsein von anderen Dingen eintritt, zum Materiellen. Der Influxus physicus wird zu einem Hinüber- und Herübergreifen aus dem Bewussten in das Unbewusste, aus dem Unbewussten in das Bewusste. Geisteskrankheiten sind Krankheiten, bei denen nicht nur die unbewussten Functionen des Ich, wie bei den sogenannten körperlichen Krankheiten, gestört sind, sondern auch die bewussten. Oder, da doch auch bei den körperlichen Krankheiten durch Schmerz, Verstimmung u. s. w. das Bewusstsein betheiligt zu sein pflegt, müssen bei Geisteskrankheiten die bewussten Functionen in bestimmter Weise leiden. Es giebt im Grunde nur eine Art von Krankheiten, und es ist sozusagen zufällig, dass wir den meisten nur von aussen her, d. h. physikalisch beikommen können, einigen aber auch von innen her, oder psychologisch. Nehmen wir es practisch, so müssen wir die Geisteskrankheiten genau so auffassen wie alle Gehirnkrankheiten, denn jene bilden nur eine Gruppe dieser, andererseits aber müssen wir da, wo uns die Beobachtung von aussen im Stiche lässt, uns streng auf die Feststellung der erschlossenen inneren Vorgänge beschränken und dürfen nicht vergessen, dass auch dann, wenn die den krankhaften Geisteszuständen entsprechenden Gehirnvorgänge uns bekannt wären, dadurch keine Kenntniss der seelischen Zustände zu erlangen wäre. Mit anderen Worten, wir müssen auch hier die Parallelen zu erkennen suchen, die Veränderungen im Gehirn einerseits, die eigentlich nur dem Kranken zugänglichen, von uns aus Bewegungen erschlossenen seelischen Veränderungen andererseits.

Wie Goethe über das Verhältniss von Geist und Körper dachte, das ist schwer zu sagen. Ausdrückliche Aussagen liegen, so viel ich sehe, erst aus seiner letzten Lebenszeit vor. In seiner Jugend wurde die christliche Auffassung der Dinge bald beseitigt. Eine Zeit lang studirte er eifrig Spinoza,*) und wenn man

---

*) Ueber sein Verhältniss zu Spinoza belehrt am besten sein Brief an Jacobi vom 9. VI. 1785.

auch nicht sagen kann, er sei ein Spinozist gewesen, so gewann er doch aus Spinoza die philosophische Grundwahrheit, die Haupterkenntniss, die den philosophisch Gebildeten vom Haufen trennt. Am 8. April 1812 schreibt er an Knebel: „Wem es nicht zu Kopfe will, dass Geist und Materie, Seele und Körper, Gedanke und Ausdehnung, oder (wie ein neuerer Franzos*) sich genialisch ausdrückt) Wille und Bewegung die nothwendigsten Doppelingredienzen des Universums waren, sind und seyn werden, die beyde gleiche Rechte für sich fordern und deswegen beyde zusammen wohl als Stellvertreter Gottes angesehen werden können — wer zu dieser Vorstellung sich nicht erheben kann, der hätte das Denken längst aufgeben, und auf gemeinen Weltklatsch seine Tage verwenden sollen." Auch später beschäftigte er sich mit Philosophie, er mühte sich z. B. mit Kant ab, verkehrte mit Fichte, Schelling, Hegel, studirte ihre Sachen zum Theil, er las Schopenhauers Hauptwerk, aber sein Geist lehnte das ihm Fremde ab. Frühzeitig wurde ihm klar, dass „wir nichts wissen können". Das aber, was wir nur durch Vermuthungen von fern erreichen können, in Systeme einzufangen, über das Unerforschliche Dogmata aufzustellen, solches Thun widerstrebte seinem Zartgefühle. Mit Ehrfurcht und mit zarter Scheu wollte er von dem Metaphysischen geredet wissen, die Metaphysik der dogmatischen Philosophen musste ihn schamlos dünken. In diesem Sinne scheint er auch

---

*) [Bréguet.]

eine eigentliche Erörterung über die Seelenfrage abgelehnt zu haben. Er drückte sich im Sinne der durch
die Sprache fixirten und herkömmlichen dualistischen
Ansicht aus, und man muss wohl annehmen, dass er
später, trotz der richtigen Grundansicht, wenigstens
praktisch dem Dualismus gehuldigt habe. Die Monaden-
lehre will ja etwas anderes sein, so weit sie aber fassbar wird, läuft sie doch auf Dualismus hinaus. Der
alte Goethe scheint einer Art von Monadologie zu-
gethan gewesen zu sein. Die Gespräche mit Joh. Falk
enthalten wunderliche Auseinandersetzungen über die
Monaden, doch gilt dies Buch als apokryphisch. Aber
auch bei Eckermann findet man Entsprechendes. Die
Entelechie ist doch eine Art von Seelen-Monade. „Jede
Entelechie nämlich ist ein Stück Ewigkeit, und die
paar Jahre, die sie mit dem irdischen Körper verbunden
ist, machen sie nicht alt." Sei die Entelechie geringer
Art, so werde sie „während ihrer körperlichen Verdüsterung" den Körper nicht beherrschen, vielmehr
werde dieser sie beherrschen, eine mächtige Entelechie dagegen werde den Körper veredeln und
lange jung erhalten. An Zelter schreibt Goethe: „Mir
erscheint der zunächst mich berührende Personen-
kreis wie ein Convolut sibyllinischer Blätter, deren eins
nach dem andern, von Lebensflammen aufgezehrt, in
der Luft zerstiebt und dabey den überbleibenden von
Augenblick zu Augenblick höheren Werth verleiht.
Wirken wir fort bis wir, vor oder nacheinander, vom
Weltgeist berufen in den Aether zurückkehren! Möge
dann der ewig Lebendige uns neue Thätigkeiten, denen

analog, in welchen wir uns schon erprobt, nicht versagen! Fügt er sodann Erinnerung und Nachgefühl des Rechten und Guten, was wir hier schon gewollt und geleistet, väterlich hinzu; so würden wir gewiss nur desto rascher in die Kämme des Weltgetriebes eingreifen. Die entelechische Monade muss sich nur in rastloser Thätigkeit erhalten; wird ihr diese zur andern Natur, so kann es ihr in Ewigkeit nicht an Beschäftigung fehlen. Verzeih' diese abstrusen Ausdrücke! Man hat sich aber von jeher in solche Regionen verloren, in solchen Sprecharten sich mitzutheilen versucht, da wo die Vernunft nicht hinreicht, und wo man doch die Unvernunft nicht wollte walten lassen."

Die dualistische Auffassung findet gegenüber den Geisteskrankheiten einige Schwierigkeiten. Im Anfange unseres Jahrhunderts standen zwei Parteien gegen einander. Die sogenannten Somatiker meinten, die unsterbliche Seele könne nicht erkranken, bei den Seelenstörungen handle es sich um körperliche Krankheiten, durch die die Seele gehemmt werde, gewissermaassen um eine Beschädigung des Claviers, auf dem die Seele spielt; die Psychiker dagegen liessen die Seele selbst erkranken und fassten die dabei vorhandenen körperlichen Störungen und Veränderungen als Wirkungen der Seelenkrankheit auf. Dieser Unterschied in der Theorie war praktisch von grosser Bedeutung. Die Psychiker lehrten, Ursache der Seelenkrankheiten seien die Leidenschaften, die Somatiker aber meinten, die Hauptsache sei eine primäre Erkrankung des Gehirns oder eines anderen Organs, etwa Stockungen im Unterleibe oder eine falsche Blutmischung. Goethe wird sich um diesen Streit nicht gekümmert haben. Er war unwillkürlich Psychiker, wie es für einen Dichter natürlich ist. Der Wahnsinn ist ihm die Wirkung oder eigentlich der höchste Grad der Leidenschaft. Im Sinne des Dichters ist Einer um so mehr wahrer Mensch, je stärker er empfindet. Der leidenschaftliche Mensch ist der eigentlich Gesunde, gerade ihm aber droht die Gefahr des Wahnsinns. Eben deshalb hat der Dichter Interesse am Wahnsinne und sozusagen Respect vor ihm. Wie könnte ihn eine Geisteskrankheit anziehen, deren Ursache eine ansteckende Fieberkrankheit wäre? Macht nicht die unglückliche Liebe oder Kummer, Sehnsucht wahnsinnig, so ist der Wahnsinn dichterisch überhaupt nicht brauchbar.

In Wirklichkeit liegen die Dinge freilich anders. Man muss zwei Gruppen geistiger Krankheiten unterscheiden, solche, deren Hauptbedingung eine Einwirkung von aussen ist, und solche, deren Hauptbedingung die von vornherein krankhafte Beschaffenheit des Menschen ist. Dort handelt es sich um die Wirkung von Bakterien-Krankheiten oder von chemischen Giften, und Jeder kann erkranken, der das Unglück hat, der krankmachenden Ursache genügend ausgesetzt zu sein. Hier wächst die Krankheit aus dem Inneren des Menschen heraus, und ihre sogenannten Ursachen sind nur Anstösse, deren Beschaffenheit unwesentlich ist. Unter den exogenen Krankheiten ist, abgesehen vom Alkoholismus, nur eine von grosser Häufigkeit und Wichtigkeit, die fortschreitende Gehirnschrumpfung, die sogenannte Gehirnerweichung (Dementia paralytica). Sie aber war zu Goethes Zeit noch unbekannt und wahrscheinlich selten. Bekanntlich hat sie erst Ibsen auf die Bühne gebracht. Die endogenen Geisteskrankheiten bilden die Hauptmasse, sie sind von Alters her bekannt, und an sie denkt der Dichter, wenn er vom Wahnsinne spricht. Ihre Hauptbedingung ist, wie gesagt, eine abnorme Reaction, d. h. in der Hauptsache die angeborene, ererbte Abweichung von der normalen Art, oder die Entartung. Je grösser die Entartung, um so grösser die Wahrscheinlichkeit der ausgesprochenen Krankheit und um so kleiner die Stärke des krankmachenden Anstosses. Bei einem gewissen Grade der Entartung erscheint der Mensch auch dem ungeübten Auge als eine von vornherein krankhafte Natur, und die gewöhnlichen Reize des Lebens genügen, ihn zu vollkommener Geisteskrankheit hinüberzuführen. Bei geringerer Abweichung von der Art kommt es auf die Gestaltung des Lebens an, ob der Gefährdete glücklich durchkommt, oder unterliegt. Hier nun spielen die Erschütterungen des Gemüths, Kummer, Sorge, Schreck, Angst, Ueberanstrengung, Schlaflosigkeit, eine wichtige Rolle, denn sie sind am häufigsten Ursache der Aufhebung des labilen Gleichgewichtes. Die Leidenschaften freilich, von denen die Dichter mit Vorliebe sprechen, sind weit häufiger Zeichen der mitgebrachten Instabilität und Vorläufer der Erkrankung als Ursache. Die „Leidenschaftlichkeit" ist nicht eine Eigenschaft des gesunden Menschen. Bei diesem sind leidenschaftliche Erregungen selten, und sie dienen als Sicherheit-Ventil, ihre Explosion beseitigt die Spannung, reinigt den Organismus, schädigt ihn nicht. Ein wirklich gesunder Mensch wird nie durch Leidenschaften oder Gemüthserschütterungen geisteskrank werden, denn die gesunde Natur wehrt sich gegen das Uebermaass, stösst das Traurige, Feindliche hinaus, wie der Körper einen eingedrungenen Splitter. Leute wie Tasso, Rousseau, Lenz, Hölderlin u. s. w. wurden nicht krank, weil sie zu viel zu erdulden hatten, sondern sie regten sich viel auf, weil sie krankhafter Art waren, und ihre krankhaften Erregungen führten sie in die wirkliche Krankheit hinüber.

Die Kluft zwischen der herkömmlichen dichterischen Auffassung und der wissenschaftlichen Betrachtung ist jedoch nicht so gross, wie man nach dem Bisherigen annehmen möchte. Der gesunde Mensch nemlich ist ein Ideal: Wir alle sind nicht vollkommen gesund, sind in gewissem Grade entartet, und wenn wir von gesunden und krankhaften Menschen reden, so handelt es sich eigentlich nur um Grad-Unterschiede. Nicht auf das Vorhandensein, sondern auf den Grad der Entartung kommt es an. Dazu tritt ein Anderes: der gesunde Mensch ist langweilig. Der Normalmensch darf keine besonderen Eigenschaften haben, denn jedes Uebermaass zerstört das Gleichgewicht, und es giebt keine Hypertrophie ohne entsprechende Atrophie. Wie Hörner nicht möglich sind ohne Beeinträchtigung der Schneidezähne, so muss der vorwiegenden Gehirnentwickelung, die wir am Menschen schätzen, ein anderweites Minus entsprechen. Je feiner und verwickelter ein Organ wird, um so verletzlicher wird es. Hervorragende Tüchtigkeit ist nicht ohne Einseitigkeit möglich, Einseitigkeit ist Abnormität, und so fort. Was uns reizt, ist das Ungewöhnliche, das von der Regel Abweichende, das Abnorme, und deshalb sind jederzeit „die problematischen Naturen" Gegenstand der Dichter gewesen. Mit anderen Worten, der Dichter fühlt sich von selbst zum Pathologischen hingezogen, sofern wie ihn die Menschen mehr interessiren als die Ereignisse. Je mehr der Dichter ein treuer Spiegel der Wirklichkeit ist, eine um so grössere Rolle wird bei ihm das Pathologische spielen. Thatsächlich beweist die Beobachtung diesen Satz, denn Shakespeare und Goethe haben die meisten pathologischen Figuren. Erst dadurch, dass der Dichter das treu Beobachtete im Sinne vorgefasster Meinungen bearbeitet, kann der Zwiespalt zwischen dichterischer und wissenschaftlicher Auffassung entstehen. Die Sache liegt so. Je abnormer oder krankhafter ein Mensch beschaffen ist, um so weniger findet bei ihm eine normale Motivation statt. Je mehr die Krankheit wächst, um so mehr schwindet die normale Motivation, oder, was dasselbe ist, die psychologische Freiheit. Bei einem gewissen Grade der Krankheit hört sie ganz auf, der Mensch wird dann unfrei oder unzurechnungsfähig. Er denkt und handelt dann unter einem organischen Zwange, er ist psychologisch nicht mehr verständlich. Ein solcher Mensch ist nicht nur dem Strafrechte entzogen, sondern auch der Poesie. Denn diese will das Allgemein-Menschliche darstellen, die von ihr verwertheten Aeusserungen und Thaten müssen psychologisch vermittelt sein. Daraus ergiebt sich, dass der eigentliche „Wahnsinn", d. h. die ausgesprochene Geisteskrankheit nicht zu den dichterischen Vorwürfen gehören kann. Natürlich kann der Dichter auch Geisteskranke darstellen ebenso wie andere natürliche Dinge, aber er darf dann die Geisteskrankheiten nur so verwenden, wie er körperliche Krankheiten verwendet oder Unglücksfälle. Die Motivirung hört bei ihnen auf.

Da anderseits der Dichter gezwungen ist, das Pathologische, von dem die Welt voll ist, zu verwerthen, so ergiebt sich, dass ihm das Zwischenreich gehört, soweit wie in der Hauptsache die Motivation normal ist. Sowohl das Recht, wie die allgemeine Meinung nimmt normale Motivation noch bei ziemlich beträchtlichen Abweichungen des Geisteszustandes vom Normalen an; wo die Grenze zu ziehen sei, das ist im Grunde Willkür, zu verschiedenen Zeiten ist die Grenze verschieden abgesteckt worden, und je nach der Einsicht ist auch heute das Urtheil verschieden. Wollte man wirklich gerecht sein, so müsste man bei jedem Menschen eine wenigstens nach bestimmten Richtungen hin verminderte Zurechnungsfähigkeit annehmen, oder Jedem in bestimmten Fällen mildernde Umstände zubilligen. In der Wirklichkeit ist die Sache schwierig, der Dichter darf es thun und hat es instinktiv immer gethan. Trotz dieser Einschränkung ist natürlich an der Zurechnungsfähigkeit des Durchschnitt-Menschen mit seinen pathologischen Beimischungen fest zu halten, und man wird auch bei ausgesprochen pathologischen Menschen einen gewissen Grad von Zurechnungsfähigkeit annehmen. Wir thun es alle, müssen es thun, wenn wir leben wollen, und ebenso darf es der Dichter thun.

Das Gesagte sei an einigen Beispielen erläutert. Shakespeare bringt im König Lear einen Geisteskranken auf die Bühne, der an Altersschwachsinn leidet, und dessen Zustand sich während des Stückes zu acuter Verwirrtheit steigert. Lear ist unzurechnungsfähig und kann deshalb nicht Held der Tragödie genannt werden. Er ist einer Naturgewalt zu vergleichen, und die durch ihn Leidende und Sterbende, Cordelia, ist eigentlich allein eine tragische Figur. Hamlet dagegen ist zwar ein pathologischer Mensch, aber er ist nicht geisteskrank, und seine Zurechnungsfähigkeit ist in der Hauptsache erhalten. Alles, was er thut, ist psychologisch vermittelt, der Zuschauer kann mit ihm denken und fühlen, wenn er auch bewusster- oder unbewussterweise einen Vorbehalt macht und, juristisch ausgedrückt, mildernde Umstände annimmt.

Goethe hat besonders im Werther eine pathologische Gestalt geschaffen, deren Zurechnungsfähigkeit zwar eingeschränkt, aber doch in der Hauptsache erhalten ist. —

Goethe ist auch darin, wie die meisten Dichter, „Psychiker", dass er die einzelnen Erscheinungen der Geistesstörungen psychisch vermittelt sein lässt. Dies zeigt sich z. B. bei seiner Besprechung der Ophelia

Am gröbsten tritt es hervor in dem Stück Lila, wo die Heldin durch seelische Einwirkung geheilt wird. Hier folgte Goethe freilich einem älteren Muster, jedoch war ihm offenbar die Sache nicht anstössig. In der Wirklichkeit zeigt gerade der Umstand, dass beim Geisteskranken die Symptome und auch die Heilung nicht motivirt sind, die organische Natur der Geistesstörungen und ihre dichterische Unverwerthbarkeit an. Es kann zwar in der Wirklichkeit vorkommen, dass Einer, der an Verfolgungswahn erkrankt, Verfolgungen erlitten hat, wie es bei Rousseau der Fall war, aber weitaus die meisten Patienten sind nie verfolgt worden, wir wissen einfach nicht, warum gerade Verfolgungsvorstellungen so häufig Zeichen einer Gehirnerkrankung sind. Nur bei Einer Krankheit sind alle Erscheinungen seelisch vermittelt, und kann jede Erscheinung durch seelische Einwirkungen beseitigt werden, bei der sogenannten Hysterie, die keine eigentliche Geisteskrankheit ist. Man könnte in gewissem Sinne die Hysterie als Dichter-Krankheit bezeichnen, denn hier verlaufen die Dinge ungefähr so, wie es sich die Dichter gewöhnlich vorstellen. Man ist bei poetischen Krankheit-Schilderungen oft versucht, die Diagnose Hysterie zu stellen, obwohl der Dichter daran ganz unschuldig ist. So wäre bei Lila und bei Orest nur die Diagnose Hysterie zulässig.

Inwieweit hatte Goethe Gelegenheit, krankhafte Geisteszustände kennen zu lernen? Mir scheint die

Goethes Abneigung gegen Tollhäuser.

Antwort durch eine Aeusserung Goethes gegen Eckermann (Soret) gegeben zu werden. Er sagt: „Die
Welt ist so voller Schwachköpfe und Narren,
dass man nicht nöthig hat, sie im Tollhause
zu suchen." Er fügte hinzu: „Hierbei fällt mir ein,
dass der verstorbene Grossherzog, der meinen Widerwillen gegen Tollhäuser kannte, mich durch List und
Ueberraschung einst in ein solches einführen wollte.
Ich roch aber den Braten noch zeitig genug und sagte
ihm, dass ich keineswegs ein Bedürfniss verspüre,
auch diejenigen Narren zu sehen, die man einsperre,
vielmehr schon an denen vollkommen genug habe, die
frei umhergehen. Ich bin bereit, sagte ich, Ew. Hoheit,
wenn es sein muss in die Hölle zu folgen, aber nur
nicht in die Tollhäuser."*)

Also Goethe hat seine Kenntnisse durch Beobachtung der Gesellschaft, nicht durch den Besuch von
Irrenanstalten erworben. Wir dürfen wahrscheinlich
hinzufügen: auch nicht durch das Lesen psychiatrischer
Werke oder den mündlichen Unterricht psychiatrisch
gebildeter Aerzte.

Es ist nicht so, dass Goethe nie ein Irrenhaus
besucht hätte. Unter dem 5. Juli 1781 heisst es in
einem Briefe an Ch. v. Stein: [Der Herzog und ich]
„haben im Zucht- und Tollhaus merkwürdige Gestalten

---

*) Die Scene könnte am 14. Mai 1816 stattgefunden haben.
Da heisst es im Tagebuche: „Serenissimus besuchten das neue
Krankenhaus". Ferner ist am 27. Sept. 1821 notirt: „Kamen
Serenissimus im Garten Kaffee zu trinken. In die Veterinär-
anstalt. Ins neue Krankenhaus."

gesehen". Man weiss nicht recht, ob Eisenach oder Schwarzburg gemeint ist. Uebrigens hat Goethe in jener Zeit auch Bekanntschaft mit Verbrechern gemacht: „Heute früh haben wir alle Mörder, Diebe und Hehler vorführen lassen, sie Alle gefragt" u. s. w. (Ilmenau, 1780).

Auf jeden Fall hatte Goethe einen Widerwillen gegen Tollhäuser. Diesen Widerwillen finden wir ja bei vielen Laien: Der Geisteskranke ist ein Gegenstand des Grausens. Bei Goethe kommt dazu seine Abneigung gegen alles Traurige, die zum Theil auf seiner grossen Empfänglichkeit beruhte. Was er wahrnahm, das umfasste er mit allen Seelenkräften, und weil er sich den Eindrücken ganz hingab, erregten sie ihn tief und nachhaltig. Er musste sich gegen Krankheit und Tod abschliessen, um die Aufgaben des Lebens erfüllen zu können.

Jener Widerwille war damals berechtigter als heute. Bekanntlich ist die Irrenpflege in unserem Sinne erst etwa 100 Jahre alt. Früher hatte man im Allgemeinen nicht sowohl das Bedürfniss, die Geisteskranken wie andere Kranke in Krankenhäusern zu behandeln und zu pflegen, als vielmehr das, die unruhigen, tobsüchtigen Kranken unschädlich zu machen. Weil man zuerst an tobsüchtige Kranke, „Tolle" dachte, wurden die Irrenhäuser Tollhäuser genannt. Vielfach wurde die Festhaltung der Kranken recht barbarisch ausgeführt. An manchen Orten legte man sie an Ketten, verwahrte sie in einer Art von Käfigen, „strafte" sie bei Widerspenstigkeit. Rechnet man dazu die Dürftigkeit und die Unreinlichkeit in den alten Verhältnissen, so begreift man, dass ein Tollhaus für einen Ort des Jammers galt, den ein zart fühlender Mensch vermied, sofern nicht seine Pflicht ihn zum Besuche nöthigte. Will man gerecht sein, so muss man sagen, die alte Zeit war vielfach besser, als sie uns erscheint, und jenes abschreckende Bild war nicht überall zu finden. Das Schlimmste prägt sich aber am meisten ein, und deshalb ist man geneigt zu glauben, man habe die Geisteskranken überall früher schlecht behandelt oder misshandelt, während es doch nur an manchen Orten geschehen ist. Man sagt z. B. heute oft: „Pinel nahm zuerst den Geisteskranken die Ketten ab," als ob sie überall in Ketten gelegen hätten, und die Verhältnisse überall so miserabel gewesen wären wie im Bicêtre in Paris. Wahrscheinlich hat man schon zu Goethes Zeiten die guten oder besseren Irrenhäuser über den die Mehrzahl bildenden schlechten vergessen und den Abscheu vor diesen auf alle übertragen.

Es schien mir von Interesse zu sein, mich nach den wirklichen Irrenverhältnissen in Goethes Umgebung zu erkundigen. Ueber die Frankfurter Zustände fand ich in einem Buche von Dr. J. H. Faber Aufschluss (Topographische, politische und historische Beschreibung der Reichs-, Wahl- und Handelsstadt Frankfurt am Mayn. 1788)) Die Schilderung Fabers ist ein

---

*) Goethe scheint Faber nicht gekannt zu haben. Wenigstens wird das Buch nicht unter denen genannt, die Goethe sich kommen liess, als er über Frankfurt in seiner Biographie schrieb.

beachtenswerthes Kulturbild, und ich gebe sie deshalb wieder.

„I. p. 183. § 33. Pestilenzhaus. Tollhaus. Ferner giebt es auch allhier ein sogen. Pestilenzhaus, am Klapperfeld gelegen, welches im Jahre 1669 erbauet worden, und in Contagionszeiten zur Verpflegung der Kranken gewidmet ist, im gleichen das Tollhaus, worinnen die Wahnsinnigen versorgt werden. Obgleich von diesem letzteren schon oben unter der Rubrik: Almosenkasten Meldung geschehen ist, so verdient doch folgendes noch kürzlich davon erwähnt zu werden: Schon im Jahre 1728 hatte man bey einer hohen Kaiserlichen Kommission ein Decret ausgewirkt, dass das sehr baufällige Tollhaus zu wohlverwahrlichem Aufenthalt und besserer Wohnung der Tollen und Wahnsinnigen erbauet werden sollte. Da indessen die in dem Kommissionsdecret anbefohlene Collecte sehr gering ausfiel, das Kastenamt aber nicht im Stande war, Gelder herzugeben, so unterblieb die so nöthige Erbauung eines neuen Hauses. Endlich konnte man das immer steigende Elend dieser Leute nicht länger ansehen; deswegen beschlossen in dem Jahre 1775 die damaligen Herren Deputirte und Pfleger die Erbauung eines Gebäudes in den Garten. Man erhielt zwar wieder die Erlaubniss zu Collectionen, allein weil die wenigsten Personen unserer Stadt von dem Elend der armen Wahnsinnigen einen rechten Begriff hatten, und deswegen die Nothwendigkeit eines Baues nicht einsahen, so reichte das Geld lange nicht zu, sondern da der Ankauf des von Völker'schen Hauses 5722

Das Frankfurter Tollhaus.

Gulden, der im Garten geführte Seitenbau aber 6000 Fl. betrug, so mussten nach Abzug aller collectirten Gelder, übersandten Rechnungen, und gegen Erhaltung gewisser Freyheiten bestimmten Beyträge, dermalen noch 8000 Fl. zugelegt werden; zu gleicher Zeit bekam das Kastenamt dadurch 500 Fl. an neuen Besoldungen für den Candidaten, Spitalmeister und Wärter zu bezahlen. Das neue Gebäude in dem Garten wurde in 14 wohlverwahrte Stuben für einzelne Personen eingetheilt, wovon die 7 untersten dergestalt verwahrt werden, dass man auch wirklich Rasende darinnen logiren kann, ohne Gefahr, dass sie durchbrechen können; dabey aber alle nur mögliche Rücksicht auf die Gesundheit dieser Leute genommen wurde; das von Völker'sche alte Haus wurde einsweilen so gut als möglich zum Gebrauche der blos Blödsinnigen zurecht gemacht; zu gleicher Zeit suchte man selbst denjenigen, die bisher als rasend eingesperrt gewesen waren, nach und nach mehr Freyheit zu geben. Der Höchste segnete diese Vorkehrungen dergestalt, dass von 30 bis 40 Personen, so sich mehrentheils zugleich in diesem Hause befinden, oft kein einziger des Tages über eingekerkert ist, auch durch ordentliche Diät, Gebrauch der Medicamenten, Zuspruch der Herren Geistlichen und sonstige schickliche Behandlung im Hause, verhältnissmässig viele in den Stand gesetzt worden sind, das Kastenhospital zu verlassen, wiederum bey ihren Familien oder an andern Orten zu wohnen und sich nach ihren Umständen zu ernähren. Hierbey verdient bemerkt zu werden, dass seit dem Jahre 1777 bis auf das Jahr

Einleitung.

1785 nur ein einziger als völlig rasend gestorben ist, die meisten andern aber ziemlich ruhig an gewöhnlichen Krankheiten, ja viele derselben so vernünftig verschieden sind, dass ihnen der Geistliche das Abendmahl mit gutem Gewissen reichen konnte."

(Weiter wird geschildert, dass 1783 das Hauptgebäude für 10000 Fl. erbaut worden sei, wie es beschaffen sei, wie die Einrichtung. Kranke mit Neigung zum Zerstören bekommen die schlechtesten Betten oder nur Strohsäcke. Es steht einem jeden Bürger frei, die Anstalt zu besehen.)

„Was nun die Versorgung der im Hause befindlichen Personen anbetrifft, so sind der Hausmeister und seine Frau, der Wächter und seine Frau dazu bestimmt. Das Essen wird nach Vorschrift der Herren Aerzte von einem Traiteur in das Haus gebracht, das Kastenamt bezahlt solches und giebt das Brod dazu. Mit leichter ihren Leibs- und Seelenkräften angemessener Arbeit sucht man die Blödsinnigen zu beschäftigen. Der Herr Doctor med. Riese besucht das Haus wöchentlich dreymal, so wie es aber ein oder anderer Kranker erfordert, täglich. Der Herr Chirurgus Bucher besorgt die chirurgische Bedienung. Der Herr Candidat Keil kömmt täglich zwo Stunden in das Haus, um Betstunde zu halten und denjenigen, wo es angewandt ist, Trost zuzusprechen; des Sonntags morgens aber versieht solcher in dem Betsaal den Gottesdienst. Herr Pfarrer Bechtold besucht das Haus von Zeit zu Zeit oder so oft solches verlangt wird, und theilt denjenigen, so den gehörigen Grad der

Das Frankfurter Tollhaus.

Vernunft besitzen, das heilige Abendmahl aus, so wie solches die katholischen und reformirten Herren Geistlichen ihrer Seits bey ihren Glaubensgenossen verrichten. Die Instruction aller vorbenannten Personen ist so eingerichtet, dass, wenn solcher nachgelebt wird, alle diejenigen, so sich in diesem Hause befinden, auf das menschlichste behandelt werden. Zu diesem Ende ist auch noch eine besondere Deputation von Löb. Amt ernannt, die zu unbestimmten Zeiten ihre Session in dem Kastenhospital hält, bey welcher ein jeder seine Klage vorbringen darf. Einem jeden steht es frey, sich insgeheim an einen der Herren Deputirten oder Pfleger zu wenden, wenn er wüsste, dass die Officianten ihre Schuldigkeit nicht thäten; sollte sich wider alles Vermuthen eine Klage gegründet finden, so soll sogleich Rath geschafft werden, ohne den Namen der Person bekannt zu machen. Dem Herrn Medico, Geistlichen und Candidaten ist es besonders aufgetragen, alle Unordnung sogleich anzuzeigen.

Noch muss bemerkt werden, dass dieses Haus nunmehr so eingerichtet worden ist, dass man auch Personen gegen ein gewisses Geld annehmen und verpflegen kann. Sollten mehrere Zimmer zusammen oder bessere, als die gewöhnliche Kost verlangt werden, so kann man auch damit dienen, und man wird sich billig finden lassen. Alle ·Zimmer sind auf die gesundeste Art eingerichtet, haben eine schöne Aussicht, welche zu Aufmunterung an Gemüth kranker Personen vieles beyträgt. Das Gebäude liegt übrigens an einem stillen und von allem Geräusche entfernten Orte.“

Einleitung.

Nach dieser Schilderung wird zu Goethes Jugendzeit der Zustand des Frankfurter Tollhauses betrüb-
lich genug gewesen sein, da nach Faber bis zum
Jahre 1775 das Elend immer stieg, und erst dann die
Reform eintrat. Goethe wird wohl von alledem nichts
gewusst haben.

Schwieriger war es, über die Irren-Verhältnisse
im Herzogthume Weimar zu Goethes Zeit etwas zu erfahren. Im 17. Jahrhundert sind, wie Burkhardt erwähnt, Irre auf dem Lande in Schweineställen an
Ketten gelegt worden. Besser mag es am Ende des
18. Jahrhunderts gewesen sein. In Weimar war das
Tollhaus mit dem Zuchthause verbunden, ebenso war
es in Eisenach. Im Jahre 1801 begannen die Ver-
handlungen, die die Errichtung einer Irrenanstalt in
Jena und die Ueberführung der in Weimar und
Eisenach verpflegten Kranken nach Jena bezweckten.
Es wird sich vor 1804 hier wie überall eigentlich nur
um die Festhaltung und Bewachung der unruhigen,
oder gefährlichen Irren gehandelt haben, die übrigen
werden in Privatpflege geblieben sein; es mögen
Aerzte, Geistliche und ähnliche Personen sich mit der
Behandlung der ruhigen Kranken befasst haben. Im
Jahre 1804 wurde die Jenaische Irrenanstalt als ein
Theil der dort befindlichen Landesheilanstalten ein-
gerichtet, und damit beginnt die eigentliche Weimarische
Irrenpflege. Das klinische Institut (die ambulatorische
Klinik) zu Jena war im Jahre 1781 durch den Geh.
Hofrath und Professor der Medicin Dr. Joh. Chr. Stark
gestiftet worden, im Jahre 1788 war es zu einem

Die Weimarische Irrenpflege.

öffentlichen Institut erhoben worden, und im Jahre 1806 ist es mit dem Loder-Hufelandischen Klinikum vereinigt worden. Andererseits war das städtische Waisenhaus zu Jena am Ende des 18. Jahrhunderts von dem Bürgemeister, Kammerrath Vogel angekauft worden zur Einrichtung eines Arbeit- und Krankenhauses, in das auch Geisteskranke kommen sollten. Es sollte ausgebaut und vergrössert werden, namentlich um den studirenden Medicinern Gelegenheit zu klinischen Uebungen zu geben. Im Jahre 1804 wurde, wie gesagt, die Landesirrenheilanstalt zu Jena als ein Theil der medicinischen Landesanstalten gegründet. Der Bau des Landeskrankenhauses in der Bachgasse erfolgte im Jahre 1822. Die jenaische Landesheilanstalt als Irren- und Krankenhaus stand unter zwei medicinischen Directoren. Der erste war der schon erwähnte Stark, der auch Leibarzt der Herzogin-Mutter und des Herzogs war. Er war 1753 geboren, starb 1811. Ihm folgte sein gleichnamiger Neffe, der als Chirurg ausgezeichnete sogenannte dicke Stark, der gleichfalls Leibarzt und seit 1812 Director sämmtlicher Krankenanstalten war. Ein dritter Stark, Karl Wilhelm, war Sohn des ersten Stark und war ebenfalls Leibarzt in Weimar und Director zu Jena. Im Jahre 1818 verlangte die Regirung für das Irrenhaus neben den medicinischen Directoren auch einen „philosophischen Arzt" zur psychologischen Erkenntniss, der Landtag aber bewilligte die geforderten 200 Thaler nicht. Im Jahre 1824 wurden auf Betreiben der Regirung 4 jenaische Bürger als mitaufsehende Gehülfen, als ausserordentliche Mitglieder der die Aufsicht über das Kranken- und Irrenhaus führenden Polizeikommission beigeordnet.

Ausserhalb Jenas bestanden keine Irrenanstalten. Im Jahre 1788 gab Karl August durch Schenkung eines Gartens und Hauses Anregung zur Errichtung eines Krankenhauses für die Stadt Eisenach. Die Irren aber wurden nach Gründung der Jenaischen Anstalt in diese abgegeben. Die zweite Landesirrenanstalt zu Blankenhain entwickelte sich erst viel später aus dem im Jahre 1840 gegründeten Karl-Friedrich-Hospital.*)

Ob Goethe irgendwie mit dem Weimarischen Irrenwesen in Berührung gekommen sei, das lässt sich jetzt nicht mehr feststellen. Wahrscheinlich ist es nicht. Der Kammerrath Vogel berichtete im October des Jahres 1801, Goethe habe die jenaische Anstalt angesehen, und die ganze Einrichtung habe ihm nicht missfallen. Damals bestand zwar die Irrenanstalt noch nicht, aber ein Bauriss und Einrichtungsplan war eingereicht und von der Regirung genehmigt worden. Es wäre also möglich, dass Goethe an den Vorarbeiten zur Irrenanstalt theilgenommen hätte. Später deutet, wie es scheint, nichts auf seine Theilnahme.**) Im Goethe-

---

*) Für gütige Belehrung bin ich den Herren Landgerichtsrath a. D. Dr. Ortloff und Archivdirector Dr. Burkhardt in Weimar zu Dank verpflichtet.

**) In dem Buche Vogels: Goethe in amtlichen Verhältnissen (Jena 1839), sind ausser der Anatomie die medicinischen Anstalten gar nicht erwähnt.

Goethes Beziehungen zur Medicin.

und Schiller-Archiv befindet sich, wie Herr Geh. Hofrath Suphan mir mittheilte, kein Blatt, das auf Beziehungen Goethes zur Irrenpflege deutete. Ebenso geht aus einer Mittheilung des Grossh. Staatsministerium hervor, dass in dessen Archiven „keine Acten aufzufinden sind, aus denen sich ergäbe, dass Goethe mit den Fragen über die Einrichtung der Irrenpflege im damaligen Herzogthum Sachsen-Weimar in Berührung gekommen wäre." —

Es ist bekannt, dass Goethe sich viel mit medicinischen Angelegenheiten befasst hat. In Leipzig speiste er bei dem Hofrath Ludwig, der Medicus und Botaniker war; bei Tische wurden nur Gespräche über Medicin und Naturhistorie geführt. In Strassburg hörte Goethe Chemie bei Spielmann, Anatomie bei Lobstein, Vorlesungen über Geburtshülfe bei dem jüngeren Ehrmann, und er besuchte auch das Klinikum Ehrmanns.

Goethe hatte eigentlich nur mit den direct unter dem Herzoge stehenden Anstalten in Jena, nemlich der mineralogischen und der anatomischen Sammlung, dem botanischen und dem Veterinär-Institut, sowie der Bibliothek zu thun.

Jedoch heisst es im Tagebuche unter 19. 3. 1802: „Landschaftliches Cirkular wegen Combination des Irrenhauses."

In einem Briefe an Reichardt (9. 1803) führt Goethe unter den Verbesserungen der Jenaischen Akademie an: „Das, nicht blos für die Aufbewahrung, sondern zugleich für die Kur der Kranken errichtete Irrenhaus." Damit ist natürlich nicht gesagt, dass er mit der Errichtung etwas zu thun gehabt habe.

Unter dem 22. 3. 1817 steht im Tagebuche: „Auf dem Heinrichsberg, die Heilanstalt betrachtet". Der Heinrichsberg ist eine geringe Höhe unterhalb des Landgrafenberges, auf der auch die jetzige Irrenanstalt steht. Entweder sah Goethe von da aus das Krankenhaus, oder er sah es auf dem Rückwege.

In Jena wandte er sich wieder der Anatomie zu. Bei alledem ist jedoch nicht anzunehmen, dass Goethe auf diesem Wege etwas über Psychiatrie erfahren habe. Damals war noch mehr als jetzt eigentlich nur der leibliche Mensch Gegenstand der Medicin, mit dem seelischen mochten sich Philosophen und Geistliche beschäftigen. An den Universitäten wurde Psychiatrie überhaupt nicht gelehrt. Bekanntlich hat erst die allerneueste Zeit den Universitäten psychiatrische Kliniken gebracht. Der erste klinische Lehrer der Psychiatrie war für Deutschland Heinroth in Leipzig. Er war 1773 geboren, wurde 1811 ausserordentlicher, 1827 ordentlicher Professor. Der alte Goethe hat ihn gekannt, hat auch, wie schon aus seinem Aufsatze über die „bedeutende Fördernis durch ein einziges geistreiches Wort" hervorgeht, seine Anthropologie gelesen.*) Aber abgesehen davon, dass Goethes Werke in der Hauptsache vor dieser Bekanntschaft erschienen sind, so ist es doch recht zweifelhaft, ob Goethe sich mit den psychiatrischen Lehren Heinroth's näher bekannt gemacht habe.

Der Widerwille gegen die Tollhäuser lässt zwar nicht vermuthen, dass Goethe aus Liebhaberei Bücher über Geisteskrankheiten gelesen habe, indessen hat er doch Einiges gelesen. An Reil schreibt er im

---

*) Im Frühjahr 1822. Goethe tadelt H. wegen seiner theologischen Färbung, lobt aber die vielen Vorzüge des Werkes. Eine kurze Anzeige der Anthropologie Heinroths gab Goethe 1825 (Werke. Cottasche Ausgabe von 1851. XXVI. S. 309). Am 15. 9. 1827 erhielt Goethe den Besuch Heinroth's.

Goethe und psychiatrische Bücher.

Oct. 1803: „Das von Ew. Wohlg. mir übersandte bedeutende Werk, habe ich mit vielem Antheil und zu meiner Belehrung durchgelesen." Es handelt sich um Reils „Rhapsodieen über die Anwendung der psychischen Kurmethode auf Geisteszerrüttungen." Goethe erbietet sich, für eine collective Recension zu sorgen, und schreibt am 21. 11. 1804 an Eichstädt: „Die hier zurückkommende Recension des Reilischen Werks ist interessant genug. Freylich dringt sie mit Animosität auf die schwachen Seiten dieser Schrift, lässt dem Guten wenig Gerechtigkeit widerfahren und schliesst auf eine sehr tückische Weise. Gerade im Gegentheile hat unser Recensent mit angenehmer liebevoller Manier die Sache behandelt und doch auch nichts, was zu erinnern wäre ausser Acht gelassen." Im Jahre 1825 erhielt er von M. Jacobi: „Sammlungen für die Heilkunde der Gemüthskrankheiten. Elberfeld. 2 Bände."*) Gelesen wird er sie wohl nicht haben. Es kommt auch nichts darauf an, denn das, was Goethe im hohen Alter zugesandt worden ist, kann für unsere Zwecke kaum in Betracht kommen. Für die Werke sind hauptsächlich die Belehrungen wichtig, die er vor der italienischen Reise erhalten hat.

Wir müssen in der Hauptsache das, was Goethe über krankhafte Geisteszustände vorbringt, aus der Be-

---

*) In einem Briefe vom 5. Mai 1825 schildert Jacobi die zukünftige Anstalt Siegburg. Langermann aber schreibt am 18. Juni 1824, Heimroth sei ein krankhaft zarter, mystischer Schleicher, Nasse treibe es noch ärger, und Jacobi sei ein armer Träumer.

obachtung des täglichen Lebens und aus gelegentlichen Gesprächen, gelegentlicher Lectüre ableiten.

Auch dann, wenn wir den Begriff des krankhaften Geisteszustandes nicht im weiten Sinne fassen (wobei denn ein grosser Theil der Bekannten Goethes mitgefasst würde,*) sondern in üblicher Weise nur an gröbere Störungen denken, hat das Leben Goethen oft mit Geisteskranken in Berührung gebracht. Zuerst im väterlichen Hause. „Ein junger Mann von vielen Fähigkeiten, der aber durch Anstrengung und Dünkel blödsinnig geworden war, wohnte als Mündel in meines Vaters Hause." Es war der Rechtscandidat Clauer. Er war sehr ruhig, schrieb am liebsten, copirend oder auf Dictat. Er scheint das Vorbild des jungen Wahnsinnigen in Werthers Leiden zu sein.**) Lenz

---

*) Erinnert sei an Behrisch, an die Schwester Cornelie, an die Pietisten in Frankfurt, an Jung, an Herder, an den Ludwigsritter in Strassburg, an Lavater und Basedow, an die Stolberge, an Kauffmann, an die überspannten Frauenzimmer in Darmstadt, bes. Frl. von Ziegler, an Leuchsenring, an die Familie Brentano, um nur einige Gestalten mit pathologischen Zügen aus der Jugendzeit zu nennen. Im Jahre 1796 lernte Goethe auch „Hölterlein" kennen.

**) Vgl. „Festschrift zu Goethes 150. Geburtstagsfeier, dargebracht vom Freien Deutschen Hochstift. Frankfurt a. M. 1899."

Die Familien Goethe und Bethmann von Dr. Heinrich Pellmann. p. 52. Am 11. 4. 1750 hatte die Witwe des Archivar Dr. jur. David Clauer († 25. 12. 1735) den Rath G. zum Vormunde ihres in Göttingen studirenden Sohnes eingesetzt. Ihre Schwester war Frau Bethmann. Der junge David Cl., geb. 10. 4. 1732, gest. 22. 7. 1796, wird im Bethmann-Archiv und in der Todesanzeige als Dr. jur. bezeichnet.

„Goethe und seine Vaterstadt" von Dr. O. Heuer. p. 256. Brief des Rath Goethe an einen Arzt in Frankfurt vom

war zwar, solange er mit Goethe verkehrte, noch nicht ausgésprochen geisteskrank, jedoch konnte Goethe aus der späteren Krankheit auf die krankhafte Art der von ihm beobachteten Wunderlichkeiten Lenzens schliessen. Bedeutungsvoll scheint mir der Arzt Zimmermann zu sein. Er wohnte bekanntlich mit seiner Tochter eine Zeit lang bei Goethes Eltern, Goethe interessirte sich sehr für ihn und hat die meisten seiner Schriften gelesen. Zimmermann war durchaus eine krankhafte Natur und wurde später ausgesprochen gemüthskrank.*) Besonders sein Buch über die Einsamkeit ist reich an Bemerkungen über geistige Störungen und an Beispielen. Durch Zimmermann, der viel von Haller handelt, wird Goethe auch Näheres über die Geisteskrankheit des von ihm verehrten Haller erfahren haben. Eine ganz persönliche Erfahrung erwarb sich Goethe im Jahre 1781: „Eine alte Krankheit zerrüttet die Einsiedlische Familie, der

---

11. 1. 1755. Der junge Cl. sei in Tiefsinn verfallen, nach dem Examen rigorosum und nahe vor der Promotion. Ob es rathsam sei, ihn nach Frankfurt kommen zu lassen. „Dieser junge Mann hatte schon vor geraumer Zeit die fromme Absicht sein Herze von der argen Welt zu Gott zu wenden, der Erfolg aber hat gelehrt, dass er sich darin nicht recht finden können, indem Er mit dem bössen auch das gute verworfen, und wie mans sonst austrückt, das Kind mit dem Bade ausgeschüttet. Er verliess nehmlich auf einmal alle menschliche Gesellschaft, hörte auf die Collegia zu besuchen, sass beständig über den Büchern, und gerieth dadurch nach und nach in einen solchen Tiefsinn, dass da seine Promotion so nahe ist, auch das Examen rigor. schon längstens vorüber, Er dadurch auser Stande gesetzet worden, solche rühmlich zu vollenden.“

*) Wegen Lenzens und Zimmermanns vgl. das Spätere.

häusliche, politische, moralische Zustand hat auf den Vater so gewürkt, dass er nahe an der Tollheit, wahnsinnige, wenigstens schweer erklärliche Handlungen vorgenommen hat, endlich zu Hause durchgegangen ist und seinen Sohn hier aufgesucht hat. Ich habe mich, um kurz zu seyn, des Alten bemächtigt und ihn nach Jena in das Schloss gebracht, wo ich ihn unterhielt, biss seine Söhne ankamen" (an den Herzog, 1781). Weiter richtete Jerusalems Selbstmord Goethes Gedanken auf das Pathologische. Auch später trat ihm der Selbstmord wiederholt entgegen, theils bei jugendlichen Personen, den Fräulein von Lassberg, von Günderode, bei Knebels Bruder, Zelters Stiefsohne, theils bei älteren Personen, so bei dem Dichter von Kleist, bei Goethes Jugendfreunde Merck, bei dem Bildhauer Weisser. Er hat Rousseaus u. A. Abhandlungen über den Selbstmord gelesen, später auch sur le suicide von der Staël. Eine krankhafte Natur war der Candidat Plessing, den Goethe in Wernigerode besuchte.*) Als einen Narren, der nur noch nicht toll gewesen, bezeichnet er selbst den Grafen Werthern. Der Schützling Goethes, der unter dem Namen Kraft in Ilmenau wohnte und offenbar seinen Namen von der Kraftlosigkeit ableitete, wird als „gemüthlich zerrüttet" bezeichnet. Goethe liess 1779 den Schützling seine Biographie aufschreiben. Am eigenen Vater lernte Goethe den Alters-Schwachsinn kennen, auch bei dem alten Collina, seinem Hauswirthe in Rom. Auf

---

*) Vgl. S. 64.

der ersten Schweizerreise sah er „staunende Wahnsinnige", d. h. Cretins. Bei der Belagerung von Mainz kam er in Berührung mit einem Geistlichen, der „toll" war, oder toll zu sein vorgab. Noch 1831 wird ein halbblödsinniger Mensch, Franz Tettau, erwähnt, der im Egloffsteinischen Hause zu Dienstleistungen verwendet wurde.

Die Lektüre führte Goethe natürlich auch hie und da auf das Pathologische. Abgesehen von Zimmermanns Schriften ist da besonders an die Geschichte Rousseaus, Tassos, Benvenuto Cellinis, an Shakespeare, an Historisches, an die Berichte über die Heiligen (F. Neri), an die Bibel zu denken.

Auch in den Gesprächen ist die Geistesstörung zuweilen der Gegenstand gewesen. Z. B. führte Goethe am 11. 8. 1810 ein langes Gespräch mit Bettina über Frl. von Günderode und ihren Tod, das 1814 am 6. 9. wieder aufgenommen wurde. Mit Langermann sprach er am 26. 8. 1812 über Gegenstände der medicinischen Polizei, Tollhäuser, Bordelle und anderes. Ende 1821 und Anfang 1822 trägt Rehbein an mehreren Tagen über die gefangenen verrückten Menschen, über den verrückten Schuster vor. Mit dem Canzler sprach Goethe am 29. 6. 1826 über Monomanie und criminelle Behandlung. Ueber die frühere Zeit ist leider wenig zu finden. Eckermann erwähnt, einmal sei zur Sprache gekommen, dass man anfange, bei Beurtheilung der Verbrecher weich und schlaff zu werden, durch ärztliche Gutachten dem Verbrecher an der Strafe vorbeizuhelfen; bei dieser Gelegenheit habe Hofrath Vogel, der Goethes letzter Arzt war, einen jungen Physicus belobt, der trotz der Zweifel des Gerichts eine Kindesmörderin für zurechnungsfähig erklärt habe. Wie Goethe sich solchen mehr oder weniger thörichten Reden gegenüber verhalten habe, sagt Eckermann nicht.

Goethe hielt viel auf ärztliche Behandlung und suchte dem Arzte auch menschlich näher zu treten. So verkehrte er viel mit Hufeland, Rehbein, Vogel. Besonders mit Vogel hat Goethe sehr viel Medicinisches verhandelt. Ausser mit den eigenen Aerzten (in Frankfurt, in Weimar, in Karlsbad, in Teplitz und Marienbad) verkehrte Goethe auch mit den Medicinern in Jena, besonders mit Joh. Chr. Stark, der ihn auch behandelte, und anderen Jenaischen Aerzten. Z. B. sprach er mit dem Geh. Hofr. Stark am 22. 9. 1809 über Vaccination und Verbreitung der Venerischen Uebel durch die Kriegläufte, am 3. Aug. 1813 über „Medicin, Erfahrung etc., Zimmermann."

Ehe ich auf Goethes Werke eingehe, möchte ich noch einige Bemerkungen über die Bedeutung der Namen bei Goethe machen.

Goethe gebraucht sehr oft den Ausdruck „das Pathologische". In der Regel meint er damit das, was wir meinen, das Krankhafte oder das zur Krankheit in Beziehung stehende. Doch hat bei Goethe der Ausdruck noch einen anderen Sinn, etwa den der individuellen Gefühlsreaction als des Gegensatzes zu einem sachlichen Urtheil. Z. B. schreibt Goethe an Schiller (12. 5. 1798):

Die Hypochondrie bei Goethe.

„Das wichtigste bey meinem gegenwärtigen Studium [Achilleïs] ist, dass ich alles subjective und pathologische aus der Untersuchung entferne."

Ungemein oft gebraucht Goethe das Wort „Hypochonder". Jetzt verstehen wir unter einem Hypochonder gewöhnlich einen nervösen Menschen, der sich irrthümlicherweise für schwer krank hält, einen Schlagfluss, eine Lungen-, Herz-Krankheit oder dgl. unbegründeterweise fürchtet. Der einfachen Hypochondrie steht die hypochondrische Verrücktheit gegenüber, bei der jene Befürchtungen zu incorrigiblen Wahnvorstellungen geworden sind, die Behauptungen oft dem Augenscheine widersprechen, da die Kranken meinen, ihr Darmrohr sei verschlossen, ihr Gehirn vertrocknet, da sie nicht vorhandene Geschwülste zu fühlen glauben, und so fort. Immer ist das Wesentliche der irrige Glaube, an dieser oder jener Krankheit zu leiden. Zu Goethes Zeit hatte der Begriff der Hypochondrie einen viel weiteren Umfang. Man dachte dabei nicht nur an die eigentlichen Hypochonder, sondern auch an krankhafte Verstimmungen verschiedener Art. Reizbare finstere Leute, Nervenschwache, Melancholische, an Verfolgungswahn Leidende wurden kurzweg Hypochonder genannt, etwa in der Art, wie man jetzt alles mögliche, oft im euphemistischen Sinne „nervenkrank" nennt. Man sah in der Hypochondrie eine Krankheit vorwiegend, doch nicht ausschliesslich des männlichen Geschlechts.*) Einige Belegstellen mögen folgen.

---

*) Merkwürdigerweise fasst Kant (Anthropologie, erste Aufl. 1789) die Hypochondrie viel moderner: „Der Hypochondrist ist

Einleitung.

In dem Gedicht „Hypochonder" heisst Hypochonder etwa so viel wie Misanthrop. A. a. O. heisst es:

> „Sag mir was ein Hypochondrist
> Für ein wunderlicher Kunstfreund ist.
> In Bildergalerien geht er spazieren
> Vor lauter Gemälden, die ihn vexiren."

> „Der Hypochonder ist bald curirt,
> Wenn euch das Leben recht cujonirt."

In dem Gedichte an Mademoiselle Oeser von 1768 sagt Goethe von sich, er lebe „bald still wie ein Hypochondrist":

> „Da sucht man nun mit Macht mir neues Leben
> Und neuen Muth und neue Kraft zu geben;
> Drum reichet mir mein Doctor Medicinä
> Extracte aus der Cortex Chinae,
> Die junger Herrn erschlaffte Nerven
> An Augen, Fuss und Hand
> Auf's Neue stärken, den Verstand
> Und das Gedächtniss schärfen."

---

ein Grillenfänger (Phantast) von der kümmerlichsten Art: eigensinnig, sich seine Einbildungen nicht ausreden zu lassen, und dem Arzt immer zu Halse gehend, der mit ihm seine liebe Noth hat, ihn auch nicht anders als ein Kind (mit Pillen aus Brodkrumen statt Arzneimitteln) beruhigen kann; und wenn dieser Patient, der vor immerwährendem Kränkeln nie krank werden kann, medicinische Bücher zu Rathe zieht, so wird er vollends unerträglich; weil er alle die Uebel in seinem Körper zu fühlen glaubt, die er im Buche liest." Dabei seien die Kranken zeitweise heiter und lebhaft, haben aber kindische Angst vor dem Tode.

Die Hauptursache der Hypochondrie oder Grillenkrankheit, die dem gestörten Gemüth (der Manie) entgegengesetzt wird, sei die Steigerung gewisser körperlicher Empfindungen durch Aufmerksamkeit.

Die Hypochondrie bei Goethe.

In Wahrheit und Dichtung sagte Goethe von sich: „Schon von Hause hatte ich einen gewissen hypochondrischen Zug mitgebracht" [nach Leipzig].

Nach Kestner hat Jerusalem am Abende vor seinem Tode den italienischen Lehrer fortgeschickt, „weil er wieder seine Hypochondrie habe". Auch Werther wird als Hypochonder bezeichnet.

Dass man die Hypochondrie gern mit den Zuständen des Darms in Zusammenhang brachte, zeigt ein ungewöhnlich derbes Gedicht des jungen Goethe, das Bernays mittheilt: „Als Nicolai die Freuden des jungen Werthers geschrieben hatte."

In der italienischen Reise spricht Goethe von „Rousseaus hypochondrischem Jammer". An H. v. Kleist tadelte er die nordische Schärfe des Hypochonders. Nach Joh. Falk hat er über H. v. Kleist gesagt: „Sein Hypochonder*) ist gar zu arg; er richtet ihn als Menschen und Dichter zu Grunde." Zu Eckermann sagt Goethe: „Er [Merck] fiel zuletzt in eine tiefe Hypochondrie als Folge seiner vielen Speculationen und endigte damit, sich zu erschiessen." Bei Riemer sagt Goethe wunderlich genug: „hypochondrisch seyn heisst nichts anderes als in's Subject versinken. Wenn ich die Objecte aufgebe, kann ich nicht glauben, dass sie mich für ein Object gelten lassen; und ich hebe sie auf, weil ich glaube, sie hielten mich für kein Object". Bei Eckermann sagt Goethe: „Der dritte Theil der an den

---

*) Diese wunderliche Ausdrucksweise kommt auch bei anderen Schriftstellern vor.

Schreibtisch gefesselten Gelehrten und Staatsdiener ist körperlich anbrüchig und dem Dämon der Hypochondrie verfallen."

In dem Entwurfe einer Farbenlehre heisst es: „Hypochondristen sehen häufig schwarze Figuren, als Fäden, Haare, Spinnen, Fliegen, Wespen." Hier findet man auch folgende eigenthümliche Stelle: „Denn Hypochondristen sehen auch häufig gelbrothe schmale Bänder im Auge, oft heftiger und häufiger am Morgen oder bei leerem Magen."

Der Frau Rath war die Hypochondrie so verhasst, „dass sie das Wort nicht einmal schreiben konnte". An Zimmermann schreibt sie am 16. Februar 1776: „Gott im Himmel! Wie kommt ein so vortrefflicher, geschickter, freundlicher, herrlicher, lieber Mann zu der verdammten Krankheit?"

Weiter braucht Goethe das Wort Melancholie, ebenso wie wir es thun, bald zur Bezeichnung trüber Stimmungen bei annähernd Gesunden, bald zur Bezeichnung der krankhaften traurigen Verstimmung, der krankhaften Schwermuth.

> „Zart Gedicht, wie Regenbogen,
> Wird nur auf dunklen Grund gezogen;
> Darum behagt dem Dichtergenie
> Das Element der Melancholie."

Werther sagt von sich, dass er oft, „von süsser Melancholie zu verderblicher Leidenschaft" übergehe. Bei Lila folgt der Wahnsinn auf eine „tiefe Melancholie".

Die Bedeutung von „Wahnsinn".

Das Wort Wahnsinn ist von den Irrenärzten in sehr verschiedenem Sinne gebraucht worden; Goethe benutzt es wie die Laien meistens, als gleichbedeutend mit Geisteskrankheit überhaupt, was schon daraus hervorgeht, dass er bei Lila eben sowohl wie bei den Cretins von Wahnsinn spricht. Im Sept. 1775 schreibt er an Lavater, er habe gestern „ein bissgen über die vier Wahnsinnigen und Brutus geklimpert" [d. h. an den Beiträgen für Physiognomik geschrieben]. Wie auch heute die Leute der Gemüthskrankheit die Geisteskrankheit gegenüberstellen, bei jener nur an krankhafte Verstimmung denken, im Begriffe dieser aber das Irresein" ausdrücken, so scheint auch Goethe als wesentliches Merkmal des Wahnsinnes Wahnvorstellungen (Grillen) zu betrachten. Wahnwitz scheint bei Goethe dasselbe zu bedeuten.

v. Müller berichtet (13. 6. 1825): „Vom Wahnsinn gab er die einfache Definition, dass er darin bestehe, wenn man von der wahren Beschaffenheit der Gegenstände und Verhältnisse, mit denen man es zu thun habe, weder Kenntniss habe, noch nehmen wolle, diese Beschaffenheit hartnäckig ignorire." Auf jeden Fall ist die Definition nicht so richtig wie einfach.

Narrheit ist theils Albernheit schlechtweg, theils, im prägnanten Sinne, Wahnsinn mit Albernheit oder Schwachsinn mit Wahnvorstellungen. Gelegentlich wird mit Narrheit die Geisteskrankheit überhaupt bezeichnet, wie man auch Narrenhaus oder Tollhaus sagte, meist aber ist im Begriffe des Narren das schwachsinnig-läppische Wesen ausgedrückt, weshalb das Wort auch etwas verächtliches hat.

> „Mit Narren leben wird dir gar nicht schwer,
> Versammle nur ein Tollhaus um dich her;
> Bedenke dann — das macht dich gleich gelind —
> Dass Narrenwärter selbst auch Narren sind.“

Ist der Wahnsinnige stark erregt, besonders zornig erregt, so wird von Tollheit oder Raserei gesprochen. So erscheint wohl die Raserei als der höhere Grad der Krankheit. In Lila wird befürchtet, man möchte durch gewisse Einwirkungen die Kranke „aus Wahnsinn in Raserei werfen“. Der Geisteskranke im Werther wird erst tiefsinnig, fällt dann in ein hitziges Fieber, daraus in Raserei. Diese dauert ein Jahr, dann bleibt Schwachsinn mit Grössenvorstellungen bestehen.

Das Wort Verrücktheit wird selten von Kranken gebraucht. Die Geschichte von der „pilgernden Thörin“ (la folle en pélérinage) wird auch Geschichte von einem „verrückten Mädchen“ genannt. Vielleicht soll das Wort hier nur folie übersetzen, es passt auf jeden Fall nicht, da das Benehmen der Pilgerin zwar wunderlich und unerklärlich ist, von Verrücktheit aber bei ihr nichts zu finden ist.

Dagegen spricht Goethe recht oft von Verrücktheit oder verrückten Menschen, wenn er Querköpfigkeit, Absurdität meint. In diesem Sinne redet er gelegentlich auch von „Tollhäuslern“, nennt z. B. Arnims so.

Auch das Wort Tollhaus wird oft gebraucht, z. B. an folgender Stelle: „Denn von der Vernunfthöhe herunter sieht das ganze Leben wie eine böse Krankheit und die Welt einem Tollhaus gleich." (Ueber Kants Anthropologie an Voigt am 19. 12. 1798.)

Als allgemeine Bezeichnung endlich gebraucht Goethe die Ausdrücke „Seelenleiden", „psychische Krankheiten". In den Annalen wird ein Schema der Erzählung vom heiligen Born zu Pyrmont gegeben. Da heisst es: „Von den endlosen Krankheiten werden die widerwärtigen mit wenig Worten abgelehnt; die psychischen aber als reinlich und wundervoll ausführlich behandelt, sowie die Persönlichkeit der damit behafteten Personen hervorgehoben."

I. Werthers Leiden.

In den Leiden des jungen Werthers hat Goethe bekanntlich Selbsterlebtes, Berichtetes und Freierfundenes vermengt. Seine eigene Liebe zu einem verlobten Mädchen endete damit, dass er sich zurückzog und anderweit verliebte. Der Selbstmord des jungen Jerusalem brachte ihn auf die Idee, die Darstellung des von ihm Erfahrenen zum Umgünstigen umzubiegen und den Helden durch Selbstmord endigen zu lassen.

Werther wird von vornherein als ein überaus empfindsamer und leidenschaftlicher Jüngling geschildert. Er schwärmt für Natur und Poesie, hat Abneigung gegen Berufsarbeit. Im Wesentlichen ist der Werther des ersten Theils Goethe selbst, doch hat Goethe offenbar dem Bilde im Hinblicke auf den zweiten Theil einige Lichter aufgesetzt. Am Ende des ersten Theiles flieht Werther ebenso, wie Goethe geflohen war. Er versucht sich dann in der diplomatischen Laufbahn, hat Aerger mit einem engherzigen Vorgesetzten, wird durch die adelstolze Gesellschaft beleidigt, wirft sein Amt weg, kehrt zu der inzwischen verheiratheten Geliebten zurück, verzehrt sich in hoffnungsloser Liebe und erschiesst sich schliesslich.

Goethe war sich ganz klar darüber, dass Werther eine pathologische Figur sei. Er schrieb schon seiner eigenen Leidenschaftlichkeit wiederholt einen pathologischen Charakter zu und wusste, dass eben die Thatsache der Umkehr ihn sozusagen rehabilitirt hatte, gezeigt hatte, dass die Gesundheit in ihm das Uebermächtige war. Indem er Werther unterliegen liess, liess er das Pathologische siegen. Werther schildert sich selbst: „Wie oft lull ich mein empörtes Blut zur Ruhe; denn so ungleich, so unstet hast Du nichts gesehen als dieses Herz. Lieber! Brauch ich Dir das zu sagen, der Du so oft die Last getragen hast, mich vom Kummer zur Ausschweifung und von süsser Melancholie zur verderblichen Leidenschaft übergehen zu sehen. Auch halte ich mein Herzchen wie ein krankes Kind; jeder Wille wird ihm gestattet." „Meine Leidenschaften waren nie weit vom Wahnsinn." Lotte warnt Werther, er werde an dem zu warmen Antheil, den er an allem nehme, zu Grunde gehen. Gegen das Ende hin heisst es: „Lieber Wilhelm ich bin in einem Zustande, in dem jene Unglücklichen gewesen sein müssen, von denen man glaubte, sie würden von einem bösen Geiste umhergetrieben. Manchmal ergreift mich's; es ist nicht Angst, nicht Begier — es ist ein inneres unbekanntes Toben, das meine Brust zu zerreissen droht, das mir die Gurgel zupresst! Wehe! Wehe!

Und dann schweife ich umher in den furchtbaren nächtlichen Scenen dieser menschenfeindlichen Jahreszeit." Besonders mit dem „unbekannten Toben" hat Goethe offenbar die Krankhaftigkeit des Zustandes zeichnen wollen. Der Gedanke an Orest taucht auf. Die Hauptsache ist der Selbstmord. Die Selbstmordfrage ist der Mittelpunkt des ganzen Buches. Sehr richtig setzt Werther auseinander, dass ein je nach der Natur des Menschen verschiedenes Maass von Leiden ihn zum Selbstmorde treibt. „Hier ist also nicht die Frage, ob einer schwach oder stark ist? sondern ob er das Maass seines Leidens ausdauern kann?" Das Maass ist proportional der Gesundheit; eben dass ein junger Mann wegen getäuschter Liebeshoffnung sich tödtet, thut dar, dass er abnorm wenig leidensfähig ist, dass er krankhaft ist. Napoleon hat bekanntlich getadelt, dass (in der ersten Ausgabe) bei Werther ausser der Liebe der getäuschte Ehrgeiz eine Rolle spiele. Es kommt aber ausserdem eine pessimistische Verzweiflung dazu, die auch ohne Liebe und Ehrgeiz bei jungen Leuten auftreten kann. Goethe selbst hat das Taedium vitae als den Kern der Sache angesehen. Er schreibt z. B. an Zelter (26. 3. 1816): „Vor einigen Tagen kam mir zufälligerweise die erste Ausgabe meines Werthers in die Hände und dieses bey mir längst verschollene Lied fing wieder an zu klingen. Da begreift man denn nun nicht, wie es ein Mensch noch 40 Jahre in einer Welt hat aushalten können, die ihm in früher Jugend schon so absurd vorkam." Goethe schildert sehr schön, wie das Glück im Mitgefühle alles Lebens in Pessimismus umschlägt. „Es hat sich vor meiner Seele wie ein Vorhang weggezogen und der Schauplatz des unendlichen Lebens verwandelt sich vor mir in den Abgrund des ewig offenen Grabes. Kannst du sagen: das ist! da alles vorübergeht?" Diese Worte sind vollkommen im Sinne Buddhas. Das Taedium vitae ist die Unterlage, der Liebeskummer führt zur That. Man hat kaum das Recht, zu sagen, Goethes Werther sei überhaupt nicht lebensfähig, sein Tod sei nothwendig. Wäre Werther durch irgend ein günstiges Eingreifen über die Zeit der Gefahr weggehoben worden, so hätte er ruhig weitergelebt, wäre freilich immer pathologisch geblieben. Unzählige junge Leute gleichen Werther in der Hauptsache, kommen aber nicht zum Selbstmorde, weil im geeigneten Moment ein genügend kräftiger Anstoss fehlt.

Werther ist ein dégénéré supérieur, eine weitere Diagnose ist nicht zulässig. Insbesondere wäre es verfehlt, seinen Zustand als Melancholie zu bezeichnen.

Als Contrastfigur erscheint im Werther der junge Wahnwitzige, dessen Schilderung deshalb merkwürdig ist, weil eigentlich hier allein Goethe eine Geisteskrankheit nach der Natur beschreibt. Das Vorbild war der junge Rechtscandidat, der in Goethes Vaterhause lebte, und dessen Geschichte Goethe natürlich bekannt war. Der Rath Goethe benutzte sein verblödetes Mündel als Secretär, im Roman ist der Geisteskranke Secretär bei Lottens Vater gewesen. Die romanhafte Zuthat ist die Angabe, dass der junge Mann eine Leidenschaft zu Lotte gefasst habe, die ihn rasend gemacht hatte, und deretwegen er aus dem Dienste geschickt worden war. Der Dichter macht sozusagen den Hebephrenischen für seine Zwecke dadurch brauchbar, dass er ihn aus unglücklicher Liebe und gekränktem Ehrgeize krank sein und somit Werthers Spiegelbild bilden lässt.

Werther trifft den Kranken auf einem Spaziergange am 30. November. Dieser sucht Blumen. „Was will er denn mit den Blumen? Ein wunderbar zuckendes Lächeln verzog sein Gesicht. Wenn er mich nicht verrathen will, sagte er, indem er den Finger auf den Mund drückte, ich habe meinem Schatz einen Strauss versprochen. Das ist brav, sagte ich. O! sagte er, sie hat viel andere Sachen, sie ist reich. Und doch hat sie seinen Strauss lieb, versetzte ich. O! fuhr er fort, sie hat Juwelen und eine Krone. Wie heisst sie denn? Wenn mich die Generalstaaten bezahlen wollten, versetzte er, ich wär' ein anderer Mensch! Ja es war einmal eine Zeit, da es mir so wohl war! Jetzt ist es aus mit mir. Ich bin nun — Ein nasser Blick zum Himmel drückte alles aus. Er war also glücklich? fragte ich. Ach! ich wollte ich wäre wieder so! sagte er. Da war es mir so wohl, so lustig, so leicht, wie ein Fisch im Wasser!" Nun kommt die Mutter dazu, die ihren kranken Sohn sucht. „So stille, sagte sie, ist er nun ein halbes Jahr. Gott sei Dank, dass er nur so weit ist; vorher war er ein ganzes Jahr rasend, da hat er an Ketten im Tollhause gelegen. Jetzt thut er niemand nichts; nur hat er immer mit Königen und

Kaisern zu schaffen. Er war ein so guter stiller Mensch, der mich ernähren half, seine schöne Hand schrieb, und auf einmal wird er tiefsinnig, fällt in ein hitziges Fieber, daraus in Raserei, und nun ist er, wie Sie ihn sehen." Was das für eine glückliche Zeit gewesen sei. „Der thörichte Mensch, rief sie mit mitleidigem Lächeln; da [meint er die Zeit, da er von sich war, das rühmt er immer; das ist die Zeit, da er im Tollhause war, wo er nichts von sich wusste." Der Kranke ist ein Mensch in einem grünen schlechten Rocke, mit einer „interessanten Physiognomie, darin eine stille Trauer den Hauptzug machte, die aber sonst nichts, als einen geraden guten Sinn ausdrückte".

Inwieweit die einzelnen Züge der Schilderung Goethes der Natur entnommen sind, das lässt sich nicht feststellen. Die Geistesstörungen des jugendlichen Alters, die zur Verblödung führen, beginnen nicht selten mit lebhafter Erregung, es kann sehr wohl auf eine Periode des „Tiefsinns" eine Zeit lebhafter Erregung folgen, die sich als hallucinatorische Verwirrtheit darstellt. Klingt die Erregung ab, so ist der Mensch eine Ruine geworden, er ist dauernd schwachsinnig, es können aber die in der Verwirrtheit entstandenen Wahnvorstellungen festgehalten werden, und der Kranke faselt dann von Schätzen und Fürstenthümern ohne seine Ruhe zu verlieren. Der Ausdruck „hitziges Fieber" ist nicht zutreffend, man bezeichnete aber früher lebhafte nervöse Erregungen sehr oft so. Alles in allem ist Goethes Bild vortrefflich getroffen, und auch dann, wenn man von dem Rechtscandidaten Clauer nichts wüsste, würde man die Zeichnung nach der Natur erkennen. Nur ist, wie schon bemerkt, die Aetiologie verfehlt. Solche Zustände entstehen nicht aus unglücklicher Liebe, sondern sind der Ausdruck einer von vornherein mangelhaften Gehirn-Organisation.

II. Lila.

Sozusagen ausschliesslich der Psychiatrie gewidmet ist das Sing- oder Schauspiel „Lila". Es wurde 1777 zuerst aufgeführt, in Rom umgearbeitet. Man nimmt an, dass das Stück ursprünglich in der Absicht geschrieben war, der in ihrer Ehe nicht glücklichen Herzogin zuzusprechen. Nach Schröer hat Goethe die Fabel von Frau von Stein erhalten. Sie stamme aus einem älteren französischen Stücke „L'hipocondriaque". Hier wird, wie in der ersten Fassung des Goethischen Stückes, ein Liebender durch die falsche Nachricht von dem Tode der Geliebten wahnsinnig. Sie eilt zu dem Unglücklichen, und Alle vereinigen sich, um ihn von seinem Wahne zu heilen, indem sie auf diesen eingehen. Man zeigt ihm mehrere Personen, die für todt gelten und die durch Musik in's Leben gerufen werden. Endlich glaubt der Kranke, er sei selbst vom Tode erweckt worden, und eilt die Geliebte zu umarmen. Schon aus diesem Ursprunge des Stückes ergiebt es sich, dass wir in ihm weder Goethes eigene Anschauungen über Geisteskrankheiten und ihre Heilung zu erwarten haben, noch Auffassungen, die der Zeit vorauseilen. Vielmehr versetzt uns das Stück, dessen Vorbild vor 1650 entstanden ist, in eine veraltete Denkart. Die Vorstellung, dass man Geisteskranke durch Eingehen in ihre Wahnvorstellungen heilen könne, fand freilich auch noch zu Goethes Zeit Zustimmung bei den Aerzten, wie denn Reils Rhapsodieen auf ihr beruhen, jedoch waren schon damals einzelne wissenschaftliche Irren- ärzte von der Erfolglosigkeit solcher Versuche überzeugt. Immer hat diese Vorstellung für das Publicum grosse natürliche Anziehungskraft gehabt. Die meisten Ge- bildeten mögen heute wie zu Goethes Zeit von der Möglichkeit der Vorgänge in „Lila" überzeugt sein.*) Ich erinnere mich, dass mir in meiner Jugend ein gebil- deter und gelehrter Mann erzählte, man habe einen Geistes- kranken von dem Wahne, eine Schlange in sich zu tragen, dadurch befreit, dass man eine Blindschleiche in das durch ein Brechmittel Entleerte practicirte. Sicherlich ist der Glaube an diese Art von Heilwirkungen nicht ohne Grund gewesen. Man wird auf diese Manier einzelne Kranke von krankhaften Vorstellungen befreit haben, nur dass diese Kranken keine eigentlichen Geistes- kranken waren, sondern Hysterische. Wollte man die Heilung Lilas retten, so müsste man aus Lila eine Hysterische machen. Zur Noth vertrüge sich diese

---

*) Im Jahre 1816 bemerkt Goethe, das Theater habe zwei der Lila ähnliche Stücke, nemlich „Nina" [wahrscheinlich die Oper von Dalayrac] und „Die Schweizerfamilie" [von Weigl]. „Beyde sind auch psychische Curen eines durch Liebesverlust zerrütteten Gemüths."

Auffassung sogar mit Goethes Darstellung. Begreiflicher-
weise aber sind solche Erwägungen müssig, da es
Goethe nicht um die Darstellung naturgetreuer Krank-
heitbilder zu thun war, er den Wahnsinn, über den er
dachte und schrieb, wie es damals unter Gebildeten
üblich war, nur als Bild und Gleichniss verwandte.
Was er eigentlich sagen wollte, das ist wohl in den
schönen Versen des magischen Arztes (s. unten) ausgedrückt.

Dass Goethe für seine Geisteskranke den Namen
Lila wählte, das hängt wohl damit zusammen, dass
das überspannte Fräulein von Ziegler in Darmstadt
Lila genannt wurde. „Die Empfindsamste der Em-
pfindsamen war Lila. Sie hatte ihr Grab und einen
Thron in ihrem Garten, ihre Lauben und Rosen und
ein Schäfchen, das mit ihr ass und trank. Sie verehrte
knieend ihre Freunde und den Mond und feierte Fest-
und Fast-Tage bei der Ankunft und dem Abschied
ihrer Freunde.“

Der Inhalt des Stückes ist folgender. Der Baron
Sternthal ist seit Monaten von Hause abwesend. Seine
Frau Lila, die „immer mit ihren Gedanken zu wenig
an der Erde war,“ „bei Abwesenheit ihres Mannes
immer in Sorgen war,“*) erhält einen Brief, der ihr
meldet, der Baron sei blessirt: „Da war nun gar kein
Auskommen mehr mit ihr.“ Sie wollte bald reisen,
bald nicht, schrieb fortwährend Briefe, erwartete mit

*) Sie scheint eine Ausnahme in der Familie zu sein, denn
diese „schwebte in einem ewig freudigen Leben von Tanz, Ge-
sang, Festen und Ergötzungen“.

jeder Post neue Briefe, glaubte, diese würden von den Angehörigen unterschlagen. „Wenn ich sagen soll, so glaube ich, das ihr Wahnsinn schon damals ihren [sic] Anfang genommen hat; aber wer unterscheidet ihn von der tiefen Melancholie, in der sie begraben war?" Endlich kommt ein Brief, der Baron sei todt. Lila verfällt in „ein hitziges Fieber", das einige Tage dauert. Danach ist sie scheu, unsicher, verschlossen, verlangt Trauerkleider, behängt sich mit allen schwarzen Stoffen, die sie erlangen kann. Die Umgebung suchte zu trösten, die Nachricht sei ungewiss; das machte aber gar keinen Eindruck auf die Kranke, die jedermann zu fürchten oder gar nicht zu bemerken schien. „Seitdem ihr die Phantasieen den Kopf verrückt haben, traut sie niemand, hält ihre Freunde und Liebsten, sogar ihren Mann, für Schattenbilder und von den Geistern untergeschobene Gestalten." Ihre Schwester blickt sie lange an, bald ernsthaft, bald wieder freundlich, und sie verlässt sie schliesslich mit einer Art von Widerwillen. Als der Baron genesen zurückkehrt, flieht sie ihn wie ein Gespenst. Man überlässt sie „der unmenschlichen Behandlung eines Marktschreiers."*) Nach kurzer Zeit geräth sie in Wuth und versteckt sich im Walde. Als die Versuche sie herauszubringen vergeblich sind, lässt der Baron ihr heimlich eine Hütte zurechtmachen, in der sie sich bei Tage verbirgt, und wohin ihr ein

---

*) Mir schauderts, sagt a. a. St. der Baron, wenn ich an die Curen denke, die man mit ihr gebraucht hat, und ich zittre zu was für weitern Grausamkeiten gegen sie man mich verleiten wollte, und fast verleitet hätte.

Gang der Handlung.

Kammermädchen Speise bringt. Nachts wandelt sie in ihren Phantasieen umher; sie zieht herum mit losem Haar, geht Kreise im Mondenscheine ab, schleicht mit halb unsicherm Tritte auf und ab, neigt sich bald vor den Sternen, kniet bald auf dem Rasen, umfasst einen Baum, verliert sich in den Sträuchern wie ein Geist. Eines Tages wird gemeldet: „Lila hat ihrem Kammermädchen, der einzigen zu der ihr Vertrauen auch bei ihrem Wahnsinn geblieben ist, unter dem Siegel der grössten Verschwiegenheit versichert, dass sie wohl wisse, woran sie sey: es sey ihr offenbart worden, ihr Sternthal sey nicht todt, sondern werde nur von feindseligen Geistern gefangen gehalten, die auch ihr nach der Freiheit strebten; desswegen sie unerkannt und heimlich herumwandern müsse, bis sie Gelegenheit und Mittel fände, ihn zu befreien.“ Auf diese Aeusserungen gründet ein Arzt, der dazu kommt, den Plan der Heilung. Er räth, „der gnädigen Frau die Geschichten ihrer Phantasieen zu spielen.“ „Wenn wir Phantasie durch Phantasie curiren könnten, so hätten wir ein Meisterstück gemacht.“ („Wodurch wir sie aus dem Wahnsinn in Raserei werfen könnten,“ wirft bemerkenswerther Weise der Baron ein.) Musik, Tanz und Vergnügen seien das Element der Familie, fährt der Arzt fort, jetzt aber herrsche todte Stille, das bringe der Kranken keinen Vortheil. Die Angehörigen sollen die Zauberer, Feen, Oger und Dämonen, von denen die Kranke spricht, ihr vorstellen, sollen sie durch Musik und Tanz der dunkeln Traurigkeit entreissen und vorläufig in ihren abenteuerlichen Hoffnungen bestärken. Der Arzt selbst will sich der Kranken als weiser Mann, als Magus nähern und sie ausforschen. Die Familie findet schliesslich den Plan des Arztes vortrefflich, und die Sache wird ins Werk gesetzt.

Im zweiten Aufzuge tritt die kranke Lila selbst auf. „Süsser Tod! süsser Tod! komm und leg mich ins kühle Grab! — Sie verlässt mich nicht die Melodie des Todes, auch in den Augenblicken, da ich hoffnungsvoll und ruhig bin. Was ist das, das mir so oft in der Seele dämmert, als wenn ich nicht mehr wäre? Ich schwanke im Schatten, habe keinen Theil mehr an der Welt. (Auf Kopf und Herz deutend.) Es ist hier so! und hier! Dass ich nicht kann, wie ich will und mag. — Sagt dir denn nicht eine Stimme in deinem Herzen: „„Er ist nicht auf ewig dir entrissen, daure nur aus! Er soll wieder Dein sein!"" Dann kommt wieder ein Schlaf über mich, eine Ohnmacht —" .... (folgen Verse). Hier wie anderwärts zeigt Lila durchaus keine Verwirrung, sie handelt geordnet, ist traurig, aber ruhig, und beurtheilt ihre Umgebung richtig, soweit nicht ihre Wahn-Gedanken sie zu falscher Deutung verleiten. Der Arzt tritt ihr als Magus gegenüber. Sie fragt sich, was das für ein Alter sein möge, ein harmloser Mensch oder ein Kundschafter. Es gelingt ihm, ihr Vertrauen zu erwerben, er belehrt sie, dass gütige Geister sie umschweben, dass bekannte Gestalten ihr entgegentreten werden, und schliesslich giebt er ihr ein Fläschchen mit balsamischen Tropfen, damit sie bei Erschöpfung ihre Schläfe damit salben könne. Seine Abschieds-Worte lauten:

„Feiger Gedanken
Bängliches Schwanken.
Weibisches Zagen
Aengstliches Klagen
Wendet kein Elend,
Macht Dich nicht frei.

Allen Gewalten
Zum Trutz sich erhalten,
Nimmer sich beugen,
Kräftig sich zeigen,
Rufet die Arme
Der Götter herbei.“

Durch die Worte des Magus ist Lila so stark beeinflusst worden, dass sie erklärt: „Nein, ich will mich einsam nicht mehr abhärmen, ich will mich der Gesellschaft erfreuen, die mich umgiebt. Zaudert nicht länger, liebliche Geister!“ Sofort erscheinen tanzende und singende Feen, die tröstlich zureden und Lila an einen gedeckten Tisch führen, wo sie mit der Fee-Oberin speist. Diese erklärt, der Baron sei nicht todt, aber in der Gewalt eines neidischen Dämons, der ihn mit süssen Träumen bändigt und gefangen hält. Lila könne ihn erwecken und befreien, sie könne aber nicht gleich an die Stätte kommen, weil noch manche Gefahr dazwischen liege. Durch Lilas Zaudern sei es dem Dämon geglückt, alle Verwandten und Freunde in seine Gewalt zu locken, er hoffe auch Lila zu überlisten. Sie müsse muthig und vorsichtig allein ihren Weg gehen. Bis morgen aber solle sie schlafen. Diese Art von Trost der Fee ist der Lila offenbar etwas zu stark, sie wird erregt und erklärt, sofort gehen zu wollen und den Pfad des Todes beschreiten zu wollen. „Vom Grabe her säuselt die Stimme des Windes lieblicher, als deine süsse Lippe mich locken kann." Die Fee ist betrübt über den „Rückfall", aber der Magus tröstet sie. „Jede Natur, die sich aus einem gesunkenen Zustande erheben will, muss oft wieder nachlassen, um sich von der neuen ungewohnten Anstrengung zu erholen." „Genug dass sie einige Speise zu sich genommen, dass sie den Gedanken gefasst hat, an ihr liege es die Ihrigen zu retten. Wir haben uns nur zu hüten, dass wir sie nicht zu geschwinde geheilt glauben, dass wir den Gemahl ihr nicht eher zeigen, bis sie fähig ist seine Gegenwart zu ertragen."

Im dritten Aufzuge kommt Lila wieder mit dem Fläschchen des Arzt-Magus in der Hand und trifft auf einen Zug von Gefangenen. Sie geht ihnen muthig entgegen, um sie zu trösten und zu erretten. Zuerst tritt ihr ihr Verwandter Friedrich entgegen, und sie erkennt ihn. Früher hatte sie ihn an der gleichen Stelle getroffen, aber für einen Schatten gehalten. Friedrich erklärt ihr nun, eben dadurch, dass sie sich von ihm abwandte, habe der Dämon Macht über ihn erhalten. Er führt ihr in den Gefangenen ihre Nachbarn vor, und sie erkennt auch diese. Plötzlich aber wird sie ängstlich und wendet sich ab. Es sei nicht die Furcht vor dem Ungeheuer, sondern die Liebe der Menschen, die sie sich nicht aneignen könne, treibe sie hinweg. Alle stehen verlegen, aber wieder kommt der Magus und verweist auf einen glücklichen Ausgang. Da sie der Liebe wenig Gehör gebe, sollen Gewalt und Unrecht sie aus dem Traume wecken. Er lässt den „Oger kommen, den die Gefangenen bedienen müssen. Lila kehrt zurück, sieht dem Schauspiele zu und erklärt muthig, sie wolle den Oger überwinden. Es sei ihr offenbart, dass sie dem Oger trotzen müsse und deshalb zunächst das Unglück der Gefangenen theilen müsse, sie sei der Eimer, den das Schicksal in den Brunnen werfe, um die Freunde herauszuziehen. Sie tritt in der That dem Oger trotzig entgegen und bedroht ihn mit der Rache der Götter, als er auch ihr Ketten anlegen lässt. Nun erklärt Friedrich, diese heldenmüthige That werde das Reich des Feindes zerstören. Lila verlangt nach ihren Schwestern, Nichten, Freundinnen, sie brennt jetzt vor Begierde, sie zu sehen. Die Feen kommen, trösten und rathen, Lila solle vorwärts gehen, im Garten am Brunnen Gesicht und Hände waschen, in der Rosenlaube die Trauer ab- und ein neues festliches Gewand mit gesticktem Schleier anlegen. Dann werden die Ketten abfallen, der Schleier werde sie vor dem Dämon schützen, und bald werde sie den Gemahl finden. Lila ist voll Zuversicht: „Gebt mir den Geliebten frei! Ja ich fühl' beglückte Triebe! Liebe löst die Zauberei.“

Im vierten Aufzuge erreicht die heilende Schauspielerei ihren Gipfel. Vor einem Gebäude im Garten, in dem die weiblichen Gefangenen spinnen, arbeiten die männlichen Gefangenen, tanzende Chöre kommen hinzu, auch der Dämon tanzt mit den ersten Tänzerinnen etwas vor, Wechselgesänge ertönen. Das alles sieht Lila mit an, endlich tritt sie, die nun mit einem weissen

Kleide angethan und mit Blumen geschmückt ist, hervor und wird von ihren Schwestern u. s. w. umringt. Sie erkennt diese trotz der Vermummung, lässt sich küssen und umarmen. Der Magus erklärt ihr: „du bist am Ziele", und führt ihr den Baron „in Hauskleidern" entgegen. Die Genesene erklärt: „Ich habe dich, Geliebter, wieder, umarme dich, o bester Mann! Es beben alle mir die Glieder vom Glück, das ich nicht fassen kann". Mit freudigen Gesängen schliesst das Stück.

Wenn auch die Fabel der Lila Goethen gegeben wurde, so steckte doch in ihr eine Idee, in der er sein Eigenthum wiederfand, und die ihm die Bearbeitung sympathisch machte. Ich meine den Gedanken, dass man sich aus krankhaften Verstimmungen befreien könne durch entschiedene Hinwendung zum Wirklichen. Der Beweis dafür, dass Goethe Heilungen krankhafter Seelenzustände durch Belehrung, durch den Hinweis auf thätige Naturbetrachtung für möglich hielt, wird dadurch gegeben, dass er selbst, freilich ganz erfolglos, eine solche Kur versucht hat. In demselben Jahre, in dem Lila erschien, hatte er von einem Candidaten Plessing Briefe bekommen, in denen dieser seine hypochondrisch - melancholische Verstimmung schilderte und um Hilfe bat. Im December unternahm Goethe seine Harzreise und besuchte Plessing, der in Wernigerode bei seinem Vater wohnte. Goethe führte sich als Landschaftmaler aus Gotha ein, erzählte von Weimar, schilderte die dortigen Zustände und entschuldigte Goethes bisheriges Schweigen durch dessen

Goethe als Psychotherapeut.

Ueberlastung. Schliesslich liess er sich Plessings Schreiben an Goethe vorlesen und erkannte, während er dabei Plessing physiognomisch beobachtete, als Grundzug „beschränkte Selbstigkeit". Der Landschaftmaler setzte nun auseinander, in Goethes Kreise gelte es als ausgemacht, dass man sich aus einem schmerzlichen, selbstquälerischen, düsteren Zustande nur durch Naturbeschauung und herzliche Theilnahme an der äusseren Welt retten könne. Man sei überzeugt, dass die Richtung geistiger Kräfte auf wirkliche und wahrhafte Erscheinungen allmählich Behagen, Klarheit und Belehrung gewähre. Dann schilderte Goethe seine Beobachtungen der Natur auf der Reise durch das Gebirge mit glühenden Farben. Nachdem er sich auf diese Weise angestrengt und seine dichterische Kraft verschwendet hatte, erklärte Plessing mit aller Bestimmtheit, es könne und solle ihm nichts in der Welt genügen. Da fühlte Goethe sein Inneres sich zuschliessen, er schied unerkannt und überliess den Unglücklichen seinem Schicksale. *)

Wir sehen also Goethe hier als Seelenarzt auftreten. Weil seine eigene starke Natur sich an der Wirklichkeit aufgerichtet hatte, glaubte er, man brauche dem Kraftlosen nur den Weg zu zeigen, vergass, dass dem Gelähmten gute Wege nichts helfen. In ähnlicher Weise mag Goethe manchmal den „Seelenleiden" entgegen-

---

*) Uebrigens ist es mit Plessing (20. 12. 1752 bis 6. 2. 1806) später besser gegangen, und er ist ein brauchbarer Mann geworden, war seit 1780 in Königsberg als Lehrer thätig, starb als Professor in Duisburg.

getreten sein (z. B. bei Lenz) und mag wiederholt psychiatrische Misserfolge erzielt haben. Bei Lila und bei Plessing fallen einem Schillers Worte ein: „Leicht bei einander wohnen die Gedanken, doch hart im Raume stossen sich die Sachen."

Aber bei dieser Gelegenheit sei auch erwähnt, dass Goethe in manchen Fällen als glücklicher „Psychotherapeut" aufgetreten ist. Im Tagebuche ist unter dem 27. 5. 1811 notirt: „Psychische Cur des Schlucksens an einem Jungen". Am 5. 9. 1785 schreibt er an die Stein: „Gestern Abend habe ich ein recht Psychologisches Kunststück gemacht. Die Herder war immer noch auf das Hypochondrischte gespannt über alles was ihr in Carlsbad unangenehmes begegnet war. Besonders von ihrer Hausgenossin. Ich lies mir alles erzählen und beichten, fremde Unarten und eigne Fehler, mit den kleinsten Umständen und Folgen und zuletzt absolvirte ich sie und machte ihr scherzhafft unter dieser Formel begreiflich, dass diese Dinge nun abgethan und in die Tiefe des Meeres geworfen seyen. Sie ward selbst lustig drüber und ist würcklich kurirt."

III. Clavigo und Grosskophta.

Clavigo und Grosskophta bespreche ich zusammen, weil an beiden nicht viel ist.

Im Clavigo bringt Goethe eine Schwindsüchtige auf die Bühne. Marie Beaumarchais ist von Clavigo im Stiche gelassen worden. Sie hat einen hysterischen Anfall bekommen, ist dann bleich und mager geworden, leidet an Herzklopfen, verträgt nichts mehr. Irgend etwas Charakteristisches sagt sie nicht. Dagegen wird von ihr gesagt, sie sei schwindsüchtig. Carlos nennt sie eine trippelnde kleine hohläugige Französin, der die Auszehrung aus allen Gliedern spricht, er meint, sie sei von vornherein schwindsüchtig gewesen, und spricht von dem frühen Absterben der zu erwartenden Nachkommen. Bei der zweiten Untreue Clavigos fällt sie zurück, ruft: Luft, Luft, und noch einige Worte, und ist dann todt.

Man kann nicht sagen, dass die Marie glücklich erfunden sei, denn man kann doch einem Manne vernünftigerweise nicht zumuthen, eine dem Tode nahe Lungenkranke zu heirathen. Ueberdem könnte sich

der Zuschauer fragen, warum Clavigo sich nicht dadurch aus seiner fatalen Lage befreit, dass er das todt-
kranke Mädchen heirathet und dann ihren Tod ab-
wartet.

Im Grosskophta ist der Graf zwar nicht als
krank geschildert, aber er simulirt wenigstens etwas
Pathologisches. Goethe interessirte sich bekanntlich
sehr für Cagliostro, er suchte seine Familie in Sicilien
auf, und verfolgte die Sache mit grossem Eifer. Ob
Cagliostro ein einfacher Schwindler oder ein hysterischer
Schwindler gewesen ist, weiss ich nicht. Bei Goethe
ist die Sache so dargestellt, dass (im 5. Auftritt des
2. Aufzuges) ein sogenannter Trance-Zustand des Grafen
so beschrieben wird, dass man annehmen muss, er sei
simulirt. Der Graf wird plötzlich starr und unempfind-
lich, nach einiger Zeit erwacht er mit dem Rufe: Halt ein
Schwager! Hier will ich aussteigen. Er erzählt dann,
ein Hilferuf aus Amerika sei zu ihm gedrungen, er sei
im Geiste nach Amerika geeilt, und er bemerkt, das
Erwachen aus solchen Schlafzuständen vollziehe sich
bei ihm immer in der gleichen Weise. Auch das Medium des Grafen ist eine Betrügerin. Das Krystall-
Schauen ist ein altes Zauberverfahren. Lässt man eine
geeignete Person, am besten ein Kind oder ein junges
Mädchen, eine Zeit lang in einen Krystall, auf eine
glänzende Fläche, oder in ein Glas mit Wasser sehen,
so sieht sie darin wie in einer Camera obscura Figuren
und allerhand Dinge. Man will dadurch Aufschluss

über Vergangenes, Zukünftiges, oder in der Ferne Geschehendes erhalten, z. B. soll das Medium sehen, was zur Zeit irgend ein Abwesender thut, und dergleichen mehr. Im Stücke verlangt der Graf ein unschuldiges Mädchen, nimmt dann die Nichte, die es nicht ist, und lässt sie in einem blendenden, glänzenden Krystall, in einer erleuchteten Kugel, die auf einem Dreifusse ruht, die Scenen sehen, die man ihr vorher eingeprägt hat.*) Dadurch allein betheiligt sich der Graf an der Halsband-Intrigue, während im Uebrigen diese und das Thun des Grafen nur dadurch zusammenhängen, dass in beiden Fällen der Dupe derselbe ist.

*) Das Krystall-Schauen wird auch im Faust erwähnt.

IV. Faust.

Im Faust hat uns nur die Verwirrtheit Gretchens zu beschäftigen. Ihr Vorbild ist bekanntlich die Geisteskrankheit der Ophelia. Die Erkrankung ist bei Gretchen besser motivirt als bei Ophelia, da bei jener nicht nur Erschütterungen des Gemüthes vorausgegangen sind, sondern auch Schwangerschaft und Wochenbett. Doch darf man wohl kaum annehmen, dass Goethe an einen solchen Zusammenhang gedacht habe, wenn man auch den Geisteszustand der Kindesmörderinnen, die Zustände von Verwirrtheit bei manchen von ihnen zu Goethes Zeit wiederholt besprochen hat. Goethe häuft auf Gretchen soviel Kummer, dass nach allgemeiner Auffassung ihre Geistesverwirrung überreichlich motivirt ist: Angst und Gewissensbisse wegen ausserehelicher Schwangerschaft, Missachtung der Umgebung, besonders die Schmähungen des Bruders, Tod der Mutter durch eigene Schuld, Tod des Bruders durch den Geliebten und somit indirect durch eigene Schuld, Flucht des Geliebten, Mord des eigenen Kindes, Gefangenschaft und Todesfurcht. Hans Lähr hat die

Gretchens Verwirrtheit.

Umstände, die Goethe von Shakespeare entlehnte, und das, was er selbst hinzuthat, sehr gut erörtert. Er sagt: „Goethe hat eben das Bild der Verwirrtheit, das er von seinem grossen Vorgänger übernahm, nicht in seinen zufälligen Einzelheiten nachgeahmt, sondern die Grundzüge übernommen und mit eigenem ausgefüllt. Er hat sich in das Wesen der Krankheit, wie es sich ihm in Ophelien darbot, hineingefunden und hineingedacht und konnte deshalb der Form, die er sich zu eigen gemacht, ohne ängstliche Anlehnung einen neuen Inhalt geben.“

Ich möchte nur noch auf die folgenden Verse besonders aufmerksam machen.

> „Sag niemand dass du schon bei Gretchen warst,
> Weh meinem Kranze!
> Es ist eben geschehn!
> Wir werden uns wiedersehn!
> Aber nicht beim Tanze.“

Diese Verse könnten sehr wohl aus einem Irrenhause stammen. Die an Verwirrtheit Leidenden haben oft die Neigung, in Reimen zu sprechen, und zwar ruft bei ihrem traumhaften Zustande ein Schlusswort zunächst ein Reimwort hervor, und je nach der Art des ihnen einfallenden Reimwortes formen sie die zweite Zeile. „Weh meinem Kranze“ ist durch sachliche Association gegeben, dagegen das „aber nicht beim Tanze“ ist ersichtlich nur wegen des Reimes, durch äussere Association hinzugefügt. Auch hier hat Goethe sicher nicht die Absicht gehabt, bestimmte Irre nachzuahmen, sondern man könnte zunächst sagen, die Verse haben sich ihm gebildet, weil er sich in den Zustand traumhafter Verwirrtheit hineindachte.

Im ursprünglichen Faust lautet die Stelle:

„Sags niemand dass du die Nacht vorher, bey Gretchen warst. — Mein Kränzgen! — Wir sehen uns wieder! — Hörst du die Bürger schlürpfen nur über die Gassen!" U. s. w.

Die Versbildung stammt aus dem Jahre 1798. Wunderlicherweise geben gerade die eigentlich nicht glücklichen Flickverse „es ist eben geschehn" und „aber nicht beim Tanze" der Stelle ihr sozusagen naturwahres Aussehen, d. h. sie machen sie den gereimten Aussagen mancher Irren ähnlich, eine glückliche Wirkung, die kaum überlegt ist.

V. Iphigenie.

Goethe hat sich selbst mit Orest verglichen. Am 17. 8. 1795 schreibt er an die Karsch, „die unsichtbare Geissel der Eumeniden" werde ihn vielleicht wieder in die Ferne treiben. Hier hat die Sache nicht viel zu bedeuten. Die Karsch war ihm fremd, zu Bekenntnissen also war keine Veranlassung. Er war eben aus der Schweiz zurückgekommen, fühlte sich von dem gespannten Verhältnisse zu Lili belästigt und meinte, er werde wohl bald wieder verreisen. Indessen sieht man doch, dass ihm der Vergleich unwillkürlich in die Feder kam. Der Punkt der Vergleichung ist wahrscheinlich das „schuldlos-schuldig". Orest ist nicht eigentlich schuldig, denn er hat seine Pflicht gethan, und er wird doch gequält. Goethe hat Friederiken sitzen lassen und geht dem Bruche mit Lili entgegen, das drückt ihn, er fühlt sich aber schuldlos, weil er sich keiner bösen Absicht bewusst ist. Er schädigte Andere, ohne anders zu können, das war seine Noth. Aber „Gewissensbisse, Reue, Schuldgefühl" sind wohl ungeeignete Ausdrücke: Goethe fühlt nicht wie ein christlicher Sünder, und Orest auch nicht.

Inwieweit Goethe bei dem Orest seiner Iphigenie an sich gedacht habe, das ist natürlich schwer zu sagen. Die Hauptsache ist denn doch, dass er die Figur aus Euripides übernahm. Orest hat die Mutter erschlagen, weil er dazu genöthigt war. Hinterher treten die natürlichen Folgen einer solchen Greuelthat ein: die innere Qual. Nun ist er verzweifelt und sagt: Ich habe gethan, was ich thun musste, und werde doch so entsetzlich gequält. Das ist der Fluch der Götter. So wird es sich im Grunde Euripides gedacht haben, und so fasst es auch Goethe. Aber während bei dem Griechen die inneren Antriebe und Wirkungen zu befehlenden Göttern und Eumeniden werden, anschaulich und packend wirken, musste Goethe den Vorgang psychologisiren, und dadurch verliert in gewissem Sinne die Sache.*) Ist Goethes Orest krank? Gewiss! Bei Goethe ist Leidenschaft von Krankheit nicht grundsätzlich verschieden: Ein gequälter Mensch wie Orest ist andauernd gemüthskrank, und die Anfälle sind nur Steigerung seines Leidens zu überwältigender Verzweiflung. Die Verzweiflung kann thatsächlich zu Einengung des Bewusstseins, zu hypnotischen Zuständen mit Sinnes-

---

*) Schiller schreibt am 22. 1. 1802 an Goethe: „Orest selbst ist das Bedenklichste im Ganzen; ohne Furien ist kein Orest, und jetzt da die Ursache seines Zustandes nicht in die Sinne fällt, da sie bloss im Gemüth ist, so ist sein Zustand eine zu lange und zu einförmige Qual, ohne Gegenstand. Hier ist eine von den Grenzen des alten und neuen Trauerspiels."

täuschungen führen. Wenn also Goethe Orests Anfälle mit Bewusstlosigkeit und Hallucinationen einhergehen lässt, so verlässt er das Gebiet der Leidenschaft nicht; für ihn ist Orests Krankheit nur Leidenschaft und doch wirkliche Krankheit.

Wir dürfen demnach in dem wahnsinnigen Orest nicht das Bild eines wirklichen Geisteskranken suchen. Gewiss lag Goethe nichts ferner, als sich zu fragen, ob die Symptome und der Verlauf bei seinem Orest einer Krankheit im Sinne der Aerzte entsprechen möchten.

Goethe schildert den Orest als dauernd krankhaft verstimmt mit anfallartigen Steigerungen des Uebels. In seinem gewöhnlichen Zustande ist er von seinen Schmerzen niedergedrückt, aber vollkommen besonnen und von ruhiger Haltung. Er sagt von sich, dass ihm eine Götterhand das Herz zusammendrücke, den Sinn betäube, dass er geheimen Schmerz und Tod im Busen trage, er wünscht, dass ein Gott von seiner schweren Stirn den Schwindel nehme. Er ist ruhelos: um der Blutschuld willen treibt die Furie gewaltig ihn umher. Die Eumeniden sind die Immerwachen, d. h. sie lassen ihm Tag und Nacht keine Ruhe. Ueber die Entstehung des Uebels erfahren wir von Orest selbst folgendes:

„Wie gährend stieg aus der Erschlagenen Blut
Der Mutter Geist
Und ruft der Nacht uralten Töchtern zu:
„„Lasst nicht den Muttermörder entfliehn!
Verfolgt den Verbrecher! Euch ist er geweiht!““

Iphigenie.

Sie horchen auf, es schaut ihr hohler Blick
Mit der Begier des Adlers um sich her.
Sie rühren sich in ihren schwarzen Höhlen,
Und aus den Winkeln schleichen ihre Gefährten,
Der Zweifel und die Reue leis' herbei
Vor ihnen steigt ein Dampf vom Acheron;
In seinen Wolkenkreisen wälzet sich
Die ewige Betrachtung des Gescheh'nen
Verwirrend um des Schuld'gen Haupt umher.

Den Flüchtigen verfolgt ihr schneller Fuss;
Sie geben nur, um neu zu schrecken, Rast."

Im heiligen Haine, wo die Schwester weilt, fühlt
sich Orest erleichtert, er meint, die Furien dürften mit
den „ehr'nen frechen Füssen" des heil'gen Waldes
Boden nicht betreten, er glaubt ihr grässliches Gelächter
nur aus der Ferne zu hören. Als er jedoch erfährt,
dass die Priesterin, die ihn opfern soll, seine Schwester
Iphigenie ist, glaubt er den Hohn der Götter zu erkennen, geräth in die heftigste Aufregung, ruft den
Geist der Mutter und die Furien an und „sinkt in Er-
mattung." Als er aus seiner Betäubung erwacht und
sich aufrichtet, delirirt er, wie etwa ein Hysterischer
im Anschlusse an einen Krampfanfall es thun möchte.
Er glaubt in der Unterwelt zu sein, seine grimmigen
Vorfahren vereint und in friedlichem Verkehre zu erblicken, er bittet in ihren Kreis aufgenommen zu werden.
Als Pylades und Iphigenie dazu kommen, redet er sie
zunächst im Sinne seines Delirium an, orientirt sich
aber rasch, er „rast nicht mehr in der Finsterniss des
Wahnsinns," wie sich Iphignie ausdrückt, fühlt viel-

mehr sein Herz frei und froh, erkennt, dass er geheilt ist.

> „Es löset sich der Fluch, mir sagt's das Herz.
> Die Eumeniden ziehn, ich höre sie,
> Zum Tartarus und schlagen hinter sich
> Die ehr'nen Thore fernabdonnernd zu.
> Die Erde dampft erquickenden Geruch
> Und ladet mich auf ihren Flächen ein,
> Nach Lebensfreud' und grosser That zu jagen."

Goethe will in dem von ihm geschilderten Anfalle die eigentliche Krankheit Orests darstellen, denn dieser sagt nachher selbst, in Iphigeniens Armen habe das Uebel mit all seinen Klauen ihn zum letzten Male erfasst und habe ihm das Mark entsetzlich zusammengeschüttelt. Dann sei es entflohen „wie eine Schlange zu der Höhle." Indem Iphigeniens Berührung den heftigen Anfall auslöste, heilte sie den Kranken: „von dir berührt war ich geheilt." Pylades meldet: „der Bruder ist geheilt," er habe sich ungefährdet ausserhalb des heiligen Haines bewegt, sei heiter und hoffnungsvoll geblieben.

Bei der Vergeistigung, die die Fabel durch Goethe erfahren hat, muss die Art, wie Orest in Goethes Iphigenie geheilt wird, einiges Bedenken erregen. Man versteht nicht recht, wie die Heilung zu Stande kommt. Dass die Berührung Iphigeniens durch einen einfachen Zauber heilt, wie früher die französischen Könige Kranke durch einfache Berührung heilten, das kann man nicht annehmen. Goethe sagt: „alle menschlichen Gebrechen sühnet reine Menschlichkeit". Das mag zur

Noth gehen, und gewiss soll Iphigenie eine Vertreterin reiner Menschlichkeit sein, aber magisch kann diese auch nicht heilen. Die Einwirkung muss doch motivirt sein. Die Freude über die wiedergefundene Schwester kann das Motiv nicht sein, denn Orest freut sich gar nicht. Erst hält er Iphigenien für eine Betrügerin, dann fasst ihn das Entsetzen über den Gedanken, dass die Schwester als Priesterin den Bruder tödten werde. Aus dem Entsetzen geräth er in die Bewusstlosigkeit, aus dieser erwacht er geheilt. Wenigstens drücken die ersten Worte schon, die er mit freiem Bewusstsein spricht, das Wissen der Heilung aus. Man müsste also annehmen, dass ihn während der Worte des Pylades, Schwester und Freund seien leibhaftig da, die Freude ergreife und heile. Aber diese Auffassung lässt sich mit dem Worte, die Berührung Iphigeniens habe Orest geheilt, nicht vereinigen. Eigentlich sollte man meinen, erst dann, wenn Orest den ganzen Zusammenhang durchschaut, wenn er einsieht, dass doch gütige Götter ihn leiten und einen glücklichen Abschluss vorbereiten, erst dann sollte die Erkenntniss der göttlichen Gnade ihn von der Angst befreien.

Es fragt sich also, wie Goethe dazu gekommen ist, die etwas gewagte Heilung des Orest zu schildern. Bekanntlich existirt darüber schon eine ganze Literatur. Meine Bemerkungen haben zu ihrer Vermehrung beigetragen. K. Heinemann hat seine Auffassung im Goethe-Jahrbuche (XX.) dargelegt, und ich habe darauf in meiner „Stachyologie"*) erwidert. Auf diesen Auf-

---

*) Ueber die Heilung des Orest. Stachyologie. p. 97. 1901

satz muss ich verweisen. Neuerdings hat H. Lähr ein ganzes Buch über die Frage geschrieben.*) Mir kommt die Heilung bei Lähr recht künstlich vor; zur Noth mag man ja auf diesen gewundenen Gedankengängen einen psychologischen Zusammenhang erzwingen, aber der Psychologie Goethes ist diese Künstlichkeit fremd, und das ist mir die Hauptsache. Mündlich hat mir der College Lähr auch zugegeben, dass sich Goethe die Sache wohl nicht so schwer gemacht habe. Es ist richtig, dass Goethe in der Iphigenie von den Gedanken Herders über Humanität geleitet ist und dass er ungefähr auf das hinaus wollte, was Lähr sagt. Doch muss ich festhalten, dass er über den psychologischen Hergang nicht recht ins Klare gekommen sei, und dass die griechischen Gedanken und die etwas überspannten Vorstellungen von der Humanität wider einander laufen. Schliesslich fand Goethe selbst, die Iphigenie wäre „verteufelt human". Zur Zeit der Abfassung kam aber noch etwas hinzu. Goethe war damals in dem unnatürlichen Verhältnisse zur Stein selbst etwas überspannt, und er suchte in die unfruchtbare Verbindung allerlei Geheimnissvolles hineinzudeuten. Weil er bei der Iphigenie an die Stein dachte, musste er bei dem Orest wieder an sich, den brüderlichen Liebhaber denken, und die Einwirkungen Iphigeniens auf den Bruder vermengten sich ihm mit den eigenen Erfahrungen.· Dass das dem Stücke

---

*) Die Heilung des Orest in Goethes Iphigenie. Berlin, G. Reimer 1902. gr. 8°. 86 Seiten.

nicht zum Vortheile war, das scheint mir auf der Hand zu liegen.

Lähr macht auch darauf aufmerksam, dass dem Orest seine Unterwelt-Visionen zur Beruhigung gereichen, wie Goethen seine Phantasie-Vision bei Sesenheim wohlthat. Sollte mich wundern, wenn Goethe daran gedacht hätte.

Einige Worte verdienen noch die Stellen, in denen vom erblichen Fluche der Tantaliden gesprochen wird. Im antiken Sinne, sowohl bei den Griechen wie bei den Hebräern, hat der göttliche Fluch mit Vererbung in unserem Sinne gar nichts zu thun. Der Gott verflucht einen Menschen und sein Geschlecht. Der Sohn des Verfluchten erbt seinen Fluch, wie er sein Geld erbt; es ist ein reines Rechtsverhältniss, ein Act despotischer Justiz. Bei dieser Auffassung ist es durchaus zulässig, dass bei diesem oder jenem Nachkommen oder an einer bestimmten Stelle der Geschlechterfolge der Fluch aufgehoben wird. Die göttliche Willkür hat den Fluch auf das Geschlecht gelegt, passt es ihr, so lässt sie Gnade walten und zieht den Fluch zurück. Ein Reiner inmitten einer verworfenen Familie hat also für die antike Auffassung nichts Auffälliges.

Goethe übernimmt die alte Fabel, modernisirt sie aber, indem er sie im Sinne der biologischen Vererbung auslegt. Es heisst:

> „Denn es erzeugt nicht gleich
> Ein Haus den Halbgott, noch das Ungeheuer;

Die Tantaliden als „Verbrecherfamilie“.

> Erst eine Reihe Böser oder Guter
> Bringt endlich das Entsetzen, bringt die Freude
> Der Welt hervor.“

Das ist ganz im Sinne moderner Naturforscher gesprochen: Die vortheilhaften wie die nachtheiligen Eigenschaften werden durch Vererbung gesteigert. Auf der ungünstigen Seite lehrt Goethe wie Morel la dégénérescence progressive. Vom Geschlechte des Tantalus wird gesagt:

> „Zwar die gewalt’ge Brust und der Titanen
> Kraftvolles Mark war seiner Söhn’ und Enkel
> Gewisses Erbtheil; doch es schmiedete
> Der Gott um ihre Stirn ein ehern Band.
> Rath, Mässigung und Weisheit und Geduld
> Verbarg er ihrem scheuen düstern Blick;
> Zur Wuth ward ihnen jegliche Begier,
> Und grenzenlos drang ihre Wuth umher.“

Es handelt sich also um eine „Verbrecher-Familie“. Der gewaltthätige Charakter, der Mangel an Gerechtigkeit und Liebe vererbt sich von Geschlecht zu Geschlecht. Auch Agamemnon ist ein rauher und gewaltthätiger Mann. Zu der modernen Auffassung passen aber die alten Thatsachen nicht. Im antiken Sinne wird Klytämnestra, sobald sie in die Familie eintritt, Miterbin des Fluches, es ist daher begreiflich, dass sie wie ihre Verwandten Ehebruch und Mord auf sich lädt. Im modernen Sinne aber ist dies nicht begreiflich. Noch weniger wird die Erscheinung der Iphigenie verständlich. Goethe fühlte dies, denn er lässt den Thoas sagen: „Sage nun durch welch ein Wunder von

diesem wilden Stamme du entsprangst." Die sittliche
Hoheit Iphigeniens widerspricht ja gerade der Lehre,
dass eine Reihe Böser das Entsetzen der Welt hervor-
bringe, sie wächst, um mich grob auszudrücken, wie
die Blume aus Moder. Goethe giebt gar keine Erklärung für das „Wunder"; er wandte sich wohl ab,
weil er nicht gern denken mochte, dass Antikes und
Modernes nicht zusammenpassen.

———

VI. Tasso.

In „Tasso" ist der Held geisteskrank. Ein Schauspiel mit einem irren Helden ist eigentlich eine ästhetische Unmöglichkeit, denn ein Unzurechnungsfähiger kann nicht nur nicht bestraft werden, sondern auch nicht tragisch wirken, da ihm die erste Voraussetzung, die normale Motivation fehlt. Wie war es möglich, dass Goethe sich einem solchen Vorwurfe aussetzte? Wie besonders Kuno Fischer auseinander gesetzt hat, kannte Goethe, als er den Plan des Schauspiels entwarf, Kopp's Uebersetzung des befreiten Jerusalem, insbesondere dessen Vorrede, und Manso's Vita di Torquato Tasso. Das 1785 erschienene Werk des Abate Serassi lernte er erst auf der italienischen Reise kennen, er studirte es in Rom. Bekanntlich arbeitete Goethe das schon vor der Reise Niedergeschriebene ganz um, und erst 1790 erschien Tasso in seiner jetzigen Form. Goethes Tasso ist nun insofern eine wunderliche Gestalt, als er thatsächlich die Symptome der Paranoia zeigt, aber doch nicht als Geisteskranker gilt. Mir scheint, dass man die Sache folgendermaassen

auffassen müsse. Als Goethe den Tasso entwarf, dachte
er sich seinen Helden als einen höchst leidenschaftlichen, reizbaren, phantastischen, seinen Stimmungen
unterworfenen Menschen. Goethe sagte zu Eckermann: „Ich hatte das Leben Tassos, ich hatte mein
eigenes Leben und indem ich zwei so wunderliche
Figuren mit ihren Eigenheiten zusammenwarf, entstand
mir das Bild des Tasso." Nach der italienischen Reise
bestimmten die historischen Forschungen seinen „Wirk-
lichkeit-Sinn", im Bilde Tassos auch die ausgesprochen
krankhaften Symptome des historischen Tasso zu
zeichnen. Aus Serassi habe er, sagt Schröer, Einzelheiten entnommen, in denen Tassos hypochondrische
Grillen in der Dichtung gezeichnet sind. Das ist aber
viel zu mild ausgedrückt. Es handelt sich eben nicht
um hypochondrische Grillen, sondern um ausgebildeten
Verfolgungswahn, und es ist unverkennbar, dass das
Aesthetische durch das Historische geschädigt worden
ist, wenn es auch nicht Jeder bemerken mag.

Der historische Tasso scheint von seiner Mutter
die Anlage zur Geisteskrankheit geerbt zu haben. Er
war 1544 geboren und hatte von Jugend an ein unruhiges und bedrängtes Leben, da sein Vater wegen
der Inquisition fliehen musste und ihn mit sich führte.
Seine Geisteskrankheit scheint um das 30. Lebensjahr
begonnen zu haben. Er hatte ohne jeden Grund Furcht
vor der Inquisition, war immer in Angst und ohne
Ruhe. Dann traten Sinnestäuschungen auf, Tasso
hörte Geräusche, als ob in seinem Ohre ein Uhrwerk
wäre, dann Stimmen verschiedener Art, er glaubte in

seinem Zimmer Katzen und Gespenster, Dämonen und Heilige zu finden. Auch zeigte sich bei ihm die bemerkenswerthe Erscheinung der einander widersprechenden Hallucinationen; bald glaubte er sich von einem Teufelskobold geplagt, der ihm auflauerte und ihm die Sachen aus den Händen nahm, bald erschien ein guter Geist in leuchtender Jünglings-Gestalt, der tiefsinnige Gespräche führte. In Antonio Montecatino sah Tasso seinen Feind und Verderber, das Haupt seiner Verfolger. In einer Denkschrift an den Herzog von Urbino hat er 1578 seine Verfolgungen geschildert, diese Schilderung wollte er abschriftlich verbreiten lassen. Tasso war entschieden gemeingefährlich. Im Jahre 1577 glaubte er in einem Diener einen Spion der Inquisition zu erblicken und fiel ihn mit einem Dolche an. Damals bestrafte ihn der Herzog von Ferrara nur mit einigen Wochen Stubenarrest. Im Jahre 1579 aber sah sich der Herzog veranlasst, Tasso in das Annenhospital bringen zu lassen, und dort hielt er ihn dann 7 Jahre lang fest. Nach seiner Entlassung zog Tasso ruhelos in Italien umher, hielt sich meist in Klöstern auf, erduldete Noth und Armuth, starb 1595 zu Rom.

Goethes Schilderung nun ist so gerathen, dass man sagen könnte, hier wird mit grosser Feinheit und mit Sachkenntniss ein Kranker, der an beginnender Paranoia leidet, beschrieben. Ein von vornherein wunderlicher Mensch zeigt sich mehr und mehr mit der Welt zerfallen; zwar weiss er sich noch für gewöhnlich zu beherrschen, in Zuständen der Erregung aber wirft er den Schleier ab und entblösst sozusagen den im

Geheimen herangewachsenen Verfolgungswahn. Tasso wird von Goethe geschildert als ein Mann, der ganz in seinen Phantasieen lebe, die Einsamkeit liebe. Er meide die Menschen, und es sei zu fürchten, „dass sein Argwohn sich nicht zuletzt in Furcht und Hass verwandle". „Begegnet ja, dass sich ein Brief verirrt dass ein Bedienter aus seinem Dienst in einen andern geht, dass ein Papier aus seinen Händen kommt, gleich sieht er Absicht, sieht Verrätherei und Tücke, die sein Schicksal untergräbt." Er sei auch gegen den Fürsten misstrauisch, obwohl ihn dieser mit grosser Nachsicht und Geduld behandle, z. B. eine Untersuchung angeordnet habe, als Tasso glaubte, man habe sein Zimmer erbrochen. Sei er in Leidenschaft, so schmähe er auf Alle, auch den Fürsten und die Prinzessin. Weiter sei er in mancher Hinsicht wunderlich. Er putze sich gerne, trage feine Stoffe, Stickereien, könne aber nicht für sich sorgen, verliere, was er habe; komme er von einer Reise zurück, so fehle ihm ein Dritttheil der Sachen. Antonio sagt:

> Und lässt er nicht vielmehr sich wie ein Kind
> Von allem reizen, was dem Gaumen schmeichelt?
> Wann mischt er Wasser unter seinen Wein?
> Gewürze, süsse Sachen, stark Getränke,
> Eins um das andre schlingt er hastig ein,
> Und dann beklagt er seinen trüben Sinn,
> Sein feurig Blut, sein allzuheftig Wesen,
> Und schilt auf die Natur und das Geschick.
> Wie bitter und wie thöricht hab ich ihn
> Nicht oft mit seinem Arzte rechten sehn!
> „„Ich fühle dieses Uebel"" sagt er bänglich,
> Und voll Verdruss. „„Was rühmt ihr eure Kunst?

Schafft mir Genesung!"" Gut, versetzt der Arzt,
So meidet dies und das. — „„Das kann ich nicht.""
So nehmet diesen Trank. — „„O nein, der schmeckt
Abscheulich, er empört mir die Natur. —""
So trinkt denn Wasser. — „„Wasser? Nimmermehr!
Ich bin so wasserscheu als ein Gebissener. —""
So ist euch nicht zu helfen. — „„Und warum?""
Das Uebel wird sich stets mit Uebeln häufen,
Und wenn es euch nicht tödten kann, nur mehr
Und mehr mit jedem Tag euch quälen. — „„Schön!
Wofür seyd ihr ein Arzt? Ihr kennt mein Uebel;
Ihr solltet auch die Mittel kennen, sie
Auch schmackhaft machen, dass ich nicht noch erst,
Der Leiden los zu seyn, recht leiden müsse.""

„Wohin er tritt, glaubt er von Feinden sich
Umgeben. Sein Talent kann niemand sehn,
Der ihn nicht neidet, niemand ihn beneiden,
Der ihn nicht hasst und bitter ihn verfolgt.
So hat er oft mit Klagen dich belästigt:
Erbroch'ne Schlösser, aufgefang'ne Briefe,
Und Gift und Dolch! Was alles vor ihm schwebt!"

Tasso selbst trägt in den ersten Aufzügen keine
eigentlich krankhaften Züge. Im Streite mit Antonio
zeigt er sich heftig, aber sein Zorn ist durchaus berechtigt. Erst als er sich vom Fürsten ungerecht behandelt glaubt, hat seine Verzweiflung eine pathologische Färbung. Weil er im Palaste den Degen ge-
zogen, bekommt er Zimmer-Arrest. Nun nennt er seine
Stube einen Kerker und sagt:

„Das hässliche zweideutige Geflügel,
Das leidige Gefolg' der alten Nacht,
Es schwärmt hervor und schwirrt mir um das Haupt.
Wohin, wohin beweg' ich meinen Schritt,
Dem Ekel zu entfliehn, der mich umsaust,
Dem Abgrund zu entgehen, der vor mir liegt?"

Tasso.

Das Geflügel sind offenbar die Wahnvorstellungen.

> „Ich soll erkennen, dass mich niemand hasst,
> Dass niemand mich verfolgt, dass alle List
> Und alles feindliche Gewebe sich
> Allein in meinem Kopfe spinnt und webt."

Er beschliesst, „sich zu verstellen", d. h. er dissimulirt, wie es thatsächlich die Paranoia-Kranken thun.

Als später der Prinzessin gegenüber seine Stimmung umgeschlagen hat, er die Fürstin im Ueberschwange geküsst hat, dann zurückgewiesen und gewissermaassen verbannt wird, da bricht er von neuem aus und enthüllt nun ganz sein pathologisches Wesen. Der Fürst ist ein Tyrann, Antonio sein Marterknecht, jenes Güte war Verstellung, und alles ist böse Absicht.

> „So hat man mich bekränzt, um mich geschmückt
> Als Opferthier vor den Altar zu führen!
> So lockte man mir noch am letzten Tage
> Mein einzig Eigenthum, mir mein Gedicht
> Mit glatten Worten ab, und hielt es fest!
> Mein einzig Gut ist nun in euren Händen,
> Das mich an jedem Ort empfohlen hätte;
> Das mir noch blieb, vom Hunger mich zu retten!
> Jetzt seh ich wohl, warum ich feiern soll.
> Es ist Verschwörung, und du bist das Haupt [Antonio].
> Damit mein Lied nur nicht vollkommen werde,
> Dass nur mein Name sich nicht mehr verbreite,
> Dass meine Neider tausend Schwächen finden,
> Dass man am Ende meiner ganz vergesse,
> Drum soll ich mich zum Müssiggang gewöhnen,
> Drum soll ich mich und meine Sinne schonen;
> O werthe Freundschaft, theure Sorglichkeit!

Wie Goethe zu seiner Darstellung kam.

> Abscheulich dacht ich die Verschwörung mir,
> Die unsichtbar und rastlos mich umspann;
> Allein abscheulicher ist es geworden. —
> Und du Sirene [die Prinzessin]! die du mich so zart,
> So himmlisch angelockt, ich sehe dich auf einmal . . .
> Wie lang verdeckte mir dein heilig Bild
> Die Buhlerin [die Gräfin], die kleine Künste treibt . . .
> Euch alle kenn ich! Sey mir das genug!"

Trotz dieses Ausbruches beruhigt sich Tasso nach einigen Minuten, besinnt sich darauf, dass ihm sein poetisches Talent geblieben sei, und klammert sich an den geschmähten Antonio an. Ereignete sich die Scene wirklich, so würde der Sachverständige an das Rohr im Winde nicht glauben, sondern mit Recht erneute Dissimulation vermuthen.

Dadurch, dass Goethe mit dem dem Serassi entnommenen Satze: „es ist Verschwörung und du bist das Haupt" den Tasso als Paranoia-Kranken charakterisirt, beging er zweifellos einen Fehler. Jedoch darf man von Goethe nicht die Kenntnisse eines Irrenarztes verlangen. Er konnte nicht wissen, dass einer, der einmal so spricht, wie er den Tasso sprechen lässt, ein unheilbar Verrückter ist. Ihm konnte der Ausbruch des Verfolgungswahnes als eine „hypochondrische Grille" erscheinen, die vorübergeht und trotz der Tasso ein zwar erregter, aber in der Hauptsache gesunder Mensch bleibt. Er wollte Tasso nicht als einen Unzurechnungsfähigen darstellen und er täuschte sich über die Bedeutung der von ihm verwertheten historischen Notizen. Ja, nicht nur vom Standpunkte des Laien aus, sondern auch von dem der Aerzte seiner

Zeit aus muss man Goethe entschuldigen. Wahrscheinlich würde manches Medicinal-Collegium, dem man die Acten des Goethischen Tasso vorgelegt hätte, im Jahre 1790 den Inculpaten für zurechnungsfähig gehalten haben. Auch ist mir nicht bekannt, dass Jemand Goethe auf die Bedenklichkeit der Verfolgungsvorstellungen aufmerksam gemacht hätte. Heinroth freilich (im Jahre 1820) zählt Goethes Tasso zu den „Wahnsinnigen" (irrthümlicherweise, nämlich im Sinne seines Systems), aber er macht keine weiteren Bemerkungen. Gerade die Form der Geisteskrankheit, an der Tasso litt, ist recht spät richtig beurtheilt worden. Freilich bei der Schilderung Serassis konnte gegenüber der Fülle der Hallucinationen u. s. w. wohl zu keiner Zeit ein Zweifel über die Geistesstörung bestehen, aber in den Fällen, in denen wie bei Goethes Tasso nur Verfolgungsvorstellungen geäussert werden, nahm man früher oft die Sache leicht. Dass Rousseau, an den Goethes Tasso erinnert, geisteskrank war, wussten die Einsichtigeren seiner Zeitgenossen, aber man verkannte später die Schwere der Erkrankung, stellte sich etwa vor, es habe sich um einige „fixe Ideen" gehandelt, die wie Unkraut auf einem sonst gesunden Beete aufwüchsen. Aehnlich mag es Goethe mit Tasso ergangen sein; es konnte seinem Scharfblicke nicht entgehen, dass sein Tasso eine „pathologische" Figur war, aber er hielt dafür, man bewege sich da auf einem Grenzgebiete, auf dem ebenso wie im Reiche der Leidenschaften die normale Psychologie herrsche, und das der poetischen Verwerthung zugänglich sei.

Der Sinn der Katastrophe bei Goethe.

Dass, wie Schöll will, Goethe den ausbrechenden Wahnsinn Tassos als Katastrophe betrachtet habe, kann ich durchaus nicht glauben. Es hiesse das, Tasso sei durch Aufregungen, die im Stücke geschildert werden, verrückt geworden und gebe ebendadurch dem Stücke einen tragischen Abschluss. Mir scheint das ganz und gar nicht dem Sinne Goethes zu entsprechen und durch die Schluss-Scene direct widerlegt zu werden. Damit wird auch Schölls ästhetisches Bedenken erledigt: „Die lebendige Schönheitsentfaltung schlägt in diesen hässlichen, die empfindlichste Sympathie in diesen antipathischen Zustand nieder, und der Aether der Poesie breitet sich um uns als die drückende Luft der Krankenstube, welche die Welt für Tasso bleibt.“ Ich sollte meinen, mit solchen Worten widerlegte Schöll seine eigene Auffassung.

Dass die Paranoia nicht „ausbrechen“, sondern höchstens plötzlich offenbar werden kann, will ich nicht besonders betonen, denn diesen Unterschied hätte Goethe kaum machen können. Dagegen ist noch das gegen Schöll einzuwenden, dass nach Goethes Auffassung die „Katastrophe“ in der Zerstörung des Verhältnisses zwischen Tasso und dem fürstlichen Hause bestehen dürfte. Durch seine Aufregungen richtet Tasso das angenehmste Verhältniss zu Grunde, nimmt sich den Boden, auf dem er zur schönsten Entwickelung gediehen war, macht sich freund- und heimathlos. Das ist doch für ein „Schauspiel“ Katastrophe genug. Was sich Goethe bei der Schlussscene gedacht hat, das weiss niemand. Ich glaube, dass er

Tasso.

selbst den Leser im Ungewissen lassen wollte. Er kannte den elenden Verlauf des wirklichen Lebens Tassos, er konnte deshalb und auch aus anderen Gründen dem unglücklichen Dichter nicht eine glänzende Zukunft in Aussicht stellen. Andererseits war es seiner concilianten Natur zuwider, mit einem Ausblicke auf endlosen Jammer zu schliessen. Er wählte daher die vorliegende Form, bei der Jeder denken kann, was er will. Das aber erscheint als höchst wahrscheinlich, dass Goethe auch am Schlusse den Tasso nicht als einen ausgesprochen Geisteskranken darstellen wollte.

VII. Wilhelm Meister.

1. Der Harfenspieler.

Der Umstand, dass Goethe den Wilhelm Meister immer und immer wieder liegen liess, an ihm zu ganz verschiedenen Zeiten arbeitete,*) hat offenbar auch die Figur des Harfenspielers zu Schaden kommen lassen. Man kann nicht annehmen, dass alles, was von ihm erzählt wird, einem Entwurfe entstamme. Zuerst hat Goethe wahrscheinlich Mignon und den Harfner als Contrastfiguren hingestellt und sich an diesem Bilde erfreut. Demnächst mag im Laufe der Erzählung die Geisteskrankheit des Harfners entstanden sein. Viel später muss Goethe in dem Bedürfnisse, alles zu ver-

---

*) „Er [Goethe] hat hier [in Jena] einem Menschen selbst gestanden, dass er nicht mehr fähig wäre, sich seiner ersten Jugendeindrücke so lebhaft zu erinnern, als er es im Wilhelm gethan hat; denn die Lebhaftigkeit des Gedächtnisses, mit welcher er den „Meister" vor funfzehn Jahren entworfen habe, sei ihm nun bei der Ausfeilung ganz fremd geworden." (Biedermann's „Gespräche" 1. p. 168. Aus D. Veit's Brief vom 8. Febr. 1795.)

knüpfen und abzuschliessen, die arg romanhafte Erzählung der Markese hinzugefügt haben (gegen die
auch Knebel in einem Briefe vom 1. 9. 1796 gerechte
Bedenken äussert), ohne zu bemerken, dass das Alte
nicht recht zu dem Neuen stimmte. Bekanntlich sind
die Lehrjahre unter Schillers Einwirken etwas rasch
abgeschlossen worden. Dadurch erklärt sich wohl das
weniger glücklich Gerathene.

Im Anfange wird der Harfner als ein ganz alter
Mann geschildert. Sein kahler Scheitel war von wenig
grauen Haaren umkränzt, er hatte weisse Augenbrauen,
grosse blaue, sanfte Augen, eine wohlgebildete Nase,
einen langen weissen Bart, einen schlanken Körper.
Gewöhnlich wird er „der Alte“ genannt. Er singt viele
deutsche Lieder, spricht ungern, aber alles, was er
sagt, ist verständig. In einer langen Unterredung, die
Wilhelm mit ihm hat, antwortet der Alte anmuthig auf
alles und mit der reinsten Uebereinstimmung durch
Anklänge, wobei alle verwandten Empfindungen rege
werden. Später wird er ausgesandt, um die Amazone
zu suchen, und benimmt sich dabei sehr vernünftig.
Dass hinter ihm etwas Sonderbares steckt, erfährt man
anfänglich nur daraus, dass er im Stillen weint und
singt. Später wird das Pathologische deutlicher: Der
Alte erklärt, er wolle fort, er müsse unstet und flüchtig
sein, er bringe seiner Umgebung Unglück, er deutet
auf ein schaudervolles Geheimniss hin, auf die Rache,
die ihn verfolgt. Bei diesen Erklärungen weint er, und
in seinen Augen glüht ein sonderbares Feuer. Mit
Mignon hält er gute Freundschaft, aber der Knabe

Die Geisteskrankheit des Harfners.

Felix regt ihn auf, und es scheint, dass sein Zustand durch dessen Gegenwart verschlimmert wird. Endlich in der Nacht nach der Aufführung des Hamlet bricht im Hause Feuer aus, und der Harfner, der wahrscheinlich das Feuer gelegt hat, wird „rasend“, will den Felix umbringen. Nemlich als er im Hofe mit Felix allein ist, zündet er das vorhandene Stroh an, legt dem Knaben die Hände aufs Haupt und zieht ein Messer, als ob er das Kind opfern wollte. Er wird gestört, flieht, kehrt dann zurück und singt ein Lied. Das Lied enthielt den Trost eines Unglücklichen, „der sich dem Wahnsinne ganz nahe fühlt“. Wilhelm sperrt den Alten in das Gartenhaus und führt „ein wunderbares Gespräch“ mit ihm. Offenbar tritt nach der Aufregung in der Brandnacht Beruhigung ein, aber der frühere Zustand wird nicht wieder erreicht, denn es heisst, dass der unglückliche Alte deutliche Spuren des Wahnsinns zeige. Er wird zu einem Landgeistlichen gebracht, bekommt einen Stundenplan, unterrichtet Kinder im Harfenspiele, arbeitet im Garten und gelangt allmählich zu Ruhe und Heiterkeit.

Später trifft der anscheinend geheilte Harfner auf dem Schlosse des Oheims ein. Kutte und Bart fehlen, an seinem bedeutenden Gesicht erscheinen die Züge des Alters nicht mehr. Gestalt und Wesen sind bedeutend, ernsthaft, auffallend. Der Wahn, von dem der Mann geheilt ist, bestand angeblich in der Hauptsache darin, dass er überallhin Unglück zu bringen fürchtete und glaubte, der Tod stehe ihm durch einen unschuldigen Knaben bevor. Die Genesung sei dadurch geglückt, dass er sich eine Flasche mit Opium aneignete, als ein jederzeit bereites Mittel zur Befreiung. „Das Gefühl, dass es wünschenswerth sei, die Leiden dieser Erde durch den Tod geendigt zu sehen, brachte mich zuerst auf den Weg der Genesung." Er könne die Schmerzen (welche, erfährt man nicht) nur ertragen, wenn er den Talisman habe. Unglücklicherweise fallen die Aufzeichnungen des Markese, die seine Jugendgeschichte enthalten, in die Hand des Genesenen. Er beschliesst nun, das Opium zu nehmen, und macht es zurecht, indem er es in ein Glas giesst und eine Flasche Mandelmilch daneben setzt. Vorher aber geht er in den Garten, um sich die Welt noch einmal anzusehen. Unterdessen kommt der Knabe Felix in sein Zimmer und trinkt aus der Flasche mit Mandelmilch. Der Harfner kommt dazu, glaubt, Felix habe vom Opium getrunken, verzweifelt und schneidet sich den Hals ab. Er wird gefunden, der Schnitt hat nur die Luftröhre durchtrennt, man legt einen Verband an. In der Nacht aber reisst der Kranke den Verband ab und stirbt durch Verblutung.

Die Vorgeschichte des Harfners ist folgende. Der Markese X., ein begabter, tüchtiger, aber bis zur Schrullenhaftigkeit eigensinniger Mann, hatte 4 Kinder. Die beiden älteren Söhne waren in der Hauptsache gesund, der 3. Sohn, Augustin war von Anfang an zart und schwärmerisch, er kam deshalb in ein Kloster, schwankte da zwischen Ekstase und „Ohnmacht und leerem Elend" durch Genuss heiliger Schwärmerei, kehrte schliesslich in jammervollem Zustande nach Hause zurück. Nun

Die Geschichte Augustins.

war aber noch eine spätgeborene Tochter vorhanden, deren sich der Vater geschämt hatte, und die deshalb in der Stille aufgezogen worden war. Diese Sperata lernt der im Elternhause genesende Augustin kennen; die jungen Leute lieben einander und zeugen ein Kind, das später als Mignon erscheint. Nach Entdeckung des Incestes will sich Augustin nicht von Sperata trennen, bezweifelt bald die Thatsache, beruft sich bald auf die Natur gegen die Sitte. Allmählich aber gewinnen die Umgebung und die anerzogenen Vorstellungen die Uebermacht; Augustin verzweifelt, flieht, wird ergriffen und in das Kloster zurückgeführt. „Nach vielen schrecklichen und sonderbaren Epochen" geräth er in einen seltsamen Zustand der Ruhe des Geistes und der Unruhe des Körpers. Nur beim Singen und Harfenspielen sitzt er still. Er ist lenksam, und man kann ihn zu allem bewegen, wenn man mit einer gefährlichen Krankheit oder mit dem Tode droht. Zu jeder Stunde der Nacht sieht er beim Erwachen einen schönen Knaben unten an seinem Bette, der ihm mit einem blanken Messer droht. Auch nach Wechsel des Zimmers erscheint der Knabe wieder, zuletzt steht er sogar an anderen Stellen des Klosters im Hinterhalte. Augustin wird immer ruheloser, endlich, als die Nachricht vom Tode Speratens und von Wundern an ihrer Leiche in das Kloster dringt, entflieht er mit grosser Schlauheit, besucht die Leiche und wandert dann in die Ferne.

Wie schon im Eingange bemerkt wurde, das Bild des alten Harfners und die Geschichte Augustins wollen nicht recht zusammenstimmen. Jener ist offenbar als Deutscher gedacht (blaue Augen), dieser ist ein Italiener. Wenn auch in der Geschichte des Markese keine Altersangaben gemacht werden, so muss man doch annehmen, dass Augustins Liebesgeschichte in seiner Jugend spiele. Mignon wird, als sie zu Wilhelm Meister kommt, auf 12—13 Jahre geschätzt. Also auch dann, wenn man dem Liebhaber Augustin ein Alter von 30 Jahren geben wollte, würde der Harfner bei seinem Auftreten doch erst 43 oder 44 Jahre alt sein. Von seinem älteren Bruder, dem Marchese Cipriani wird ausdrücklich gesagt, er sei „ein Mann noch nicht hoch in Jahren." Goethe muss das Missverhältniss bemerkt haben, da er die wunderliche Bemerkung hinzugefügt hat, man habe bei der Rückkehr des Augustin von dem Geistlichen die Züge des Alters nicht mehr bemerkt. Als ob der Geistliche eine Jungfern-Mühle gehabt hätte! Auch die Unterdrückung aller Altersangaben im Berichte des Markese ist auffallend. Ich weiss nicht, ob man auf diese Dinge schon geachtet hat.

In psychiatrischer Hinsicht ist die Gestalt des Harfners nicht gelungen. Goethe hat bei ihr offenbar kein Vorbild gehabt. Das Ganze ist eine Bildung der Phantasie, die die im Publikum geläufigen Vorstellungen vom Wahnsinne verwerthet. Jedoch zeigt sich Goethes Scharfsinn darin, dass er den Harfner als einen von vornherein krankhaften Menschen schildert, als einen Entarteten und das Glied einer entarteten Familie. Ich erinnere an Goethes Betonung der Vererbung in der

Die Melancholie des Harfners.

Iphigenie. Sodann findet sich in der Schilderung des geisteskranken Harfenspielers eine noch nicht erwähnte Stelle, die mir besonderer Betrachtung werth zu sein scheint. Wie gesagt, wird der kranke Harfner zu einem Landgeistlichen gebracht, der sich mit der Behandlung Geisteskranker befasst. Dieser, der sich sehr verständig über die Therapie ausspricht, zieht für das Physische „einen denkenden Arzt" zu Rathe. In unserem Falle ist es ein kleiner ältlicher Arzt, und er erzählt dem Wilhelm Meister: „Nie hab' ich ein Gemüth in einer so sonderbaren Lage gesehen. Seit vielen Jahren hat er an nichts, was ausser ihm war, den mindesten Antheil genommen, ja fast auf nichts gemerkt; bloss in sich gekehrt, betrachtete er sein hohles leeres Ich, das ihm als ein unermesslicher Abgrund erschien. Wie rührend war es, wenn er von diesem traurigen Zustande sprach! Ich sehe nichts vor mir, nichts hinter mir, rief er aus, als eine unendliche Nacht, in der ich mich in der schrecklichsten Einsamkeit befinde; kein Gefühl bleibt mir als das Gefühl meiner Schuld, die doch auch nur wie ein entferntes unförmliches Gespenst sich rückwärts sehen lässt. Doch da ist keine Höhe, keine Tiefe, kein Vor noch Zurück; kein Wort drückt diesen immer gleichen Zustand aus. Manchmal ruf' ich in der Noth dieser Gleichgültigkeit: Ewig! ewig! mit Heftigkeit aus, und dieses seltsame unbegreifliche Wort ist hell und klar gegen die Finsterniss meines Zustandes. Kein Strahl einer Gottheit erscheint mir in dieser Nacht; ich weine meine Thränen alle mir selbst und um mich selbst.

Nichts ist grausamer als Freundschaft und Liebe; denn sie allein locken mir den Wunsch ab, dass die Erscheinungen, die mich umgeben, wirklich sein möchten. Aber auch diese beiden Gespenster sind nur aus dem Abgrunde gestiegen, um mich zu ängstigen und um mir zuletzt auch das theure Bewusstsein dieses ungeheuren Daseins zu rauben.

Wenn sich ihm etwas aufdrängt, das ihn nöthigt, einen Augenblick zu gestehen, eine Zeit sei vergangen, so scheint er wie erstaunt, und dann verwirft er wieder die Veränderung an den Dingen als eine Erscheinung der Erscheinungen."

Das ist eine Schilderung, die man nicht erfinden kann. So, wie Goethe die Klagen des Melancholischen wiedergiebt, könnten sie in einer Krankengeschichte stehen. Es scheint mir sicher zu sein, dass Goethe hier eine Vorlage gehabt hat. Vielleicht hat ein Beobachter diese Reden wegen ihres psychologischen Interesses aufgeschrieben und die Notizen Goethe übergeben. Historische Grundlagen für solche Vermuthungen habe ich freilich bisher nicht gefunden, ebensowenig wie dafür, ob Goethe thatsächlich mit psychiatrisch thätigen Landgeistlichen in Berührung gekommen ist. Unwahrscheinlich aber ist meine Vermuthung nicht, denn die Reden des kranken Harfners sind so charakteristisch, dass sie die Aufmerksamkeit gerade des Sachkundigen erwecken müssen. Es handelt sich hier nicht um Klagen, wie man sie von jedem Melancholischen hören kann, sondern um etwas ganz Besonderes, nemlich um das erst in der neuesten Zeit von französischen

Irrenärzten beschriebene délire de négation. Cotard machte zuerst darauf aufmerksam, daß sich besonders bei älteren Melancholischen mit der Zeit ein eigenthümlicher Verneinungswahn ausbilden kann, der leicht in ein délire d'énormité umschlägt. Alles ist nur scheinbar, in Wirklichkeit giebt es nichts. Die Schuld des Kranken aber ist wirklich und so unermesslich, dass sie alles erfüllt. Nichts ist ausser ihm, keine Zeit, kein Raum, er, seine Schuld und seine Strafe sind ewig. Alle Dinge der Welt sind nur ein trügender Schein, bestimmt, die Leiden des Kranken zu vermehren, Gespenster, die dem Nichts angehören. Und so fort. Unschwer erkennt man in den Reden des Harfners das délire de négation, und es ist wohl begreiflich, dass ein so wunderlicher Seelenzustand Goethes Aufmerksamkeit fesseln musste, sobald wie er von ihm Kunde erhielt.

Der Selbstmord des Harfners ist nicht als Ausfluss der Krankheit gedacht. Während der Krankheit fürchtete er durch den Knaben zu sterben und wollte ihn deshalb lieber umbringen, oder in phantastischer Weise opfern. Nach der Genesung tödtet er sich, weil er durch seine Unvorsichtigkeit den Knaben getödtet zu haben glaubt, oder richtiger, weil zu seiner Verzweiflung über sein jammervolles Leben der Schreck über den Tod des Knaben hinzutritt. Als krankhaft kann man höchstens die Reizbarkeit Augustins ansehen. Uebrigens hat Goethe doch wohl die Absicht gehabt, den Wahn des Harfners als eine geheimnissvolle Ahnung erscheinen zu lassen: Der blonde Knabe, vor dem sich Augustin sein Leben lang gefürchtet hat, wird thatsächlich Ursache seines Todes, wenn auch nur als Werkzeug höherer Mächte.

Auffallend ist, daß Augustin nicht gleich stirbt. Man möchte es für etwas grausam halten. Goethe zeigt aber dabei, dass ihm die nicht seltenen Fälle bekannt waren, in denen das in selbstmörderischer Absicht ausgeführte Halsabschneiden nur zur Durchtrennung der Luftröhre führt. Der Kranke stirbt dann nicht, weil die grossen Halsadern nicht angeschnitten sind. Freilich wird eben deshalb in der Regel auch nachträglich keine Verblutung eintreten, wenn der Verband entfernt wird.

2. Mignon.

Die Mutter Mignons wurde, nach der Entdeckung des Liebesverhältnisses zu ihrem Bruder Augustin durch den Beichtvater in Gewissensqual versetzt, irrsinnig, „ohne wahnsinnig zu sein". Als das Kind verschwunden war, lebte sie in dem Gedanken, der See werde die Leiche oder doch die Knochen auswerfen. Durch den Einfluss des Geistlichen wurde sie „in der Gegend für eine Entzückte, nicht für eine Verrückte gehalten". Man versuchte sie dadurch zu heilen, dass man ihr Kinderknochen in die Hände spielte. Als ein Skelet beisammen war, nahm die Wärterin es weg. Die Kranke glaubte, ihr Kind aus den Knochen auferstehen und glänzend zum Himmel auffahren zu sehen; sie wurde ruhiger und heiterer, ass aber immer weniger und starb bald.

Das Kind Mignon zeigte von Anfang an eine sonderbare Natur. Es lernte früh laufen, singen, Zither spielen, „nur mit Worten konnte es sich nicht ausdrücken und es schien das Hinderniss mehr in seiner Denkungsart als in den Sprachwerkzeugen zu liegen." Es kletterte auf Bäume, lief auf den Rändern der Schiffe, trug deshalb Knabenkleider. Bei seinem Umherschweifen ward es von Zigeunern gestohlen.

Als Wilhelm Meister Mignon aus den Händen des herumziehenden Seiltänzers befreit, der sie schlecht und grausam behandelt, ist sie ein Mädchen von 12 bis 13 Jahren, „eine junge schwarzköpfige, düstere Gestalt". Der Körper ist gut gebaut, nur dass die Glieder einen stärkeren Wuchs versprechen, die Bildung ist nicht regelmässig, aber auffallend, die Stirne geheimnissvoll, die Nase ausserordentlich schön, der geschlossene Mund zuckt oft nach einer Seite, ist aber treuherzig und reizend, die Gesichtsfarbe bräunlich. Im Weiteren zeigt sie sich verständig, gewissenhaft, fleissig, lerneifrig. Ihre Ausdrucksweise jedoch war unvollkommen. Die Schrift blieb schlecht. Auch hier schien ihr Körper dem Geiste zu widersprechen. Am auffallendsten ist ihr gemüthvolles, aber heftiges und zu krankhaften Explosionen geneigtes Wesen. Bei stärkeren Erregungen bekommt sie Schmerz in der Herzgegend, und dann folgt ein Krampfanfall. Ein allmählich beginnendes Zucken verbreitet sich über alle Glieder, sie schreit auf und verfällt in Bewusstlosigkeit mit allgemeiner Erschlaffung. Es folgen wieder Zuckungen, die Anspannung des ganzen Körpers wird betont. Dann wirft sie sich, wie ein Ressort, das zuschlägt, dem geliebten Wilhelm um den Hals und vergiesst Thränen im Strome, unter denen allmählich Beruhigung eintritt. In der Philinen-Nacht regt sich Mignon sehr auf, sie bekommt in Eifersucht und Angst ihre Herzzufälle und verbringt die ganze Nacht unter entsetzlichen Zuckungen zu den Füssen des Harfners. Als sie viel später die Scene erzählt, wiederholt sich der Schmerz, ,es wand sich wie ein Wurm an der Erde". Erschüttert von Gemüthsbewegungen, verzehrt von ihrer Sehnsucht nach der südlichen Heimath und von der Liebe zu Wilhelm, siecht sie nach der Trennung von diesem dahin. Der Einfluss Theresens und Nataliens beruhigt sie zwar, macht sie sanfter und mädchenhafter, der fortschreitende Verfall aber ist nicht aufzuhalten. Natalie erzählt von der Krankheit, dass das Kind von wenigen tiefen Empfindungen nach und nach aufgezehrt werde, dass es bei seiner grossen Reizbarkeit, die es verberge, von einem Krampf an seinem armen Herzen oft heftig und gefährlich leide, dass dieses erste Organ des Lebens bei unvermutheten Gemüthsbewegungen manchmal plötzlich still stehe, und dass dann keine Spur der heilsamen Lebensregung in dem Busen des guten Kindes gefühlt werden könne. Sei der ängstliche Krampf vorbei, so äussere sich die Kraft der Natur wieder in gewaltsamen Pulsen und ängstige das Kind nun mehr durch Uebermaass, als es vorher durch Mangel gelitten habe. Als sie Wilhelm wiedersah, trug sie lange weisse Mädchenkleider und theils lockige, theils aufgebundene, reiche braune [früher schwarze] Haare. Sie war sehr abgezehrt, „sah völlig aus wie ein abgeschiedener Geist", war sanft und ruhig. Bei der Ankunft Theresens springt Mignon mit Felix um die Wette. Als aber Wilhelm und Therese in ihrer Gegenwart einander umarmen, fährt Mignon mit der linken Hand nach dem Herzen, streckt den rechten Arm heftig aus und fällt mit einem Schrei todt nieder. Der Markese sieht auf dem Arme der Leiche eine Tätowirung und erkennt daran seine Nichte.

Mignon ist offenbar auch eine reine Phantasie-Gestalt.*) Sie sollte wohl hauptsächlich als wunderbar und rührend erscheinen, und man darf zweifeln, ob ihr von vornherein krankhafte Züge zugedacht waren. Auch zur Tochter des Harfners hat sie Goethe wahrscheinlich erst in späteren Jahren gemacht, da im Anfange gar nichts auf ein solches Verhältniss hin-

---

*) Natürlich kenne ich die Geschichte von dem Seiltänzer-Mädchen in Göttingen, die Goethe wahrscheinlich schon in Leipzig erfahren hat. Aber diese Anekdote, sowie Goethes Begegnungen mit fahrenden Kindern haben doch nur für den Rahmen Mignon's gedient. Die Schilderung der Person und ihrer Abnormitäten scheint Goethes Eigenthum zu sein.

Trotz der Ueberladung mit pathologischen Zügen ist der poetische Reiz der Gestalt Mignons gross, und Goethe selbst stellte sie sehr in den Vordergrund. Am 29. V. 1814 sagte er (sich seiner Neigung zum Superlativ überlassend) zum Canzler, die Staël „habe Mignon bloss als Episode beurtheilt, da doch das ganze Werk dieses Charakters wegen geschrieben sei."

Knebel fragt Goethe am 1. 11. 1796: „Ist die letzte Verklärung einem so dämonischen Wesen, wie nun Mignon erscheint, angemessen? Kann sie wohlthun?"

deutet. Jetzt steht das Mädchen vor uns als Kind
eines geisteskranken Geschwisterpaares. Nach ärztlicher Auffassung müssen wir bei ihm erbliche Belas-
tung schlimmster Art voraussetzen, und wirklich schildert Goethe das Bild einer schlimm Entarteten und
nicht Lebensfähigen. In wieweit hier von überlegter
Absicht zu reden ist, das dürfte schwer zu sagen sein.
So lebhaft in Goethe der Gedanke an das Pathologische
überhaupt war, so scheint er sich doch um seine con-
creten Formen nicht viel gekümmert zu haben. Wahrscheinlich hat er sich auch nicht überlegt, was er
eigentlich in Mignons Krankheit schildern wollte, ob
einen Herzfehler mit epileptischen Anfällen, oder was
sonst. Vielmehr war sein Gedanke wohl der: Mignon
ist ein Wesen, das vorwiegend mit dem Herzen (im
übertragenen Sinne) lebt, und als ihm der Lebensweg
versperrt wird, so leidet es vorwiegend am Herzen (im
eigentlichen Sinne). Wir können daher wohl von
weiteren Erörterungen über die Diagnose bei Mignons
Krankheit absehen. Die Schilderung des Krampfan-
falles ist die eines hysterischen Anfalles. Wahrscheinlich ist es Goethe, trotz seiner Abneigung gegen solche
Anblicke, nicht erspart worden, gelegentlich hysterischen
Anfällen zu begegnen, und so konnte die Schilderung
an eigene Erinnerungen anknüpfen. Die Beschreibung
der Herzbeschwerden erinnert theils an die Beschwerden Hysterischer, theils an die wirklich Herzkranker.
Es ist begreiflich, dass ein Dichter dergleichen zu-
sammenwirft. Die Tätowirung erfand Goethe wohl
nur deshalb, weil er ein Erkennungszeichen brauchte

(natürlich nicht im Sinne des signum degenerationis), doch wäre eigentlich ein Muttermal zweckmässiger gewesen, da man weder bei uns, noch in Italien die kleinen Kinder zu tätowiren pflegt.

3. Der Graf und die Gräfin.

Der Graf wird als ein etwas schwachsinniger und eitler Mann geschildert. Als er Wilhelm an seinem Schreibtische in seinen Kleidern gesehen hat, wird er schwermüthig, weil er seinen Doppelgänger gesehen zu haben glaubt, und er entschliesst sich, bei den Herrenhutern einzutreten. Das Ganze ist eine vortreffliche Schilderung leichten angeborenen Schwachsinns. Das Vorbild des Grafen im Roman soll der Graf von Werthern gewesen sein, von dem Goethe an Frau von Stein schreibt: „seine Narrheit nehm' ich für bekannt und toll ist er noch nicht gewesen".

Die Gräfin wird als eine ein wenig leichtsinnige Weltdame geschildert. Sie verfällt auf eigenthümliche Weise in einen hypochondrischen Zustand. Der bekannte kleine Arzt erzählt von ihr: „Eben dieser junge Mensch [Wilhelm M.] nimmt Abschied von ihr, sie ist nicht vorsichtig genug, eine aufkeimende Neigung zu verbergen; er wird kühn, schliesst sie in seine Arme, und drückt ihr das grosse, mit Brillanten besetzte Portrait ihres Gemahls gewaltsam wider die Brust: sie empfindet einen heftigen Schmerz, der nach und nach vergeht, erst eine kleine Röthe und dann keine Spur mehr zurücklässt. Ich bin als Mensch überzeugt, dass sie sich nichts weiter vorzuwerfen hat; ich bin als Arzt .gewiss, dass dieser Druck keine übeln Folgen haben werde: aber sie lässt sich nicht ausreden, es sey eine Verhärtung da, und wenn man ihr durch das Gefühl den Wahn benehmen will, so behauptet sie, nur in diesem Augenblick sey nichts zu fühlen; sie hat sich fest eingebildet, es werde dieses Uebel mit einem Krebsschaden sich endigen, und so ist ihre Jugend, ihre Liebenswürdigkeit für sie und andere völlig verloren". Infolge ihres „Kummers" entschliesst sich die Gräfin, mit ihrem Manne zu den Herrenhutern zu gehen.

Auch hier liegt eine ausgezeichnete Schilderung voll innerer Wahrscheinlichkeit vor, und man möchte glauben, dass ein wirklicher Vorgang beschrieben sei. In Goethes Sinne ist es von Bedeutung, dass bei beginnender Untreue der Frau ihr das Bild des Ehemannes wider die Brust gedrückt wird, und die hypochondrische Beschwerde erscheint als verkleideter Gewissensbiss. Man kann aber auch von solchen moralischen Erwägungen absehen. Wenn ein Affect durch einen plötzlichen Schmerz unterbrochen wird, so kann der erschreckende Schmerz fixirt werden, sodass sein Nachbild unbegrenzte Dauer erlangt. Bedingung ist eine nervöse Anlage, durch die der Zustand des Affectes ein dem hypnotischen ähnlicher Zustand gesteigerter Suggestibilität wird. Trifft, wie hier, der Schmerz die weibliche Brust, so findet er einen zu krankhaften Eigensuggestionen geeigneten Boden, da die Frauen, oder doch viele von ihnen, in einer fortwährenden

Angst vor dem Krebse leben. In ähnlicher Weise rufen bei Arbeitern verhältnissmässig leichte Unfälle oft schwere nervöse Störungen hervor, weil die Arbeiter sich immer mit dem Gedanken an Unfälle und an die mit ihnen verbundene Erwerbslosigkeit beschäftigen. Die Unfall-Nervenkrankheiten werden vielfach traumatische Neurose genannt, und ein College, dessen Name mir entfallen ist, hat vor einigen Jahren den Zustand der Gräfin als einen Fall traumatischer Neurose bezeichnet. Indessen liegen da doch Unterschiede vor, und der von Blocq angewendete Name Topoalgie wäre zutreffender. Es bleibt jedoch bei der Gräfin nicht bei der suggerirten Schmerzempfindung und dem Gedanken an die Krebsgefahr, sondern sie glaubt irrigerweise, einen harten Knoten in der Brust zu fühlen. Diese hypochondrische Wahnvorstellung könnte in Wirklichkeit sehr wohl zur Topoalgie hinzutreten und würde darthun, dass bei der Patientin eine ausgeprägte krankhafte Anlage, nemlich etwas Paranoisches, vorhanden war.

4. Die schöne Seele.

„Ich bekam Lust“, schreibt Goethe an Schiller, „das religiöse Buch meines Romans auszuarbeiten, und da das Ganze auf den edelsten Täuschungen und auf der zartesten Verwechslung des Subjectiven und Objectiven beruht, so gehörte mehr Stimmung und Sammlung dazu, als vielleicht zu einem anderen Theile. Und doch wäre, wie Sie seiner Zeit sehen werden, eine solche Darstellung unmöglich gewesen, wenn ich nicht früher die Studien nach der Natur dazu gesammelt hätte". Natalie bezeichnet ihre Tante, die schöne Seele, deren schwache Gesundheit sie hervorhebt, als eine schöne Natur, die sich allzu zart, allzu gewissenhaft gebildet habe, die deswegen nicht das geworden sei, was sie der Welt hätte sein können. Goethe sagt zwar nicht und hält wohl auch in Wahrheit nicht dafür, dass ein krankhafter Geisteszustand vorliege, aber er betont so nachdrücklich die körperlichen Krankheiten und die körperliche Schwäche der Mystikerin, dass die Bedeutung des Pathologischen hier nicht zu verkennen ist. Auch das Vorbild, Fräulein von Klettenberg, war kränklich, aber Goethe würde in der dichterischen Darstellung der Krankheit nicht soviel Raum gegönnt haben, wenn er nicht hätte sagen wollen, dass Kränklichkeit eine wesentliche Bedingung der geistigen Beschaffenheit der schönen Seele sei.

Nach Lappenberg hat der alte Goethe zu Alfred Nicolovius gesagt: „Aber freilich, sie war krank, die arme Freundin, sie war krank."

Näheres ist aus H. Dechent's Buche (Goethe's schöne Seele, Susanna Katharina von Klettenberg. Gotha 1896) zu ersehen. Wir erfahren, dass die Aufzeichnungen der schönen Seele in der Hauptsache von Frl. von Klettenberg selbst geschrieben worden sind, dass insbesondere die Schilderung der Entscheidungsstunde von ihr verfasst ist, und dass Goethes Zuthaten nicht gross sind. Die Schwärmerei der Dame scheint zu den aus den Heiligen-Geschichten bekannten

Zuständen geführt zu haben: Unmittelbares Schauen des Erlösers u. s. w. Sie schreibt z. B.: „Sie werden hier in Ihrem Körper noch die Gabe des Sehens, des Empfindens, des Schmeckens bekommen".

5. Aurelie.

Auch in Goethes Sinne ist die übertrieben leidenschaftliche Aurelie eine krankhafte Natur. Sie wird durch ihre Reizbarkeit sich und anderen unerträglich. Immer weniger kann sie den Anforderungen des Lebens genügen. Goethe lässt sie an einer acuten Krankheit eines frühen und unerwarteten Todes sterben und sagt damit, dass er sie nicht weiter brauchen kann, dass ein Mensch, der nur der Spielball seiner Gemüthsbewegungen ist, lebensunfähig wird.

VIII. Benvenuto Cellini.

Eigentlich gehört Cellini unter die Quellen, aus denen Goethe krankhafte Geisteszustände kennen lernte, indessen rechtfertigt es Goethes liebevolle Bearbeitung der Mittheilungen des alten Italieners, Cellini auch unter den Goethe-Figuren zu nennen.

Das Auffallendste an Cellini ist seine Iracundia morbosa, auf die Goethe selbst mit Staunen hinweist. Wenn sich Cellini für beleidigt hält, so erfasst ihn ein solches Uebelbefinden, dass ¡er sich zur Befriedigung seines Zornes jeder Gefahr aussetzt, ohne Bedenken sich selbst den grössten Nachtheil zufügt. Kann er das Blut seines Gegners nicht sehen, so wird er einfach krank. Berühmt sind Cellinis Gefängniss-Hallucinationen. Er hat Ahnungen und geheime Antriebe.

Einmal geht Cellini mit einem Zauberer und Andern bei Nacht in das Colosseum, um Geister zu beschwören. Das erste Mal scheint nur der Zauberer die Geister gesehen zu haben, zum andern Male aber nimmt Cellini einen Knaben mit, und dieser geräth in der Angst in einen hypnotischen Zustand, sieht Legionen von Teufeln und versetzt durch seine aufgeregten Schilderungen auch die Anderen in Schrecken. Beim Heimwege sieht der Knabe noch zwei eigenthümliche Geister, die ihnen folgen.

Besonders bemerkenswerth ist die Schilderung des geisteskranken Castellans der Engelsburg. Der ältere Mann leidet an intermittirendem Irresein, er erkrankt jedes Jahr, hält sich dann für ein Thier, etwa einen Frosch, oder für einen Oelkrug, oder für todt. Er schwatzte dabei viel, und sein Benehmen entsprach seinen Wahnvorstellungen („Grillen"). Er hüpfte wie ein Frosch, oder er wollte sich begraben lassen. Und so fort. In dem Jahre, als Cellini auf der Burg gefangen sass, hielt sich der Castellan für eine Fledermaus, „und wenn er so spazieren ging, zischte er manchmal leise, wie diese Geschöpfe, bewegte sich auch ein wenig mit den Händen und dem Körper, als wollte er fliegen". Er isst nicht und schläft nicht, manchmal sind seine Augen ganz falsch gerichtet, das eine blickt dahin, das andere dorthin. Als Cellini angekündigt hat, er werde entfliehen, ist der Castellan in der grössten Angst, er möchte wegfliegen. Schliesslich sagt er: wenn der Gefangene wegflöge, möchten sie ihn nur gewähren lassen, er werde ihn schon einholen, denn er könne bei Nacht besser fliegen, „Benvenuto ist nur eine nachgemachte Fledermaus, ich aber bin es wahrhaftig". Kein Mensch denkt daran, der geisteskranke Castellan könne zur Erfüllung seiner verantwortungsvollen Amtspflichten untauglich sein. Als

Benvenuto wirklich entflohen ist, will sich der Castellan mit aller Gewalt von seinen Dienern losreissen und auch am Thurme herunterfliegen. Dann lässt er sich zum Papste tragen und beklagt sich bitter, es geschehe ihm das grösste Unrecht, wenn Seine Heiligkeit den Benvenuto nicht wieder ins Gefängniss stellen, „wehe mir! er ist davon geflogen, und hat mir doch versprochen, nicht wegzufliegen". „Der Papst sagte lachend: Geht nur, geht! ihr sollt ihn auf alle Fälle wieder haben." So kommt es denn auch, und der Castellan quält dann den Cellini in seinem Wahne auf das ärgste. Dabei zehrt er ab und wird körperlich immer kränker. „Der Castellan, obgleich die Aerzte keine Hoffnung mehr zu seiner Genesung hatten, war doch wieder ganz zu sich gekommen, und die Launen seiner jährlichen Tollheit hatten ihn ganz und gar verlassen." Er sucht sein Unrecht wieder gut zu machen, stirbt aber bald „an seinem grossen Uebel".

IX. Wahrheit und Dichtung.

An dieser Stelle will ich nur auf zwei von Goethe genauer besprochene Personen eingehen, die beide in Geisteskrankheit verfielen und nicht nur wegen ihres Verhältnisses zu Goethe, sondern auch an sich interessant sind. Ich meine Lenz und Zimmermann. Wollte ich alle die Menschen, von denen Goethe in seiner Biographie spricht, auf ihren Gehalt an Pathologischem untersuchen, so würde ich in's Grenzenlose gerathen, denn unter den Menschen, mit denen Goethe in Berührung gekommen ist, ist kaum einer, der im strengen Sinne des Wortes gesund genannt werden könnte.*)

1. Lenz.

Die Notizen über Lenzens Lebenslauf entnehme ich hauptsächlich dem Buche K. Weinhold's (Gedichte von J. M. R. Lenz. Berlin 1891).

---

*) In der italienischen Reise sind einige in höherem Grade pathologische Figuren: Der Prinz Pallagonia, das tolle Prinzesschen, der Gouverneur in Messina. Doch lohnt es sich kaum, darauf einzugehen.

Jakob Michael Reinhold Lenz wurde am 12. Januar 1751 als Sohn eines Geistlichen in Livland geboren. Ueber die Mutter und über Nervenkrankheiten in der Familie habe ich nichts erfahren. Der Knabe fing früh an, zu dichten, er war geistig frühreif, blieb aber „klein, schwächlich, nervös". Im Jahre 1767 war er krank [woran?] und erholte sich dann bei seinem älteren Bruder. Jm Jahre 1768 zog er nach der Universität Königsberg. Im Jahre 1771 ging er als Begleiter der jungen Herren von Kleist nach Strassburg. Er wird in den folgenden Jahren geschildert als erregt und zu phantastischen Liebschaften geneigt. Nachdem er sich von den Kleists getrennt hatte, wurde er von Schulden gedrückt, und der Zorn seiner Familie über sein „nichtswürdiges Treiben" wuchs. Im Jahre 1776 reiste er nach Weimar, wo er an Goethe eine feste Stütze zu finden hoffte. Er suchte sich als Vorleser des Herzogs nützlich zu machen, dichtete allerhand und machte, wie Wieland schrieb, alle Tage einen dummen Streich. Im Sommer zog er sich nach Berka zurück, brachte im September einige Wochen bei Frau von Stein in Kochberg zu, ging dann wieder nach Berka und machte endlich am 26. November die „Eseley", wegen der er auf Goethes Betreiben aus Weimar verwiesen wurde. Karl Weinhold sagt: „Wer die Briefe liest, die Lenz schrieb, als er Strassburg verlassen wollte, erkennt ihn als geistig krank." Es kommt eben darauf an, was man unter geistig krank versteht. In hohem Grade pathologisch war Lenz immer, seine Abnormität steigerte sich in Zeiten der Erregung, sodass er dann auch dem

Lenzens Geisteskrankheit.

Laien als überspannt erschien. Eine solche Zeit war die vor der Reise nach Weimar. Aber von Geisteskrankheit im gewöhnlichen Sinne des Wortes scheint mir weder vor noch bei dem Weimarischen Aufenthalte die Rede zu sein. Froitzheim, dessen Folgerungen ich übrigens nicht beitreten möchte, druckt viele Briefe ab und schildert Lenzens Aufenthalt in Weimar sehr eingehend. Lenz erscheint danach als dégénéré supérieur mit verminderter Zurechnungsfähigkeit, nicht als Geisteskranker im engeren Sinne des Wortes. Von Weimar aus ging Lenz nach Emmendingen zu Schlosser. Dort schrieb er noch eine längere Erzählung nieder, die „zeigt, dass sich Lenz noch zu sammeln und ruhig zu denken vermochte". Vom April 1777 an wohnte er bei verschiedenen Bekannten in der Schweiz. Im November hatte er „den ersten Wahnsinnsanfall". Im Januar 1778 schleppte ihn der Kraftapostel Christoph Kauffmann mit sich nach dem Elsass. Er schickte ihn zum Pfarrer Oberlin nach Waldersbach im Steinthal. Lenz predigte hier ein paar Mal und machte sich beliebt. Da brach, während Oberlin zum Besuch in Emmendingen war, bei Lenz der Wahnsinn wieder aus. Er machte Wiederbelebungsversuche an einem todten Kinde, wollte sich selbst morden und wurde in Begleitung zweier Männer, um ihn los zu werden, nach Strassburg zu seinem Freunde Röderer geschickt. Dieser wusste sich nicht anders zu helfen, als dass er ihn zu Schlosser brachte, auf dem er nun über anderthalb Jahr lastete. Er war ruhiger geworden, nur selten kam es zu heftiger Aufregung, aber er war ohne allen Entschluss und schwer melancholisch. Schlosser bestimmte ihn, nach Livland aufzubrechen. Aber vor dem angesetzten Tage fiel er in ein hitziges Fieber, und dann ging es zwischen Besserung und Tobsucht hin und her. Im Mai übergab Schlosser den Kranken dem Schuster Süss in Emmendingen. Lenz war kindisch geworden und lernte schustern. Dann brachte Schlosser ihn zu einem Förster in Wiswyl, wo er Feldarbeit treiben und jagen sollte. Aber er bekam wieder einen bösen Anfall, und Schlosser musste ihn nach Emmendingen zurücknehmen und hier „verwahren" lassen. Der Vater Lenz antwortete auf Briefe nicht. Den Unterhalt des Kranken bestritt der Herzog von Weimar. Die Brüder Lenz beschlossen endlich, der in Jena studirende Bruder Karl solle den Kranken abholen, damit dieser in Jena Jura studire. Diese wunderliche Idee wurde zwar aufgegeben, aber der Bruder Karl kam richtig zu Schlosser, fand den Kranken in Hertingen an der schweizerischen Grenze „bis auf unendliche Schüchternheit wiederhergestellt" und fuhr mit ihm im Juli 1779 nach Frankfurt. Hier ging ihnen das Geld aus, und sie mussten, „was Jakob sehr freute", bis Erfurt zu Fusse gehen. Mit geborgtem Gelde reisten sie über Lübeck nach Riga zu dem guten Vater Lenz. Im Weiteren wurden allerhand Versuche gemacht, den anscheinend Genesenen unterzubringen. Er sollte Rector werden, er ging nach Dorpat, versuchte dann in Petersburg als Cadettenlehrer anzukommen, wurde endlich Hauslehrer bei Herrn von Liphard in Livland. Da verliebte er sich in ein Fräulein von Albedyll und liess ihr seine Liebe durch einen Bekannten antragen. Das führte natürlich zum Verluste der Stelle. In Petersburg nahm ihn dann ein General als Secretär an, musste ihn aber bald wegen Unbrauchbarkeit entlassen. Lenz ging nach Moskau, um Gönner zu suchen und eine neue Ausgabe seiner Dramen zu veranstalten. Dann kehrte er nach Petersburg zurück und wurde für mehrere Jahre Lehrer an einem Privatinstitut. Er liess 1787 eine Uebersetzung aus dem Russischen drucken. „Was er deutsches eigenes in dieser Zeit in Prosa und Poesie schrieb, giebt nur Zeugniss von der Zerstörung seines Geistes. Ab und zu bricht ein klarer Gedanke heraus." Er machte, wozu er schon früher Neigung gehabt hatte, verschiedene phantastische Pläne (zu Hebung des Handels, Wiedererrichtung der Universität, Sprachakademie, Maurerinnungen, Gründung eines chemischen Theaters u. s. w.). Er lebte zuletzt in Moskau von Unterstützungen. Im Mai 1792 starb er.

Es handelte sich bei Lenz um eine der Erkrankungen, die in das Gebiet der Dementia praecox gehören, um das in Verblödung ausgehende Jugend-Irresein. Er war ein von Jugend auf abnormer Mensch, zeichnete sich durch grosse Geistesgaben einerseits, durch Unstetigkeit, Phantasterei, moralische Schwächen andererseits aus. Von aussen wirkte ein unruhiges Leben mit Sorgen und gelegentlichem Mangel, Enttäuschungen und Aufregungen verschiedener Art ein. Im 27. Jahre trat die Katastrophe ein. Nun folgen mehrere durch ruhigere Zeiten getrennte Anfälle von

Erregung mit Wahnvorstellungen und Verwirrtheit, und hinter ihnen bleibt der Schwachsinn. Von 1779 an bis zu seinem Tode war Lenz schwachsinnig. Da, wie es in ähnlichen Fällen auch zu sein pflegt, die früher erworbenen Kenntnisse und Fertigkeiten im Wesentlichen erhalten blieben, war für den Laien der Schwachsinn verhüllt. Sobald aber bestimmte Leistungen von Lenz verlangt wurden, trat seine „Unbrauchbarkeit" zu Tage. Er war natürlich zu einer stetigen Lebensführung nicht fähig. Er sank deshalb, da er sich selbst überlassen war, immer tiefer; der Schwachsinn nahm zu, seine Producte wurden immer gehaltloser und verworrener. Elend und Geisteskrankheit steigerten einander bis zum Ende.

Goethe schildert Lenz an zwei Stellen in „Wahrheit und Dichtung". Zunächst giebt er uns ein Bild seiner Erscheinung: „Klein, aber nett von Gestalt, ein allerliebstes Köpfchen, dessen zierlicher Form niedliche, etwas abgestumpfte Züge vollkommen entsprachen; blaue Augen, blonde Haare . . .; ein sanfter, gleichsam vorsichtiger Schritt, eine angenehme, nicht ganz fliessende Sprache, und ein Betragen, das zwischen Zurückhaltung und Schüchternheit sich bewegend, einem jungen Manne gar wohl anstand." Das englische Wort whimsical sei für Lenzens Art bezeichnend. Man wundert sich, dass Goethe den verschleierten Blick des Lenz nicht erwähnt, der Andere in Erstaunen versetzte.

Später bespricht Goethe Lenzens Charakter. Er habe sich dadurch ausgezeichnet, dass er sich nach der Art jener Zeit peinlich beobachtete und über diese

seine Beobachtungen sich zu unterhalten liebte. Dieser
krankhafte Zug habe zu der Wertherstimmung gehört,
sei aber bei Lenz besonders ausgeprägt gewesen. (An
einer anderen Stelle sagte Goethe: „Wenn der Mensch
über sein Physisches oder Moralisches nachdenkt,
findet er sich gewöhnlich krank.") Eine besondere
Eigenthümlichkeit des Lenz sei sein Hang zur Intrigue
gewesen. Er habe sich dabei nicht erreichbare Ziele
vorgesetzt, sondern immer etwas Fratzenhaftes. Liebe
und Hass seien bei ihm imaginär gewesen, er habe
dem, den er liebte, nicht genützt, dem, den er hasste,
nicht geschadet. Vielleicht ist Goethes Ausdruck
Intrigue nicht ganz passend; das, was er meint, ist
eigentlich mehr Phantasterei oder die Sucht, Phanta-
stisches in das Leben hinein zu tragen. Ein Beispiel
ist Lenzens thörichtes Gerede über seine Liebe zu
Cornelie Schlosser. Goethe rühmt weiterhin Lenzens
aus wahrhafter Tiefe und unerschöpflicher Productivität
hervorgehendes Talent, in dem Zartheit, Beweglichkeit
und Spitzfindigkeit mit einander wetteiferten, das aber,
bei aller seiner Schönheit, durchaus kränkelte. Trotz
grosser Züge und lieblicher Zärtlichkeit in seinen Arbeiten habe er sich von albernen und barocken Fratzen
nicht losmachen können. Goethe habe darauf gedrungen, Lenz möge sich aus dem formlosen Schweifen
zusammenziehen und an die „kunstgemässe" Fassung
des Producirten denken. Lenzen aber sei es nur wohl
gewesen, wenn er sich grenzenlos im Einzelnen ver-
floss und sich an einem unendlichen Faden ohne Absicht hinspann. Rühriges Nichtsthun sei ihm beson-

ders eigen gewesen. Goethe erwähnt Lenzens wunderliches Liebesspiel in Strassburg (mit Cleophe Fibich), seine utopischen Pläne über das Heerwesen. Am auffallendsten ist die Schlussbemerkung, dass Lenz Goethen zum vorzüglichsten Gegenstande seines imaginären Hasses und zum Ziele einer abenteuerlichen und grillenhaften Verfolgung ausersehen hatte. Offenbar bezieht sich diese Bemerkung darauf, dass Lenz in Weimar durch eine tactlose und beleidigende Schrift Goethen verletzt hatte. Man darf aber wohl annehmen, dass die Verstimmung Lenzens gegen Goethe erst in Weimar entstanden sei, und dass die von Goethe gewählten Ausdrücke etwas zu stark seien. Naturen, wie Lenz eine war, nehmen es mit Hass und Liebe nicht zu ernst, worauf Goethe selbst hinweist. In Strassburg zeigte sich Lenz z. B. als wüthenden Gegner Wielands; sobald er Lust bekam, nach Weimar zu gehen, steckte er sein Schwert ein, und als er in Weimar war, schwärmte er für Wieland. Seine Entwickelung gegen Goethe verlief umgekehrt, aber tief und nachhaltig war seine Empfindung wahrscheinlich in beiden Fällen nicht.

2. Zimmermann.

Ich schicke einen Abriss des Lebens Zimmermanns voraus, der auf der Biographie Eduard Bodemann's beruht (J. G. Zimmermann. Hannover. Hahn'sche Buchhandlung. 1878).

Joh. Georg Zimmermann wurde am 8. December

1728 zu Brugg im Canton Aargau geboren. Sein Vater war ein kränklicher, aber tüchtiger Mann und starb schon 1741 als Rathsherr. Die Mutter war „nervenleidend und zuletzt gemüthskrank". Sie starb 1746. Der Knabe zeichnete sich früh durch seine grossen Fähigkeiten und durch seine Lebhaftigkeit aus. Er war höchst ehrgeizig, vertrug sich in der Regel mit seinen Mitschülern nicht, floh gern in die Einsamkeit. Er studirte erst in Bern, dann Hallers wegen in Göttingen. Mit Haller, der merkwürdigerweise fast ebenso krank war wie Zimmermann später, kam er in enge Verbindung und von ihm wurde er sehr gefördert in seinen ausgebreiteten und energischen Studien. „Aber die nachtheiligen Folgen übertriebener geistiger Anstrengungen blieben bei Zimmermanns so schon von Haus aus nervösem Zustande nicht aus und schon in Göttingen zeigten sich die ersten Anfälle jener Hypochondrie, welche für ihn später eine Quelle unsäglicher Leiden ward." Nach grösseren Reisen liess sich Zimmermann im Jahre 1752 in Bern als Arzt nieder und heirathete im folgenden Jahre. Im Jahre 1754 siedelte er nach Brugg über. Er scheint sich da nicht gut befunden, trotz grosser Praxis einsam gelebt zu haben. Er soll sich die Unzufriedenheit, ja Feindschaft und Verfolgung seiner Mitbürger zugezogen haben. Sehr wunderbar ist das nicht, denn er nannte seine Vaterstadt öffentlich einen „einsamen, reizlosen und die Flammen des Geistes auslöschenden Ort". Während Zimmermanns Hypochondrie stieg, wurde auch die Frau nervenkrank. Im Anfange dichtete Zimmermann, aber schon im Jahre 1756 begann er „über die Einsamkeit" zu schreiben, im Jahre 1758 gab er die Schrift „vom Nationalstolz" heraus, 1763—64 das berühmte, auch von Goethe erwähnte Werk „von der Erfahrung in der Arzneikunst". Mit Gessner, Hirzel u. A. gründete er die „Helvetische Gesellschaft", der auch Lavater beitrat. Noch in Brugg entwickelte sich ein „schweres Bruchleiden", das die „Schwermuth erhöhte". Als berühmter Schriftsteller erhielt Zimmermann verschiedene Berufungen, doch lehnte er diese ab und folgte erst 1768, als ihn auf Tissots Rath hin der König von Hannover als Leibarzt zu sich rief. Zimmermann blieb natürlich der, der er war. Er bekam eine praxis aurea, „aber Unglücksfälle in seiner Familie, kleinliche Eifersucht und Anfeindungen seiner Collegen, und sein eigener, bald ernstlich leidender Zustand sollten ihm bald das Leben in Hannover verbittern". Der Anblick der Lehmhäuser fiel ihm auf die Nerven, und „die türkische Musik des plattdeutschen Accents" empörte seine Seele bis zum Ekel. Die Minister und der Adel lassen sich, wenn Zimmermann krank ist, zweimal täglich nach seinem Befinden erkundigen, aber die Höflichkeit wird ihm auch zur Last. „Ach, schreibt er 1769, ich bin doch ein geplagter Mann! geplagt vom Morgen bis in die Nacht durch Kranke, deren Zahl sich täglich vermehrt, und die mir nicht Zeit lassen, in einer einzigen stillen Viertelstunde Athem zu holen. Meine Nerven sind durch meine tägliche unausstehliche Arbeit so geschwächt, dass ich nicht fähig bin, eine Feder in die Hand zu nehmen."

Zimmermanns Hypochondrie.

Auch nach auswärts wurde er viel berufen. Als der Herzog von Braunschweig ihn mit grossen Ehren consultirt hatte, liess er dessen Briefe abschreiben und den Freunden in der Schweiz mitteilen. Später wird er heiterer. Er besucht früh die eleganten Damen und findet sie krank, abends ist er dann mit denselben Damen in „Assembleen". Er lobt die Güte der Grossen und die Höflichkeit aller Leute. Es macht ihm „kein Mensch den geringsten Verdruss".

Doch dauerte das Glück nur wenige Jahre. Seine Frau „kam plötzlich in eine schnelle Zerrüttung" und starb am 23. Juni 1770. „Todesmarter, schreibt Zimmermann, umgab sie fünf Monate lang in jeder Stunde!" Zwei Kinder waren vorhanden, ein Sohn und eine Tochter. Sie wurden nun in Pension gegeben. Das Bruchleiden Zimmermanns nahm zu, machte ihm viel Schmerzen und hinderte ihn in seiner Thätigkeit. Er sagt, jeder Gang und jedes Briefschreiben Nachmittags habe bewirkt, dass er unter den erschrecklichsten Schmerzen zur Erde fiel und in Gefahr kam, durch Brucheinklemmung zu sterben! Im Jahre 1771 reiste er zu Meckel in Berlin, und dieser machte die „schreckliche Operation", die Zimmermann, ohne Zeichen des Schmerzes zu geben, aushielt. Zwölf Wochen musste er danach im Bette liegen. Der Genesene wurde von der vornehmen Gesellschaft gefeiert. Friedrich II. gewährte ihm eine Audienz. Zimmermann berichtet darüber an seine Freunde und lässt Abschriften des Briefes in der Schweiz verbreiten. Am 11. November war er wieder in Hannover, „mit tausend Freudenthränen vom Sohne, den Freunden und Freundinnen empfangen; die einen waren vor Freuden ganz sprachlos, andere wurden ohnmächtig, andere verfielen vollends in Convulsionen".

Die Anstrengungen der Praxis wurden bald wieder zu gross. Viele Besuche und „ein Platzregen von Briefen" waren stets zu erledigen. Am 13. April 1772 schreibt Zimmermann: „Ich strengte meinen ermüdeten Körper übernatürlich an und verfiel bey dem diesen Winter hindurch täglich fortgedauerten [sic] Regenwetter und dem nächtlichen Sitzen nach und nach in mancherlei Nervenzufälle, Hämorrhoidalzufälle und Anfechtungen der leidigen Hypochondrie! Und das ist also das in Hannover so theuer erkaufte Glück! O ihr schönen Tage, da ich zu Brugg auf meinem Cabinette im Umgange mit den besten Köpfen aller Zeiten und mit der Verfertigung meiner seitdem in unzählige Hände gekommenen Schriften zugebracht; — o ihr schönen Tage, ihr seid verschwunden und mit euch alles Gefühl der Freude!" Zur Herstellung der Gesundheit ging Zimmermann nach Pyrmont und erwarb da „keine Gesundheit, aber nicht wenig Gold und Geld". „Wenn ich meiner elenden zerbrochenen Nerven wegen in Pyrmont den Brunnen trank, wenn ich des Morgens, ganz berauscht von diesem kräftigen Heilwasser, unter vielen hundert Menschen auf und nieder ging, die ich aus Betäubung nicht mehr kannte, nicht mehr sah, nicht mehr hörte ... und dann gerade hundert Kranke auf mich zustürmten und Rath und Bescheid haben wollten gegen 20jährige Reihen von

Krankheiten, oder auch auf Klagen, die keine Laus werth waren, so gestehe ich, dass ich oft aus der Fassung kam ... nach meiner stillen Kammer eilte und nun den ganzen Tag an meinem Kopfe litt wie der heilige Laurentius, als er auf einem Rost gebraten ward." In den folgenden Jahren unternahm Zimmermann viele Reisen. Während deren ging es ihm gut, zu Hause kehrten die alten Leiden wieder. Die Tochter hatte er im April 1773 in eine Schweizer Pension, den Sohn zur Universität nach Göttingen geschickt. Er jammert über die Hypochondrie, habe bei Hunger und nach dem Essen höllische Schmerzen, seine Seele sei unthätig und in den tiefsten Abgründen der Schwermuth versunken. Die Stadtpraxis gab er auf und verwandte viel Zeit auf Schriftstellerei. Streitlust und Rücksichtlosigkeit traten mit grossem Selbstbewusstsein zusammen in den Vordergrund. Er sparte nicht mit Satire, Verhöhnung, Grobheit und beklagte sich dann darüber, dass der grössere Theil des Publicums mit fanatischer Wuth einen Mann verfolge, der seinen stillen Weg gehe, krank sei und mit altschweizerischer Offenheit ein paar sanfte gemeinnützige Wahrheiten sage. Im Jahre 1773 erschien die zweite Abhandlung „über die Einsamkeit", neben ihr veröffentlichte er viele kleinere Aufsätze. Im Jahre 1775 reiste Zimmermann nach der Schweiz. Er traf auf der Hinreise Goethe in Strassburg und kehrte, als er mit seiner Tochter von Lausanne zurückkam, in Frankfurt bei Goethes Eltern ein. Er nennt seine Tochter damals ein liebes stilles, bescheidenes und wohlgesittetes Mädchen. Auch

Tissot lobt sie sehr, setzt aber hinzu, sie würde des Vaters Lebensglück gewesen sein, hätte nicht einige Zeit nach ihrer Abreise von Lausanne ein heftiger Kummer ihre Gesundheit so zerrüttet, dass die Folgen nicht zu heben waren. Ihre „erste und einzige Liebe" hatte sich erschossen. In Hannover brachte Zimmermann einige Jahre in der alten Weise zu. Im Jahre 1777 wurde sein Sohn geisteskrank. Dieser hatte als Kind abwechselnd an Ausschlag und „melancholischer Apathie" gelitten, hatte sich dann anscheinend erholt, war 1776 in Strassburg von neuem erkrankt. Im December 1777 war er „in völligen Wahnsinn verfallen". Er lebte später blödsinnig in der Schweiz und überlebte den Vater um 20 Jahre. Zimmermann litt unter diesem Unglück sehr, „die tiefste Melancholie zerriss meine Seele und unnennbare Schmerzen wurden mir beynahe jeden Tag dadurch zu Theil". Am 31. December 1780 wurde die Tochter von einem Blutsturze befallen und am 10. September 1781 starb sie an der Schwindsucht. Ueber Krankheit und Tod der Tochter war Zimmermann ganz verzweifelt, doch rettete er sich durch die Arbeit, indem er die Abhandlung über die Einsamkeit zu einem grossen Werke erweiterte. Im October 1782 heirathete er wieder und lebte dann in recht glücklicher Ehe. In den Jahren 1784—85 erschien sein vierbändiges Hauptwerk, in dem seine Vorzüge wie seine Schwächen deutlich zu Tage treten. Es hatte den verdienten grossen Erfolg. Katharina II. schrieb dem Verfasser, dieses Buch sei das stärkste Gegengift gegen die Hypochondrie. Ihm aber half es

Zimmermanns schlimmes Ende.

doch nichts. Je älter er wurde, um so mehr wuchsen Krankheit und Streit. Im J. 1786 liess ihn Friedrich II. vor seinem Tode rufen, und er besuchte dann den König einige Wochen lang täglich zweimal. Auf Grund seiner persönlichen Beobachtung, sowie mündlicher und schriftlicher Mitteilungen von hohen Beamten veröffentlichte er in der Folge mehrere Schriften über den preussischen König, in denen er nicht nur die eigene Person zu sehr hervortreten liess, sondern auch in der schärfsten Weise gegen die Berliner Aufklärer und die Aufklärungsynagoge polemisirte. „Sie hauen, stechen, schiessen um sich her, mein bester Zimmermann (schrieb Gleim), wie ein von allen Ständen der Menschen im höchsten Grade Beleidigter!" Es entstand ein wahrer Sturm der Entrüstung, Zimmermann wurde von vielen Seiten auf das Heftigste angegriffen und antwortete seinen Gegnern mit Keulenschlägen. Die Aufregung durch die Polemik musste Zimmermanns krankhafte Verstimmung steigern. „In seinem sonst so hellen Kopfe ward es immer trüber, die Ideen verwirrten sich, und er versank immer tiefer in die schwärzeste Hypochondrie." „Schreckensbilder einer tief haftenden Monomanie bemächtigten sich seiner; Plünderung und Verwüstung, Auswanderung und Elend wurden jetzt seine herrschenden Gedanken." Er fürchtete besonders die Folgen der französischen Revolution. „Bald fürchtete er von den Franzosen als Aristokrat verhaftet und gemisshandelt zu werden, bald glaubte er vor Armuth Hungers sterben zu müssen." Er ass nur ein paar Bissen, gab dann den Teller dem Diener zum Aufheben, damit er morgen auch etwas habe. Das Silber liess er einpacken, damit es den Franzosen nicht in die Hände komme. „Vom Monat November 1794 an verlor er Schlaf, Appetit, Kräfte und magerte auffallend ab." Trotz einer Besserung im Frühjahre 1795 wurde der Zustand immer schlimmer. Der Kranke wurde ganz leistungsunfähig und mehr und mehr eine Beute seiner melancholischen Wahnvorstellungen. „Von der schrecklichsten inneren Unruhe und Aufregung ward er gequält, und stets klagte er über die unerträglichsten Schmerzen; ganze Stunden lang war sein Winseln und lautes Klagen vernehmlich." Am 7. Oktober 1795 starb Zimmermann im 67. Jahre.

Ueber den vortrefflichen unglücklichen Mann schrieb Tissot: „Zimmermann vereinigte in sich ein grosses und originelles Genie, eine glänzende Einbildungskraft, viel Witz, eine seltene Urtheilskraft und sehr ausgebreitete Kenntnisse. Seine Seele war rein, sein Herz vortrefflich; Niemand konnte seinen Pflichten mehr anhängen." Die Wittwe schrieb: „Was würde das für ein Mann gewesen sein, wenn seine Nerven ihn niemals beherrscht hätten!" —

Vergleicht man die hier gegebene Darstellung mit der Schilderung Goethes in Wahrheit und Dichtung, so sieht man, dass Goethe den Zimmermann sehr richtig und dabei wohlwollend beurtheilt hat. Goethe sagt: „Zimmermann war gleichfalls eine Zeit lang unser Gast. Dieser, gross und stark gebaut, von Natur heftig und gerade vor sich hin, hatte doch sein Aeusseres und sein Betragen völlig in der Gewalt, so dass er im Umgang als ein gewandter, weltmännischer Arzt erschien, und seinem innerlich ungebändigten Charakter nur in Schriften und im vertrautesten Umgange einen ungeregelten Lauf liess. Seine Unterhaltung war mannichfaltig und höchst unterrichtend; und konnte man ihm nachsehen, dass er sich, seine Persönlichkeit, seine Verdienste sehr lebhaft vorempfand, so war kein Umgang wünschenswerther zu finden." Goethe habe sich an Zimmermanns Eitelkeit nicht gestossen, er habe, da beide einander gelten liessen, in kurzer Zeit sehr viel von ihm gelernt. Er fügt hinzu, dass eitel eigentlich nicht der richtige Ausdruck sei, da dieses Leere bedeute, Zimmermann aber gerade „grosse Verdienste und kein inneres Behagen" hatte.

Der Tadel richtet sich gegen Goethes Bemerkungen über die Härte Zimmermanns gegen seine Kinder. „Dieser tadelnswürdigen Eigenheit eines so verdienstvollen Mannes würde ich kaum erwähnen, wenn dieselbe nicht schon öffentlich wäre zur Sprache gekommen, und zwar als man nach seinem Tode der unseligen Hypochondrie gedachte, womit er sich und Andere in seinen letzten Stunden gequält. Denn auch jene Härte gegen seine Kinder war Hypochondrie, ein partieller Wahnsinn, ein fortdauerndes moralisches Morden, das er, nachdem er seine Kinder aufgeopfert hatte, zuletzt gegen sich selbst kehrte. Wir wollen aber bedenken, dass dieser so rüstig scheinende Mann in seinen besten Jahren leidend war, dass ein Leibesschaden unheilbar, den geschickten Arzt quälte, ihn, der so manchem Kranken geholfen hatte und half. Ja dieser brave Mann führte bei äusserem Ansehen, Ruhm, Ehre, Rang und Vermögen das traurigste Leben, und wer sich davon aus vorhandenen Druckschriften noch weiter unterrichten will, der wird ihn nicht verdammen, sondern bedauern."

Soviel ist sicher, dass aus Goethes Worten keine Animosität spricht. Sind seine Angaben über Zimmermanns Kinder nicht richtig, so kann es sich nur darum handeln, dass er falsch berichtet war. Es ist daher unpassend, wenn Zimmermanns Biograph meint, es handle sich bei Goethes Darstellung um „Dichtung". Goethe erzählt, Zimmermanns Tochter sei auffallend ruhig und schweigsam gewesen, in ihrem Gesichte habe sich kein Zug von Theilnahme aufgethan. Diese Angaben stimmen mit Zimmermanns eigener Schilderung überein (sie war immer „stille, gepresst, furchtsam und zurückhaltend"). Ausserdem war nach Tissots Aussage das Mädchen damals verstört und in einem krankhaften Zustande, den richtig zu deuten die Frankfurter Wirthe ausser Stande waren. Bei vorübergehender Abwesenheit des Vaters habe sich das Mädchen der Frau Rath zu Füssen geworfen und habe sie gebeten, sie zu behalten. Sie wolle nicht zu ihrem Vater zurückkehren, von dessen Härte und Tyrannei man sich keinen Begriff machen könne. Ihr Bruder sei über diese Behandlung wahnsinnig geworden, sie habe es nur deshalb bisher ertragen, weil sie es nicht besser gewusst habe.

Die Frage ist also zunächst die, ist Zimmermann gegen seine Kinder hart gewesen? Zimmermanns Biograph verneint diese Frage und weist auf die zärtlichen Aeusserungen in den Briefen und auf den der Tochter gewidmeten Nachruf in der „Einsamkeit" hin. Diese Beweisgründe wollen nicht viel sagen, denn wir erleben es auch heute oft genug, dass nervöse Personen durch Heftigkeit und Unverstand ohne eigentlich bösen Willen ihren Angehörigen das Leben verbittern und doch in ihren Briefen von Zärtlichkeit überfliessen. Dass Zimmermann ausserordentlich heftig und schroff war, steht fest; es können seine Kinder ihn gefürchtet haben, trotzdem dass er sie auf seine Weise liebte. Gewiss hat Goethe die Erzählung seiner Mutter nicht aus der Luft gegriffen. Auch ist es denkbar, dass das junge Mädchen in ihrer krankhaften Erregung Dinge gesagt hat, die sie ·nicht verantworten konnte. Zimmermann erzählt, dass er nach ihrem Tode die feurigsten Gebete um baldigen Tod unter ihren Papieren gefunden habe. Irrthümlich ist das, was Goethe über den Bruder sagt, da dieser erst später wahnsinnig geworden ist. Damit ist nicht gesagt, dass er sich nicht früher über den Vater beschwert habe. Irrthümlich ist die Bemerkung Goethes, dass man zuletzt den Ausweg gefunden habe, die Tochter in eine Pension zu thun. Sie kam aus der Pension. Diese Gedächtnissfehler Goethes sind verzeihlich; er hatte die Erinnerung, dass die Tochter sich bitter über Zimmermanns Härte gegen die Kinder beklagt habe, und unwillkürlich ordnete sich das Uebrige diesem Hauptgedanken unter. Zu der Bemerkung Goethes, der Fehler Zimmermanns sei schon öffentlich zur

Sprache gekommen, macht Zimmermanns Biograph
2 Fragezeichen, indessen wird Goethe, was er schrieb,
nicht ohne Grund geschrieben haben. Wer will heute
nachweisen, dass Goethe sich nicht auf bestimmte
Aeusserungen beziehen konnte? Dass Goethe sich
etwas harter Ausdrücke bediente (z. B. „moralisches
Morden"), ist gewiss zu bedauern, indessen musste
die Erinnerung an die spätere Geisteskrankheit Zimmermanns Goethes Gedanken über diesen Mann eine
düstere Färbung geben. Zimmermann selbst hat sich
Zeit seines Lebens überspannter Ausdrücke bedient,
die Erinnerung an diese Eigenheit mag auch Goethes
Sprache hier schroffer gemacht haben, als es ihm sonst
eigen war. Auf jeden Fall liegt es nicht im Sinne
dieser Schrift, noch näher· auf die gegen Goethe er-
hobenen Beschwerden einzugehen und die ganze
Literatur zu besprechen.

X. Wahlverwandtschaften, Wanderjahre und kleinere Erzählungen.

In den hier zusammengefassten Werken aus Goethes Alter spielen Geisteskranke keine grosse Rolle, dagegen finden wir hier ziemlich häufig das Wunderbare. Die uns als wunderbar erscheinenden Ereignisse und Eigenschaften sind nach allgemeinem Zeugnisse in der Wirklichkeit immer an mehr oder weniger pathologische Persönlichkeiten geknüpft. Auch Goethe betont wiederholt das Pathologische dabei, und dies berechtigt uns dazu, diese Dinge hier zu besprechen.

In den Wahlverwandtschaften ist Ottilie eine pathologische Persönlichkeit. Sie erinnert in mancher Hinsicht an Mignon: zarte Körperbeschaffenheit, vorwiegendes Gemüthsleben, einseitige Begabung. Sie leidet an halbseitigen Kopfschmerzen und tödtet sich schliesslich durch Verhungern wie Sperata. Zum ersten Male erwähnt Goethe bei Ottilie die Wahrnehmung bestimmter Bestandtheile des Erdbodens durch veränderte körperliche Zustände. Ottilie liebt es nicht, einen bestimmten Weg zu gehen, sie empfindet dabei einen ganz eigenen Schauer und bekommt ihr Kopfweh an der linken Seite. Es stellt sich heraus, daß an jener Stelle in einiger Tiefe Steinkohlen liegen. Infolgedessen werden mit dem schönen Kinde Versuche angestellt. Es wird ein Apparat von goldenen Ringen, Markasiten [Eisenkies] und anderen metallischen Substanzen gebracht, und die Versuchsperson muß an Fäden schwebende Metalle über liegenden Metallen halten. In Charlottens Hand bleibt der Faden ruhig. Ottilie „hielt den Pendel noch ruhiger, unbefangener, unbewusster über die unterliegenden Metalle: aber in dem Augenblicke ward das schwebende wie in einem entschiedenen Wirbel fortgerissen und drehte sich, je nachdem man die Unterlage wechselte, bald nach der einen, bald nach der anderen Seite, jetzt in Kreisen, jetzt in Ellipsen, oder nahm seinen Schwung in geraden Linien." Bei Wiederholung der Versuche tritt das Kopfweh ein. Düntzer bemerkt zu diesen Experimenten, dass damals die Versuche der Rhabdomantie, des Fühlens von unterirdischen Metallen, Mineralien und Wässern, die man 1806—7 mit dem Italiener Campetti angestellt hatte, berühmt waren. Schelling habe sich darüber in einer Notiz über die Eigenschaften der Erz- und Wasser-Fühler ausgesprochen. Bekanntlich war das Urbild der Ottilie Minna Herzlieb (1789 bis 1865), die Goethe in Frommanns Hause kennen lernte. Diese Minna war in hohem Grade pathologisch (sie starb geisteskrank in Görlitz), und Goethe wird wohl vielfach bei Schil-

Metall- und Wasser-Fühlen.

derung der krankhaften Ottilie nach der Natur ge-
arbeitet haben.

Die „terrestrischen Märchen" kehren in den Wanderjahren wieder. Montan „eröffnet", dass ihm „eine
Person zur Seite gehe, welche ganz wundersame Eigenschaften und einen ganz eigenen Bezug auf alles habe,
was man Gestein, Mineral, ja sogar was man überhaupt Element nennen könne. Sie fühle nicht bloss
eine grosse Einwirkung der unterirdisch fliessenden
Wasser, metallischer Lager und Gänge, sowie Steinkohlen und was dergleichen in Massen beisammen
sein möchte, sondern, was wunderbarer sei, sie befinde sich anders und wieder anders, sobald sie nur
den Boden wechsele." Später wird die Person geschildert. Sie erscheine als derbes Landmädchen, zur
Arbeit auf dem Felde geschickt; werde sie durstig, so
springe sie querfeldein zu versteckten Quellen. Düntzer
erwähnt zu dieser Stelle ausser den Versuchen . mit
Campetti die 1817 mit einer gewissen Katharina Beutler
angestellten. Die Person Montans hält er für einen
Bauernknaben.

Es scheint mir zweifellos, dass Goethe in den
Geschichten vom Metall- und Wasser-Fühlen, bei denen
man an die Wünschelruthe denkt, mehr als Märchen
gesehen habe.

In den Wanderjahren treffen wir ferner die wunderbare Makarie. Sie erscheint als ein älteres lediges
Frauenzimmer mit hervorragenden intellectuellen und
moralischen Eigenschaften. Sie lebt abgeschieden und
gilt den sie verehrenden Familiengliedern als krank.

In Wirklichkeit aber ist sie nicht krank, sondern nur durch ihre merkwürdigen inneren Zustände zur Abtrennung genöthigt. „Makarie befindet sich zu unserem Sonnensystem in einem Verhältniss, welches man auszusprechen kaum wagen darf. Im Geiste, der Seele, der Einbildungskraft hegt sie, schaut sie es nicht nur, sondern sie macht gleichsam einen Theil desselben: sie sieht sich in jenen himmlischen Kreisen mit fortgezogen, aber auf eine ganz eigene Art; sie wandelt seit ihrer Kindheit um die Sonne und zwar, wie nun entdeckt ist, in einer Spirale, sich immer mehr vom Mittelpunkt entfernend und nach den äusseren Regionen hinkreisend." Ich muss gestehen, dass ich mir bei diesen Angaben gar nichts denken kann. Man möchte glauben, Goethe habe die Leser mit diesen Geheimnissen ein wenig mystificiren wollen. Düntzer meint, manche Züge zu Makarien habe dem Dichter „ohne Zweifel" Frau von Stein dargeboten, die von frühester Jugend an sich von den Sternen wunderbar angezogen gefühlt habe und noch im höchsten Alter den Beobachtungen der Gestirnwelt nachhing. Das ist ganz unwahrscheinlich, und erfreulicher würde dadurch die in Spirallinien von der Sonne weglaufende Makarie nicht.

In Wirklichkeit wird Goethe an Fräulein v. Klettenberg gedacht haben. Durch diese hatte er Swedenborg kennen lernen. Nach Swedenborg aber, mit dem sich die Klettenberg in ihren späteren Jahren immer mehr beschäftigte, giebt es Geister, deren einziges Verlangen darin besteht, sich Kenntnisse zu erwerben, und denen es erlaubt ist, umherzuschweifen, auch zur Gewinnung

Die wunderliche Makarie.

von Kenntnissen und anderen Sonnensystemen in andere Weltsysteme überzugehen. Offenbar kommt Makarien auch eine Art von animalischem Magnetismus zu, denn als sie die leidenschaftliche und verstimmte Lydia auf den Kopf küsst, verliert diese ihren schweren lästigen Kopfdruck. Natürlich hat man zu denken, dass das Wohlwollen der Heiligen den Druck von der Sünderin nehme, doch schliesst diese Deutung eine wirkliche Heilung von körperlichen Beschwerden nicht aus.*) Wenn Rich. M. Meyer auf Goethes eigene Empfindlichkeit gegen Witterungseinflüsse hinweist, so passt das vielleicht nicht ganz. Eher lässt man sich den Hinweis dieses Autors auf die Somnambulen gefallen. Ob freilich Goethe, als er Makarien beschrieb, an die verwirrten Aeusserungen der Seherin von Prevorst über ihren Zusammenhang mit Sonne und Mond, des Lebenskreises mit dem Sonnenkreise gedacht hat, weiss ich nicht,**) jedoch phantasirten die Somnambulen wohl manchmal in solcher Weise.

---

*) Neuerdings hat R. M. Meyer darauf hingewiesen, dass ein alter Schriftsteller, Stockfleth (1669—73), eine „kunst- und tugendgezierte Macarie" geschildert habe. Von ihr verbreitet sich über die Umgebung Ruhe, Klarheit, Veredelung. Damit sei die Aehnlichkeit mit Goethes Makarie zu Ende.

**) Als Goethe über Magnetismus und die Seherin von Prevorst sprach (zu dem Canzler v. Müller), bemerkte er: „ich habe mich immer von Jugend auf vor diesen Dingen gehütet, sie nur parallel an mir vorüberlaufen lassen. Zwar zweifle ich nicht, dass diese wundersamen Kräfte in der Natur des Menschen liegen, ja sie müssen darin liegen, aber man ruft sie auf falsche, oft frevelhafte Weise hervor. Wo ich nicht klar sehen, nicht mit Bestimmtheit wirken kann, da ist ein Kreis, für den ich nicht

Wunderbare Ereignisse spielen in den Erzählungen der Ausgewanderten eine Rolle. In einer Geschichte wird von der Nachwirkung des Wunsches eines sterbenden verschmähten Liebhabers berichtet. Gegen Mitternacht ertönt in der Nähe der grausamen Geliebten eine klägliche, durchdringende, ängstliche und lange nachtönende Stimme, die von allen Leuten in der Nähe gehört wird. Der Schrei wiederholt sich zur gleichen Stunde an den verschiedensten Orten, die das Frauenzimmer aufsucht. In der Folge wird von einem 14jährigen Mädchen erzählt, das ausschliesslich beim Gehen von Klopftönen verfolgt wurde. Als das Mädchen mit der Hetzpeitsche bedroht wird, hört das Pochen auf. Diese Geschichte ist recht merkwürdig. Zu Goethes Zeit ahnte man noch nicht, welche wichtige Rolle später die Klopftöne spielen würden, und andererseits haben die meisten späteren Berichterstatter Goethes Erzählung sicher nicht gekannt. Trotzdem gleichen viele moderne Berichte ganz der Anekdote Goethes. Jugendliche hysterische Personen werden auf unbekannte Weise Ursache von eigenthümlichen Geräuschen oder Bewegungen, am häufigsten von Klopftönen, und das Phänomen hängt vom Gemüthszustande der „Medien" ab.

---

berufen bin. Ich habe nie eine Somnambule sehen mögen." Indessen hat er sich früher für den sog. thierischen Magnetismus interessirt. Im Jahre 1787 schreibt er: „Bey meiner Rückreise durch die Schweiz werde ich auf den Magnetismus achten, die Sache ist weder ganz klar oder wahr, noch ganz Betrug". Er hat auch die Bücher über animalischen Magnetismus von Kluge (1813) und von Hufeland (1817) gelesen.

Die Ahnungen von Goethes Grosseltern.

Sympathie lebloser Gegenstände zeigt sich in folgender Erzählung. Ein Schreibtisch verbrennt bei einer Feuersbrunst. Zur gleichen Zeit springt die Deckplatte eines anderen Schreibtisches, der von demselben Meister (Röntgen) aus demselben Baumstamme verfertigt worden ist. —

Es sei gestattet, an dieser Stelle an anderweite Mittheilungen Goethes über das Wunderbare zu erinnern. Es trat ihm schon in der Kindheit entgegen. Sein Grossvater Textor hatte „die Gabe der Weissagung", besonders hatte er bedeutungsvolle Träume. So erzählt Goethe bekanntlich in Wahrheit und Dichtung. Er fügt hinzu, dass Personen ohne Ahnungsvermögen in Textors Sphäre für den Augenblick die Fähigkeit erhielten, ferne Krankheit oder Tod vorzuempfinden. In wieweit Goethe früher auf solche Angaben Werth gelegt hat, wissen wir nicht. Als er seine Jugendgeschichte schrieb, führten ihn wohl Bettinas Mittheilungen auf jene Anekdoten. Nach Bettina hatte auch die Grossmutter Textor telepathische Empfänglichkeit, wie die Todankündigung eines ihrer Freunde darthat. Sie hörte in einer Nacht Seufzen und Rauschen von Papier, fürchtete sich sehr. Am andern Morgen brachte man ihr ein zerknittertes Papier, auf das der sterbende Freund seine letzte Bitte hatte schreiben wollen. Sie nahm die Waise zu sich, so den unausgesprochenen Wunsch deutend. Goethe sagt, auf keines der Kinder und Enkel sei die Gabe des Grossvaters übergegangen. Dem widersprechen aber seine eigenen Mittheilungen. Man erinnere sich an

den bekannten Wachtraum, in dem sich Goethe im hecht-
grauen Anzuge erblickt und den er selbst als fatidik,
als Vorbild der Zukunft ansieht. Ferner sagte Goethe
zu Eckermann: „Wir wandeln alle in Geheimnissen“,
und erzählte dann von Ahnungen und Fernwirkungen
der Seele, „wovon ich mehrere Beispiele erzählen
könnte.“ Er selbst habe durch den bloßen Willen die
Gedanken Anderer beeinflusst. Nun folgt eine Geschichte, nach der er einmal die Geliebte einzig durch
seine Sehnsucht aus ihrem Zimmer auf die Strasse ge-
lockt habe. In den Briefen des Heinrich Voss wird
berichtet, Goethe habe am letzten Neujahrs-Morgen,
den Schiller erlebte, ihm ein Gratulationbillet geschrieben. Als er es durchlas, fand er zu seinem
Schrecken, dass er unwillkürlich geschrieben hatte: „der
letzte Neujahrstag“, statt „erneute“, oder „wiedergekehrte“,
oder dgl.; voll Schrecken zerriss er das Billet und begann ein neues. Als er an die ominöse Zeile kam,
konnte er sich nur mit Mühe enthalten, wieder vom
letzten Neujahrstage zu schreiben. „So drängte ihn
die Ahnung!“ Am selben Tage erzählte Goethe der
Frau von Stein den Zufall und sagte, es ahne ihm,
dass entweder er oder Schiller in diesem Jahre scheiden
werde. Zu Grüner sagte Goethe am 2. 9. 1821: „Nach
der Schlacht von Leipzig fiel ohne bekannte Veranlassung sein [Napoleons] Bild vom Nagel in meinem
Zimmer herab; was sagen Sie dazu?“

In dem Aufsatze über Filippo Neri berichtet Goethe
theilnehmend über die wunderbaren Ereignisse, die
dieser Heilige eben so wie die anderen Heiligen er-

lebt hat: Ekstase, Levitation, Telepathie u. s. w. Gelegentlich sagt er: „Ihn berechtigten jedoch zu einer so seltsamen Pädagogik die ausserordentlichsten, zwischen den höchst geistigen und höchst körperlichen schwebend erscheinenden Naturgaben: Gefühl einer sich nahenden noch ungesehenen Person, Ahnung entfernter Begebenheit, Bewusstsein der Gedanken eines vor ihm Stehenden, Nöthigung anderer zu seinen Gedanken."

Wie schon erwähnt, hat B. Cellini Ahnungen und geheime Antriebe, als fasste ihn jemand und spräche zu ihm.

Goethe hat zwar zu Riemer gesagt: „Der Aberglaube ist den Dichtern zuträglich", indessen ist es wohl sicher, dass wenigstens der alte Goethe in den Berichten über das Wunderbare nicht nur Aberglauben gesehen hat. Es entspricht vollständig seiner zarten und scheuen Art zu denken, dass er nicht alles ablehnte, was unserer alltäglichen Erfahrung zu widersprechen scheint. Er stand dem Unerkannten mit Ehrfurcht gegenüber und war nicht geneigt, mit den plumpen Geistern zu schreien: alles, was ich nicht begreife, ist Betrug. Er begnügte sich gern mit Andeutungen. Je älter er wurde, um so mehr liebte er eine geheimnissvolle Ausdrucksweise. Mit Vorliebe sprach er von „dem Dämonischen". Trotz vieler Aeusserungen kann man nicht recht sagen, was er sich dabei gedacht hat. „Das Dämonische", sagte er zu Eckermann, „ist dasjenige, was durch Verstand und Vernunft nicht aufzulösen ist. In meiner Natur liegt es nicht, aber ich bin ihm unterworfen." Das Dämonische äussere sich in einer durchaus positiven Thatkraft. Napoleon und auch Carl August hatten das Dämonische, bei Mephistopheles dagegen ist es nicht vorhanden, er ist zu negativ. Dagegen lebte es in B. Cellini, in Filippo Neri. „Je höher ein Mensch, desto mehr steht er unter dem Einfluss der Dämonen und er muss nur immer aufpassen, dass sein leitender Wille nicht auf Abwege gerathe." Der Mensch muss wieder ruinirt werden; hat er seine Sendung erfüllt, so stellen ihm die Dämonen ein Bein nach dem andern. Auch in Wahrheit und Dichtung finden wir Auseinandersetzungen über das Dämonische. Bielschowsky sagt von ihnen: „Aber bei der Unbestimmtheit des weder göttlichen noch teuflichen Wesens, das durch Verstand und Vernunft nicht aufzulösen ist und das ihm auch das Unbelebte zu durchdringen schien, war es ihm unmöglich, mit allen Darlegungen etwas Deutliches und Fassliches auszusprechen. So viel lässt sich jedoch erkennen, dass es ihm beim Menschen eine dunkelwirkende Macht war, die ihn mit unbegrenztem Zutrauen zu sich selbst erfüllt, und dadurch ihn ebenso zu grosser erfolgreicher That befähigt, wie sie ihn in Unheil oder Verderben führt". Goethe spricht bald vom Dämonischen, bald von den Dämonen. Im zweiten Falle spricht er ganz so, wie Andere von „Geistern" sprechen. Z. B. schreibt er an Zelter (6. 11. 1830): „Dieses aber so wie manches Andere sey den Dämonen empfohlen, die ihre Pfoten in all dem Spiele haben." Zu Eckermann sagte er, der Homunculus gehöre zu den Dämonen.

Der Sinn des Wunderbaren.

Die bisherigen Erörterungen über Goethes Dämonenlehre haben zu keiner Klarheit geführt und es ist auch nicht abzusehen, wie man weiter kommen sollte.

Aber über das Wunderbare im Allgemeinen liesse sich etwa folgendes sagen, und vielleicht würde Goethe diese Darstellung nicht ganz abgelehnt haben. Es ist nur Schein, dass wir vollkommen getrennte Individuen sind. Wie wir in materieller Auffassung nur Theile eines Systems sind, die Materie durch uns hindurchtritt, materielle Bewegungen ungehindert durch das Ganze ziehen, so sind wir auch in geistiger Beziehung in ein Ganzes eingepflanzt und nehmen an seinem Leben theil, leben und handeln als seine Organe. Im normalen oder Durchschnitt-Zustande merken wir von unserer thatsächlichen Verbindung unter einander und mit dem Ganzen nichts, in gewissen pathologischen Zuständen aber und auch beim Genie reißen sozusagen für Augenblicke die uns umhüllenden Wolken, es kommt zu einem Handeln und Erleiden ungewöhnlicher Art, der Einfluss des für uns Unbewussten ausser uns wird fühlbar. So kommen die Eigenschaften und Ereignisse zu Stande, die wir je nach ihrer Erscheinung bald als wunderbar, bald als dämonisch zu bezeichnen geneigt sind. Sie fallen ebenso wie das Gewöhnliche in den gesetzlichen Zusammenhang der Dinge, es liegt nur an unserer Unkenntniss, dass wir ihre gesetzlichen Beziehungen nicht verstehen.

XI. Allgemeines und Einzelnes.

Ueberblicken wir die Goethischen Gestalten, so finden wir, dass, abgesehen von historischen Darstellungen, nur bei wenigen eine naturgetreue Schilderung krankhafter Geisteszustände gegeben ist. Lila, Orest, der Harfner, Mignon sind freierfundene oder nachgebildete Gestalten der Phantasie. Darstellungen nach der Natur sind eigentlich nur der junge Wahnsinnige im Werther, in gewissem Sinne Werther selbst, der närrische Graf und, sozusagen wider den Willen des Dichters, Tasso. Goethe würde demnach im psychiatrischen Examen nur mässig gut bestehen, eine weniger gute Note als Shakespeare davontragen. Natürlich kommt es aber darauf gar nicht an. Das, was uns wichtig ist, liegt darin, daß Goethe ohne jede theoretische Schulung, von der Bedeutung des Pathologischen durchdrungen war, daß er öfter als ein anderer Dichter auf dieses hinweist, und ganz besonders, dass er die Zwischenformen zwischen Gesundheit und Krankheit, die vorübergehenden pathologischen Trübungen mit scharfem Blicke verfolgt. Weil wir bei

Goethe das dichterisch erfasste Bild des wirklichen Lebens finden, deshalb sind seine Darstellungen so reich an pathologischen Zügen und an Hinweisen auf das Pathologische.

Die folgende Bemerkung über Schiller, besonders deren von mir gesperrte Worte, hätte ich meiner Abhandlung geradezu als Leitspruch vorausstellen können. „Die meisten Stellen [Schillers], an welchen Tieck etwas auszusetzen hat, finde ich Ursache als pathologische zu betrachten. Hätte nicht Schiller an einer langsam tödtenden Krankheit gelitten, so sähe das alles ganz anders aus. Unsere Correspondenz, welche die Umstände, unter welchen Wallenstein geschrieben worden, auf's Deutlichste vorlegt, wird hierüber den wahrhaft Denkenden zu den würdigsten Betrachtungen veranlassen und unsere Aesthetik immer enger mit Physiologie, Pathologie und Physik vereinigen, um die Bedingungen zu erkennen, welchen einzelne Menschen sowohl als ganze Nationen, die allgemeinsten Weltepochen so gut als der heutige Tag unterworfen sind." Was Goethe mit dem Pathologischen bei Schiller meinte, zeigt eine Aeusserung an Eckermann: „Schiller hat nie viel getrunken, er war sehr mässig; aber in solchen Augenblicken körperlicher Schwäche suchte er seine Kräfte durch etwas Liqueur oder ähnliches Spirituoses zu steigern. Dies aber zehrte an seiner Gesundheit und war auch den Productionen selbst schädlich. Denn was gescheite Köpfe an seinen Sachen aussetzen, leite ich aus dieser Quelle her.

Alle solche Stellen, von denen sie sagen, dass sie nicht just sind, möchte ich pathologische Stellen nennen, indem er sie nämlich an solchen Tagen geschrieben hat, wo es ihm an Kräften fehlte, um die rechten und wahren Motive zu finden". Nicht unwichtig ist auch, dass Goethe das Recht, die Grenzzustände dichterisch zu verwerthen, betont. Im Jahre 1807 sagte er z. B. zu Riemer: „Die sublimirten Gefühle der Liebe ausgesprochen erregen den Widerspruch aller nicht so Gesinnten. ‚Das ist Ueberspannung, krankhaftes Wesen‘ — heisst es da. Als wenn Ueberspannung, Krankheit nicht auch ein Zustand der Natur wäre!"

Einzelne Bemerkungen Goethes über krankhafte Geisteszustände finden wir an vielen Stellen. Ich will hier noch einige zusammenstellen, beabsichtige aber nicht, Vollständigkeit zu erreichen. Bekannt sind die Erörterungen über Hamlet und Ophelia in Wilhelm Meister. Goethe fasst den Hamlet mit Recht nicht als Geisteskranken auf, sondern als einen pathologischen Menschen, dessen Kraft nicht seiner Aufgabe entspricht, der überlegt statt zu handeln. Bei Ophelia betont er sehr nachdrücklich ihre unbewusste Sinnlichkeit und erklärt dadurch den Umstand, dass sie in der Verwirrtheit nicht „Fragmente aus melancholischen Balladen," wie Aurelie es haben möchte, sondern Liebesliedchen singt. Heinroth billigt Goethes Beurtheilung der Ophelia. Man muss jedoch bemerken, dass der Schluss von den Liebesliedchen auf besonders starke Sinnlichkeit nicht ohne weiteres richtig ist. Gerade die Vorstellungen, die in der Besonnenheit absichtlich zurückgedrängt werden, kommen bei Mangel der Besonnenheit zum Vorscheine. Auch vollkommen züchtige Mädchen haben von den Angelegenheiten der Liebe mancherlei gehört und wissen, dass sie das Wichtigste im weiblichen Leben sind; je reiner sie sein möchten, um so mehr haben sie sich bemüht, ihrer Phantasie die Beschäftigung mit dem Sinnlichen zu untersagen, und um so leichter wird im Delirium das Verbotene Gegenstand des Denkens sein. Diese Thatsache kann Shakespeare sehr wohl bekannt gewesen sein, und es ist durchaus nicht nöthig, dass er Ophelien für sinnlicher als ein anderes Mädchen habe ausgeben wollen.

Ebenso wie Ophelia durch Gemüthsbewegungen krank wird, erscheint die Leidenschaft bei Goethe als Ursache geistiger Störungen überhaupt. Bei jeder leidenschaftlichen Erregung könne man sich eine Steigerung vorstellen, wo die Leidenschaft in Wahnsinn umschlägt. So spricht Goethe von seinen eigenen Leidenschaften an verschiedenen Stellen. Werther sagt, „meine Leidenschaften waren nie weit vom Wahnsinn." Besonders deutlich tritt diese Auffassung in einer Aeusserung Jarnos zu Tage. Dieser sagt (als Montan in den Wanderjahren), Wilhelm habe sich bisher mit der Heilung von Seelenleiden beschäftigt, er solle lieber Chirurgie treiben, denn zu jener vermöge der Verstand nichts, die Vernunft wenig, nur die Zeit viel, entschlossene Thätigkeit alles. Nun hat sich bekanntlich Wilhelm durchaus nicht mit Psychiatrie beschäftigt, wenn man von seiner Theilnahme für den Harfner absieht, sondern sein Studium sind eben die Leidenschaften gewesen. Dächte der Dichter nicht Seelenschmerz und Seelenkrankheit in naher Beziehung, so könnte er die Antithese Jarnos nicht zulassen.

Ueber die Behandlung Geisteskranker spricht ausführlicher und weniger absprechend als Jarno der Landgeistliche, zu dem der Harfner gebracht worden ist. Er betrachtet „die Methode, Wahnsinnige zu curiren," als eine ihm zukommende Angelegenheit. „Ausser dem Physischen, sagt der Geistliche, das uns oft unüberwindliche Schwierigkeiten in den Weg legt und worüber ich einen denkenden Arzt zu Rathe ziehe, finde ich die Mittel, vom Wahnsinne zu heilen, sehr einfach. Es sind dieselben, wodurch man gesunde Menschen hindert, wahnsinnig zu werden. Man errege ihre Selbstthätigkeit, man gewöhne sie an Ordnung, man gebe ihnen einen Begriff, dass sie ihr Sein und Schicksal mit so vielen gemein haben, dass das ausserordentliche Talent, das grösste Glück und das höchste Unglück nur kleine Abweichungen vom Gewöhnlichen sind, so wird sich kein Wahnsinn einschleichen, und wenn er da ist, nach und nach wieder verschwinden." Wahrscheinlich kam es zu Goethes Zeiten bei der Mangelhaftigkeit der öffentlichen Heilanstalten oft vor, dass Landgeistliche leidlich ruhige Geisteskranke in Pflege nahmen. Goethe mag solche Leute kennen lernen und ähnliche Reden wie die hier wiedergegebenen von ihnen gehört haben. Doch ist es mir nicht gelungen, einen geschichtlichen Anhalt zu finden. Anzuerkennen ist bei dem Geistlichen die humane Auffassung, die von barbarischen Mitteln nichts weiss. Bekanntlich war zu Goethes Zeit die Behandlung der Geisteskranken durch Zwang noch allgemein verbreitet. Man schnallte unruhige Kranke auf den Zwangstuhl, suchte sie wohl gar durch die Drehmaschine mürbe zu machen, oder legte ihnen doch zum mindesten die Zwangsjacke an. Bei widersetzlichem Verhalten kamen „Strafen" zur Anwendung, kalte Begiessungen und anderes mehr. Jedoch war auch der offiziellen Irren-Behandlung ein humaner Geist damals nicht abzusprechen (vgl. S. 25 ff.). Man darf nicht vergessen, dass die uns jetzt erschreckenden Zwangsmaassregeln nur bei verhältnissmässig wenig Kranken und nur vorübergehend angewendet wurden. Die Art von Kranken, die ein Geistlicher in seinem Hause verpflegen konnte, fand auch in den meisten oder doch in vielen Anstalten eine milde Behandlung. Auch die Anschauung, dass man ruhigen Kranken durch solche Belehrungen nützen könne, wie sie der Geistliche empfiehlt, war damals weit verbreitet. Sogar unser modernstes Heil-Mittel, die Anregung der Kranken zu eigener Arbeit, wurde schon damals empfohlen, wie denn z. B. im Anfange des Jahrhunderts die Anstalt Sonnenstein*) bei Pirna, die 1811 eröffnet

---

*) In Pirna schreibt Goethe am 25. 4. 1813 in das Tagebuch: „Der Sonnenstein gegenwärtig grosse Anstalt eines Irren-, Kranken- und Besserungshauses". Auch im Briefe an Christine vom 21. 5. 1813 erwähnt er den Sonnenstein, seine grossen ummauerten Gärten, die Vortrefflichkeit der Anstalt und den geschickten Arzt „Biniz".

wurde, den Kranken verschiedenartige Gelegenheiten zur Thätigkeit darbot. Nach alledem ist eine besondere Weisheit in den Worten des Geistlichen nicht zu finden. Dass man weder Den, der die Bedingungen des Irreseins in sich trägt, durch die Maassregeln des Geistlichen vor Erkrankung bewahren, noch die Erkrankten durch sie heilen kann, das weiss man jetzt nur allzugut.

Die einseitig psychologische Auffassung der krankhaften Geisteszustände tritt auch in folgender Aeusserung zu Tage: „Der Mensch ist als wirklich in die Mitte einer wirklichen Welt gesetzt und mit solchen Organen begabt, dass er das Wirkliche und nebenbei das Mögliche erkennen und hervorbringen kann. Alle gesunde Menschen haben die Ueberzeugung ihres Daseins und eines Daseienden um sie her. Indessen giebt es auch einen hohlen Fleck im Gehirn, d. h. eine Stelle wo sich kein Gegenstand abspiegelt, wie denn auch im Auge selbst ein Fleckchen ist, das nicht sieht. Wird der Mensch auf diese Stelle besonders aufmerksam, vertieft er sich darin, so verfällt er in eine Geisteskrankheit, ahnet hier Dinge aus einer anderen Welt, die aber eigentlich Undinge sind und weder Gestalt noch Begränzung haben, sondern als leere Nacht-Räumlichkeit ängstigen und den, der sich nicht mehr losreisst, mehr als gespensterhaft verfolgen." Die Stelle klingt, als wäre sie in Verzweiflung über eine idealistische Philosophie geschrieben.

Originell ist die von Graf Baudissin mitgetheilte

Aeusserung: „Es lasten solche Massen von Krankheits-stoff auf mir seit 3000 Jahren; man gewahrt deutlich, wie sich das Conventionelle, das Einbildige dazwischen schiebt."

Zu Riemer sagte der alte Goethe: „Der Grund von allem ist physiologisch. Es giebt ein Physio-logisch-Pathologisches, z. B. in allen Uebergängen der organischen Natur, die aus einer Stufe der Meta-morphose in die andere tritt. Dies ist wohl zu unter-scheiden vom eigentlich morbosen Zustande. Wirkung des Aeusseren bringt Retardationen hervor, welche oft pathologisch im ersten Sinne sind. Sie können aber auch jenen morbosen Zustand hervorbringen und durch eine umgekehrte Reihe von Metamorphosen das Wesen umbringen." Bei dem Physiologisch-Pathologischen darf man wohl an die körperlichen und geistigen Störungen denken, die die Pubertät, den Eintritt in das Greisenalter und A. begleiten können.

Wie sehr Goethe an allem Pathologischen Antheil nahm, das zeigen einzelne Aufzeichnungen in seinem Tagebuche. Z. B. ist unter dem 15. 5. 1810 Folgendes eingeschrieben: „Bey Knebel, wo wir Langermann fanden. Mittags unter uns. Gegen Abend ging meine Frau weg. Abends zu Herrn von Knebel, wo Langer-mann und Seebeck waren und wir bis gegen Mitter-nacht blieben. Gespräch über die Fexe im Salz-burgischen.

Fexe werden im Salzburgischen mehr oder weniger imbecille Menschen genannt. Alle Ortschaften an der Salza haben deren mehr oder weniger; in allen

Familien befinden sich ihrer, auch unter den Kindern der Fremden, die dahin ziehen oder sich dahin verheirathen. Es gibt Stufen dieser Blödsinnigkeit, und deswegen werden dreierley Arten von Fexen gezählt. Weltläufige, welche allenfalls umher nach der Residenz gehen können, um irgend ein Geschäft zu verrichten; Revierige, welche bloss in dem Revier des Dorfes können zu Hirten oder sonst gebraucht werden; Unrevierige, welche nicht aus dem Hause kommen und nicht die mindesten Fähigkeiten haben. Diese Menschen sind so häufig, dass gewisse Gewohnheitsrechte für sie hergebracht sind."

Ferner ist im Tagebuche unter 24. 8. 1821 notirt: „Dr. Scheu, schädlicher Einfluss der Säuerlinge auf das Volck [in der Gegend der böhmischen Bäder], welche alles reine Wasser verschmähen, das eisenhaltige mit Begierde trincken und beyde Geschlechter dadurch Hämorrhoidal-Beschwerden sich zuziehen. Die Weiber, durch Menstruation erleichtert, sind alle sehnsüchtig, zärtlich, religiös . . . ."

In „den guten Weibern" (1800) theilt ein Mitredender die Weiber in Classen. Die vierte Classe besteht aus den beharrlich Verneinenden. „In unserm lieben Vaterland soll es wenige, in Frankreich gar keine geben, und zwar deswegen, weil die Frauen sowohl bei uns, als bei unsern galanten Nachbarn, „einer löblichen Freiheit geniessen; aber in Ländern, wo sie sehr beschränkt sind, ... sollen sie sich häufiger finden. In einem benachbarten Lande hat man sogar einen eigenen Namen, mit dem das Volk, die Menschenkenner, ja sogar die Aerzte ein solches Frauenzimmer bezeichnen. Man nennt sie . . . . Schälke". In Lavaters Physiognomik würden sie erwähnt. Der Name bedeute hier „ein Frauenzimmer, das einer Person, von der es abhängt, durch Gleichgültigkeit, Kälte und Zurückhaltung, die sich oft in eine Art von Krankheit verhüllen, das Leben sauer macht." Es komme vor, dass es von einer schönen Frau heisse: „Aber sie ist ein Schalk." Ferner hat Goethe zu Riemer gesagt (27. 4. 1814): „Weiber, die in der Jugend Charakter haben, würden, wenn die Liebhaber sich verlieren, Schälke." Wahrscheinlich wird unter Schalk das verstanden, was jetzt manche Aerzte den hysterischen Charakter nennen. Vielleicht soll besonders ein krankhaftes geschlechtliches Empfinden angedeutet werden. Auf krankhafte Abweichungen des Geschlechtsgefühles kommt Goethe an verschiedenen Stellen zu sprechen, ich will aber hier nicht darauf eingehen.

Höchst bemerkenswerth ist das zutreffende Urtheil des alten Goethe über die Nervenschwäche und die Verkehrtheit der neuen Zeit. Was er sagt, das kann heute der Arzt fast ohne Weiteres unterschreiben, und ich kann mich nicht davon enthalten, die Hauptstellen wiederzugeben.

„Das Schwache ist ein Charakterzug unseres Jahrhunderts. Ich habe die Hypothese, dass es in Deutschland eine Folge der Anstrengung ist, die Franzosen loszuwerden. Maler, Naturforscher, Bildhauer, Musiker, Poeten, es ist, mit wenigen Ausnahmen, alles schwach, und in der Masse steht es nicht besser." (Zu Eckermann 12. 2. 1829.) „Es lebt ein schwächeres Geschlecht, von dem sich nicht sagen lässt, ob es so ist durch die Zeugung oder durch eine schwächere Erziehung und Nahrung." (Ibid. 13. 2. 1831.)

„Es geht uns alten Europäern übrigens mehr oder weniger allen herzlich schlecht; unsere Zustände sind viel zu künstlich und complicirt, unsere Nahrung und Lebensweise ist ohne die rechte Natur, und unser geselliger Verkehr ohne eigentliche Liebe und Wohlwollen. Jedermann ist fein und höflich, aber niemand hat den Muth, gemüthlich und wahr zu sein, sodass ein redlicher Mensch mit natürlicher Neigung und Gesinnung einen recht bösen Stand hat. Man sollte oft wünschen, auf einer der Südseeinseln als sogenannter Wilder geboren zu sein, um nur einmal das menschliche Dasein ohne falschen Beigeschmack, durchaus rein zu geniessen.

Denkt man sich bei deprimirter Stimmung recht tief in das Elend unserer Zeit hinein, so kommt es einem oft vor, als wäre die Welt nach und nach zum Jüngsten Tage reif. Und das Uebel häuft sich von Generation zu Generation! Denn nicht genug, dass wir an den Sünden unserer Väter zu leiden haben, sondern wir überliefern auch diese geerbten Gebrechen, mit unsern eigenen vermehrt, unsern Nachkommen."

„Unser Landvolk hat sich freilich fortwährend in guter Kraft erhalten und wird hoffentlich noch lange imstande sein, uns nicht allein tüchtige Reiter zu liefern, sondern uns auch vor gänzlichem Verfall und Verderben zu sichern. Es ist als ein Depot zu betrachten,

Das moderne Nerven-Elend.

aus dem sich die Kräfte der sinkenden Menschheit immer wieder ergänzen und anfrischen. Aber gehen Sie einmal in unsere grossen Städte, und es wird Ihnen anders zu Muthe werden. Halten Sie einmal einen Umgang an der Seite eines zweiten hinkenden Teufels, oder eines Arztes von ausgedehnter Praxis, und er wird Ihnen Geschichten zuflüstern, dass Sie über das Elend erschrecken und über die Gebrechen erstaunen, von denen die menschliche Natur heimgesucht ist, und an denen die Gesellschaft leidet.“

„So z. B. kann ich nicht billigen, dass man von den studirenden künftigen Staatsdienern gar zu viele theoretisch gelehrte Kenntnisse verlangt, wodurch die jungen Leute vor der Zeit geistig wie körperlich ruinirt werden. Treten sie nun hierauf in den praktischen Dienst, so besitzen sie zwar einen ungeheuren Vorrath an philosophischen und gelehrten Dingen, allein er kann in dem beschränkten Kreise ihres Berufs gar nicht zur Anwendung kommen und muss daher als unnütz wieder vergessen werden. Dagegen aber was sie am meisten bedurften, haben sie eingebüsst: es fehlt ihnen die nöthige geistige wie körperliche Energie, die bei einem tüchtigen Auftreten im praktischen Verkehr ganz unerlässlich ist.

Und dann: bedarf es denn im Leben eines Staatsdieners, in Behandlung der Menschen, nicht auch der Liebe und des Wohlwollens? Und wie soll einer gegen andere Wohlwollen empfinden und ausüben, wenn es ihm selber nicht wohl ist! Es ist aber den Leuten allen herzlich schlecht! Der dritte Theil der an den Schreibtisch gefesselten Gelehrten und Staatsdiener ist körperlich anbrüchig und dem Dämon der Hypochondrie verfallen. Hier thäte es noth, von oben her einzuwirken, um wenigstens künftige Generationen vor ähnlichem Verderben zu schützen. Wir wollen indess hoffen und erwarten, wie es etwa in einem Jahrhundert mit uns Deutschen aussieht, und ob wir es sodann dahin werden gebracht haben, nicht mehr abstracte Gelehrte und Philosophen, sondern Menschen zu sein." (ibid. 12. 3. 1828.)

Gilt die Schilderung des Nerven-Elends nicht heute erst recht?

„Nun aber bin ich veranlasst Dich in entgegengesetzte Regionen zu führen, indem ich kürzlich referiren möchte: dass ich, durch das Strudeltagsgelese, in die gränzenlosen Schrecknisse der neusten Französischen Romanliteratur bin hineingeschleppt worden. Ich will mich kurz fassen: es ist eine Literatur der Verzweiflung. Um augenblicklich zu wirken — und das wollen sie doch, weil eine Ausgabe auf die andere folgen soll — müssen sie das Entgegengesetzte von allem was man dem Menschen zu einigem Heil vortragen sollte, dem Leser aufdringen, der sich zuletzt nicht mehr zu retten weiss. Das Hässliche, das Abscheuliche, das Grausame, das Nichtswürdige, mit der ganzen Sippschaft des Verworfenen, ins Unmögliche zu überbieten, ist ihr satanisches Geschäft. Man darf und muss wohl sagen Geschäft; denn es liegt ein gründliches Studium alter Zeiten, vergangener Zustände, merkwürdiger Verwickelungen und unglaublicher Wirklichkeiten zum Grunde, sodass man ein solches Werk weder leer, noch schlecht nennen darf. Auch entschiedene Talente sind's die dergleichen unternehmen, geistreiche vorzügliche Männer, von mittleren Jahren, die sich durch eine Lebensfolge verdammt fühlen sich mit diesen Abominationen zu beschäftigen." (Briefwechsel mit Zelter, VI. p. 214.)

Gilt die Schilderung nicht heute für den grössten Theil der modernen Literatur?

Den Schluss möge eine scherzhafte Scene aus Eckermanns Gesprächen machen. Einmal war Hegel zum Thee bei Goethe. Es wurde über Dialektik gesprochen und Goethe meinte, sie werde oft gemissbraucht, um das Falsche wahr, und das Wahre falsch zu machen. Da hatte Hegel die Dreistigkeit zu erwidern: Das geschehe nur von Leuten, die geistig krank sind. Statt mit Nathan zu sagen: Du bist der Mann, antwortete Goethe mit gutmüthigem Spotte, „solche dialektisch Kranke könnten im Studium der Natur Heilung finden." —

Anhangsweise seien einige Aeusserungen Goethes über Genie und Krankheit wiedergegeben. Es ist eigen, sagte Eckermann, dass man so häufig bei ausgezeichneten Talenten, besonders bei Poeten findet, dass sie eine schwächliche Constitution haben. „Das Ausserordentliche, was solche Menschen leisten, erwiderte Goethe, setzt eine sehr zarte Organisation voraus, damit sie seltener Empfindungen fähig sein und die Stimme der Himmlischen vernehmen mögen. Nun ist eine solche Organisation im Conflict mit der Welt und den Elementen leicht gestört und verletzt, und wer nicht, wie Voltaire, mit grosser Sensibilität eine ausserordentliche Zähheit verbindet, ist leicht einer fortgesetzten Kränklichkeit unterworfen. Schiller war auch beständig krank. Als ich ihn zuerst kennen lernte, glaubte ich, er lebte keine 4 Wochen. Aber auch er hatte eine gewisse Zähheit, er hielt sich noch die vielen Jahre und hätte sich bei gesunderer Lebensweise noch länger halten können." Weiterhin sagte Goethe: „Es gab zwar eine Zeit, wo man in Deutschland sich ein Genie als klein, schwach, wohl gar bucklig dachte; allein ich lobe mir ein Genie, das den gehörigen Körper hat." Des Menschen Seele sei eine ewige Entelechie. „Ist aber die Entelechie mächtiger Art, wie es bei allen genialen Naturen der Fall ist, so wird sie bei ihrer belebenden Durchdringung des Körpers nicht allein auf dessen Organisation kräftigend und veredelnd einwirken, sondern sie wird auch, bei ihrer geistigen Uebermacht, ihr Vorrecht einer ewigen Jugend fortwährend geltend zu machen suchen."

Goethes eigentliche Meinung stimmt offenbar mit der Schopenhauers überein: der Mensch ist so, wie er aussieht. Das Vorgefühl dieser Thatsache erklärt wohl auch Goethes lebhafte Theilnahme an den physiognomischen Studien und seine Zuneigung zu Gall. Alle körperlichen Schwächen und Mängel sind zugleich auch geistige Defecte, harmonische Vollendung des Geistes fordert auch Schönheit und Stärke.

Das Pathologische in Goethe.

1. Der Lebenslauf.

Goethe kam asphyktisch zur Welt „durch Unge-schicklichkeit der Hebamme". Er scheint sich dann gut entwickelt zu haben. Später erkrankten die Goethi-schen Kinder an den Pocken, und Wolfgang wurde nach seiner Schilderung stark ergriffen. Er kam zwar ohne stärkere Narben durch, aber „eine sehr lebhafte Tante [Melber], die früher Abgötterei mit mir getrieben hatte, konnte mich, selbst noch in späteren Jahren, selten ansehen, ohne auszurufen: Pfui Teufel! Vetter, wie garstig ist er geworden." Bekanntlich haben sich flache Pockennarben bei Goethe erhalten, sodass sie sogar an der Maske wahrzunehmen sind. „Weder von Masern noch Windblattern, und wie die Quäl-geister der Jugend heissen mögen, blieb ich verschont." Weiterhin erfahren wir von Krankheiten nur, dass den Knaben die Aufregung über die Gretchen-Katastrophe krank machte. Noch wird erwähnt, dass Wolfgang im Sommer 1765 sich längere Zeit in Wiesbaden aufhielt, was wohl so zu deuten ist, dass der Arzt ihm das Baden dort verordnet hatte.

Dann folgen in Leipzig*) leichtere Störungen und schliesslich die schwere Erkrankung. Goethe selbst sagt: „Schon von Hause hatte ich einen gewissen hypochondrischen Zug mitgebracht, der sich in dem neuen sitzenden und schleichenden Leben [!?] eher verstärkte als verschwächte. Der Schmerz auf der Brust, den ich seit dem Auerstädter Unfall [er hatte sich an einem steckengebliebenen Wagen überhoben] von Zeit zu Zeit empfand, und der nach einem Sturz mit dem Pferde merklich gewachsen war, machte mich missmuthig. Durch eine unglückliche Diät verdarb ich mir die Kräfte der Verdauung; das schwere Merseburger Bier verdüsterte mein Gehirn,**) der Kaffee, der mir eine ganz eigene triste Stimmung gab, besonders mit Milch nach Tische genossen, paralysirte meine Eingeweide und schien ihre Funktionen völlig aufzuheben, sodass ich deshalb grosse Beängstigungen empfand ... Meine Natur ... schwankte zwischen den Extremen von ausgelassener Lustigkeit und melancholischem Unbehagen. Ferner war damals die Epoche des Kaltbadens eingetreten ... Man sollte auf hartem Lager schlafen, nur leicht zugedeckt, wodurch dann

---

*) Von nun an vergleiche man die „Ausführungen und Belege."

*) Am 26. August 1770 schreibt Goethe an Frln. v. Klettenberg: „So ist's doch mit allem wie mit dem Merseburger Biere, das erstemal schauert man, und hat man's eine Woche getrunken, so kann man's nicht mehr lassen." Das Merseburger Bier galt damals im Gegensatze zu dem leichten, in Leipzig gebrauten Biere für stark, es war „Exportbier".

alle gewohnte Ausdünstung unterdrückt wurde. Diese
und andere Thorheiten, in Gefolg von missverstandenen
Anregungen Rousseaus, würden uns, wie man ver-
sprach, der Natur näher führen . . . Alles Obige nun,
ohne Unterscheidung, mit unvernünftigem Wechsel angewendet, empfanden mehrere als das schädlichste und
ich verhetzte meinen glücklichen Organismus dergestalt,
dass die darin enthaltenen besonderen Systeme zuletzt
in eine Verschwörung und Revolution ausbrechen
mussten, um das Ganze zu retten." Ich habe mit
Bedacht die lange Stelle hergesetzt. Wüsste man
nicht, wer das geschrieben hat, so würde man sagen,
dass ist die Anamnese eines Hypochonders. Man
beachte die schweren Anklagen gegen den armen
Kaffee.*) Abgesehen davon, dass Goethe in Leipzig
wohl nicht allzustarken Kaffee getrunken haben wird,
ist es doch ungeheuerlich, anzunehmen, Milchkaffee
könne die Functionen der Eingeweide aufheben. Goethe
will einfach sagen, er habe zu jener Zeit an Verstopfung
gelitten. Seinen Zustand kennzeichnet Goethe auch
dadurch, dass er meint, er sei damals seiner Umgebung
durch widerliche Launen beschwerlich gewesen, er
habe Alle „durch krankhaften Widersinn mehr als einmal verletzt" und die Verletzten störrisch gemieden.
Im Ganzen wird eine Verstimmung geschildert, wie
wir sie auch heute von nervösen jungen Leuten nicht

---

*) Allerdings ist die Aeusserung vor dem Bruche mit der
Stein, ihre Missstimmung erkläre sich dadurch, dass sie wider
Goethes Rath zu viel Kaffee getrunken habe, noch wunder-
licher.

selten geschildert hören. Es werden allerhand äussere Umstände angezogen, die mit der Sache selbst nicht viel zu thun haben und das Missbehagen nicht erklären können. Der alte Goethe mag den Bericht zugestutzt haben, doch ist wohl nicht anzunehmen, dass die ganze Auffassung der Sache erst aus Goethes Alter stamme. Das Wesentliche war wohl, dass der junge Goethe überreizt war, weniger vielleicht durch Ausschweifungen im gewöhnlichen Sinne des Wortes, als durch geistige Aufregung. Liest man die Briefe, in denen er seine Eifersucht schildert, so kann man schon glauben, dass das Befinden unter den leidenschaftlichen Erregungen gelitten habe, besonders dann, wenn Bachus und Venus hinterherkamen. Ob das Einathmen von salpetrig-sauren Dämpfen beim Behandeln der Radirungen zu seinen Uebeln beigetragen habe, wie Goethe es vermuthet, das sei dahingestellt.

Soweit wäre alles gut, aber nun kommt der merkwürdige Blutsturz. Nach den letzten (oben citirten) Worten, mit denen er auf das Ereigniss hindeutet, fährt Goethe fort: „Eines Nachts wachte ich mit einem heftigen Blutsturz auf ... Und so schwankte ich mehrere Tage zwischen Leben und Tod, und selbst die Freude an einer erfolgenden Besserung wurde dadurch vergällt, dass sich bei jener Eruption zugleich eine Geschwulst an der linken Seite des Halses gebildet hatte, die man erst jetzt, nach vorübergegangener Gefahr, zu bemerken Zeit fand.“

Die enge Verknüpfung zwischen dem Zustande der Unbehaglichkeit und dem Blutsturze kann vielleicht

Sache der Redaction sein. Wahrscheinlich dürfte jener eine Erscheinung für sich sein, und erst in der Erinnerung mögen alle krankhaften Erscheinungen der Leipziger Zeit nahe an einander gerückt sein.

Man kann über den Blutsturz verschiedener Meinung sein, und ich glaube nicht, dass jetzt noch ein sicheres Urtheil möglich sei. Soviel ich sehe, wird der Blutsturz meistens als Lungenblutung aufgefasst. Goethe und seine Umgebung waren ursprünglich auch dieser Meinung. Goethe schreibt z. B. von Frankfurt aus an Herrn Schönkopf am 1. Oktober 1768, er befinde sich so gut als ein Mensch, der in Zweifel steht, ob er Lungensucht hat oder nicht, sich befinden kann. Am 30. December jedoch meldet er Kätchen: „meine Lunge ist so gesund als möglich". Ob er und die Seinigen auch damals noch den Blutsturz für eine Lungenblutung, die Lunge für wiederhergestellt gehalten haben, erfahren wir nicht. Gegen die Annahme einer Lungenblutung lässt sich manches sagen. Sie würde eine Lungentuberkulose voraus setzen, aber ein Blick auf Goethes späteres Leben scheint zu zeigen, dass die Annahme der Tuberkulose zu den grössten Unwahrscheinlichkeiten gehört. Die Tuberkulose kann zwar ausheilen, aber das geht gewöhnlich nicht so leicht, wenn es einmal zu einem Blutsturze gekommen ist, und schliesslich bleibt der Geheilte gewöhnlich ein brüchiger Mensch, der eines Lebens, wie es Goethe bis in das 83. Jahr geführt hat, nicht fähig ist. Indessen ist es doch nicht unmöglich, dass Goethe einen kleinen tuberkulösen Lungenherd gehabt habe, der unglücklicherweise zur Zerstörung eines grösseren Blutgefässes führte, bei Goethes guter Natur und seiner Kleinheit aber trotzdem rasch ausheilte. Nähme man das an, so würde man eine Erklärung für den Blutsturz gewinnen, der den alten Goethe am 26. November 1830 befiel. Man könnte dann vermuthen, dass in der aus der Jugendkrankheit ¦stammenden Narbe eine Blutgefäss - Ausbuchtung, ein Aneurysma bestanden habe, das 1830 barst. Auch die Krankheit von 1823 ist wohl als tuberkulöse Pleuritis anzusehen. Wie die häufigen Katarrhe zu deuten seien, das kann dahingestellt bleiben. Wahrscheinlich waren sie harmloser Natur.

Ein Blutsturz ist eine plötzliche Blutentleerung aus dem Munde. Man könnte daher bei Goethe auch an eine Magenblutung denken. Ein Magengeschwür kann sich, ohne wesentliche Symptome zu machen, entwickeln, kann zufällig ein grösseres Blutgefäss anfressen und kann definitiv vernarben, ohne weitere Folgen zu hinterlassen. Damit stimmt, dass sowohl vor dem Blutsturze als später in Frankfurt besonders von Verdauungstörungen die Rede ist. In dem schon erwähnten Briefe an Kätchen Schönkopf sagt Goethe geradezu, „aber am Magen sitzt was". Indessen bezieht sich diese Aeusserung eben auf den December 68; dass er in Leipzig Magenschmerzen gehabt habe, wird nicht gesagt, auch nicht, dass der Blutsturz etwas mit dem Magen zu thun gehabt habe. Es kann sein, dass Goethe mit seiner Aeusserung nur auf die Verstopfung und die von ihr abhängigen Kolikschmerzen zielt, wie denn auch jetzt die Leute ihre Darmbeschwerden oft auf den Magen schieben. Andererseits wäre es möglich, dass die Frankfurter Kolik ein Anfall von Magenschmerz gewesen wäre, wiewohl mir das nicht recht wahrscheinlich vorkommt.

Schliesslich könnte man auch noch an anderes, z. B. an eine jener seltenen nervösen Blutungen denken. Dass diese vorkommen, ist sicher, wenn sie uns auch nicht recht verständlich sind: Bei nervösen Leuten jugendlichen Alters tritt ohne örtliche Schädigung da oder dort eine Schleimhautblutung auf, die eine Krisis im Sinne der alten Medicin darstellen kann.

Hat es sich um eine Lungenblutung gehandelt, so wäre die Halsgeschwulst wohl auf eine vereiterte Lymphdrüse zu beziehen. Offenbar wurde aus ihr ein Abscess. Der Chirurg Crisp in Frankfurt kurirte lange an ihm. Er erhielt 1769 96 Fl., während der Dr. Metz nur 78 Fl. 48 Kr. bekam. Je länger ich mir die Sache überlege, um so wahrscheinlicher wird es mir, dass es sich bei Goethe um Tuberkulose gehandelt habe. Ich betone das, weil ich bei der ersten Ausgabe des Buches noch recht zweifelsvoll war.

Seitdem ist insofern ein Neues hinzugekommen, als W. A. Freund die Meinung ausgesprochen hat, alles erklärte sich, wenn man annähme, dass Goethe in Leipzig an Syphilis erkrankt sei. Ich glaube, dass nichts für eine syphilitische Erkrankung spreche, obwohl ihre Möglichkeit nicht abzuleugnen ist, und dass auch

die Voraussetzung einer Infection über die Schwierigkeiten nicht weghelfe.*)

Das ist sicher, dass sich Goethe ziemlich rasch
wieder erholte. Er war geistig thätig, sah sich in
Leipzig noch einen Studenten-Tumult an, reiste dann
nach Hause, unterhielt sich unterwegs lebhaft und erschien wohl eher als unglücklicher Liebhaber, denn
als Patient. In Frankfurt freilich fühlte er sich nicht
wohl; er sei seinem Vater „als ein Kränkling, der noch
mehr an der Seele als am Körper zu leiden schien",
entgegengetreten.

Nun folgt eine ziemlich lange Zeit des Kränkelns.
Abgesehen von der Eröffnung der Halsgeschwulst,
der mehrfache Aetzungen folgten, scheint besonders
die Stuhlverstopfung Noth gemacht zu haben. „Mir
war indess noch eine sehr harte Prüfung vorbereitet:
denn eine gestörte und man durfte wohl sagen für
gewisse Momente vernichtete Verdauung brachte solche
Symptome hervor, dass ich unter grossen Beängstigungen das Leben zu verlieren glaubte und keine
angewandten Mittel weiter etwas fruchten wollten."
Diese Stelle bezieht sich offenbar auf den December
1768. Goethe schreibt darüber an Kätchen: „Ja meine

---

*) Wegen des Einzelnen muss auf folgende Aufsätze ver-
wiesen werden: 1. W. A. Freund, zu „Don Sassafras" (Erich
Schmidt) und „Ueber das Pathologische bei Goethe" (P. J. Möbius).
Münchner medic. Wochenschr. No. 48, 1898. 2. P. J. Möbius,
Goethe und W. A. Freund, Ebenda No. 51, 1898, und Stachyo-
logie, 1901, p. 89. 3. A. Kirstein, War Goethe syphilitisch?
Allgem. medic. Centralzeit. No. 99, 1898. [K. schliesst sich
meiner Auffassung an und spricht gegen Freund.]

Liebe, es ist wieder vorbey, und inskünftige müssen Sie sich beruhigen wenn es ja heissen sollte: Er liegt wieder! Sie wissen meine Constitution macht manchmal einen Fehltritt und in acht Tagen hat sie sich wieder zurechte geholfen; diesmal war's arg, und sah noch ärger aus als es war, und war mit schröcklichen Schmerzen verbunden." Er sei drei Wochen lang nicht aus der Stube gekommen. Aus Corneliens Aufzeichnungen erfahren wir, dass Goethe am 7. December 1768 von einer heftigen Kolik befallen wurde, sodass er starke Schmerzen erlitt. „Zwei Tage hielt dieser schreckliche Zustand an, dann wurde er etwas besser, doch konnte er noch keine Viertelstunde sich aufrecht halten." Im Januar soll ein neuer Anfall der Krankheit eingetreten sein. Am 13. Februar schreibt Goethe an Frln. Oeser: „O Mamsell, es war eine impertinente Composition von Laune meiner Natur, die mich vier Wochen an den Bettfus, und vier Wochen an den Sessel anschraubte, dass ich eben so gerne die Zeit über, hätte in einen gespaltenen Baum wollen eingezaubert seyn". .... „Trutz der Krankheit die war, Trutz der Krankheit die noch da ist, binn ich so vergnügt, so munter, offt so lustig dass ich Ihnen nicht nachgäbe, und wenn Sie mich in dem Augenblicke jetzt besuchten, da ich mich in einen Sessel, die Füsse wie eine Mumie verbunden, vor einen Tisch gelagert habe, um an Sie zu schreiben." Warum die Füsse verbunden waren, das wissen wir nicht, vielleicht hat es sich um eine ableitende Einpackung gehandelt. Die Angabe, dass er heiter, ja oft lustig sei, wiederholt

Goethe an anderen Stellen. Mit der acuten Erkrankung in Leipzig ist die Missstimmung gewichen und in Frankfurt wiegt trotz aller Reizbarkeit die Heiterkeit vor.

Der Reconvalescent ist reizbar, wechselnden Stimmungen unterworfen, weicher als sonst, ja etwas schwachmüthig und der Kritik abgeneigt. Die nervöse Verstimmung giebt sich auf verschiedene Weise kund. Man vergleiche die Schilderungen der Reizbarkeit in den Briefen, die Hinneigung zu mystisch-pietistischen Auffassungen, die in manchen Briefen geradezu frömmelnde Aeusserungen bewirkt, die Beschäftigung mit „mystischen chemisch-alchymistischen Büchern" und entsprechenden Experimenten. Man vergleiche die an Fräulein Oeser gerichteten Verse vom 6. Nov. 1768,*) aus denen hervorzugehen scheint, dass auch die Aerzte

---

*) So launisch, wie ein Kind das zahnt;
   Bald schüchtern, wie ein Kaufmann den man mahnt,
   Bald still wie ein Hypochondrist,
   Und sittig wie ein Mennonist,
   Und folgsam, wie ein gutes Lamm;
   Bald lustig, wie ein Bräutigam,
   Leb' ich und binn halb krank und halb gesund,
   Am ganzen Leibe wohl, nur in dem Halse wund;
   Sehr missvergnügt dass meine Lunge
   Nicht soviel Ahtem reicht, als meine Zunge
   Zu manchen Zeiten braucht . . . . .
Nun folgen die auf S. 42 wiedergegebenen Verse. Ferner sagt er, man heisse ihn, seinen Willen zwingen, an nichts Reizendes denken u. s. f.
   O sage Du,
   Kann man was traurigers erfahren?
   Am Körper alt, und jung an Jahren,

Goethe als Nervösen behandelten. Man denke endlich an die Heilung der Stuhlbeschwerden durch Suggestion. Der Arzt, „ein unerklärlicher, schlaublickender, freundlich sprechender, übrigens abstruser Mann", lockte seine Patienten mit geheimnissvollen, selbstbereiteten Arzeneien an. Besonders deutete er auf ein wichtiges Salz hin, von dem man gar nicht sprechen durfte, und das nur in den grössten Gefahren ,anzuwenden war. Als nun die Stuhlbeschwerden arg wurden, „in diesen letzten Nöthen zwang meine bedrängte Mutter mit dem grössten Ungestüm den verlegenen Arzt, mit seiner Universalmedicin hervorzurücken". Mitten in der Nacht lief er nach Hause und holte ein Gläschen mit alkalisch schmeckenden Krystallen [Glaubersalz?]. „Das Salz war kaum genommen, so zeigte sich eine Erleichterung des Zustandes, und von dem Augenblicke an nahm die Krankheit eine Wendung, die stufenweise zur Besserung führte." Natürlich war man dem wenig lobenswerten Medicus [Dr. Metz] sehr dankbar, man könnte aber hier das typische Bild einer erfolgreichen Wachsuggestion erblicken, wie sie auch heute berufenen und unberufenen Heilkünstlern bei nervösen Uebeln oft genug gelingt.

Die nächste Krankheit war eine Halsentzündung durch das Einathmen salpetriger Säure beim Aetzen einer Kupferplatte. Hier wiederholt Goethe die Ver-

---

Das giebt so melanchol'sche Laune,
Und ihre Pein
Würd' ich nicht los, und hätt' ich sechs Alraune.
Halb siech, und halb gesund zu seyn?

muthung, er möge sich so auch in Leipzig beschädigt haben. Man bekommt aber den Eindruck, als sei ihm dieser Gedanke erst bei der Frankfurter Halsentzündung gekommen, während er in Leipzig die Aetzkunst ohne Schaden ausgeübt habe. Am 23. Jan. 1770 heisst es: „Dass ich ruhig lebe, das ist alles, was ich Ihnen von mir sagen kann, und frisch und gesund, und fleissig, denn ich habe kein Mädgen im Kopfe.“

Die nervöse Reizbarkeit blieb trotz der Wiederkehr des Lebensmuthes bestehen. In Strassburg plagte sie ihn noch „ . . . so hatte ich innerlich und äusserlich mit ganz anderen Verhältnissen und Gegnern zu kämpfen, indem ich mit mir selbst, mit den Gegenständen, ja mit den Elementen im Streit lag. Ich befand mich in einem Gesundheitszustand, der mich bei allem, was ich unternehmen wollte und sollte, hinreichend förderte, nur war mir noch eine gewisse Reizbarkeit übrig geblieben, die mich nicht immer im Gleichgewicht liess. Ein starker Schall war mir zuwider, krankhafte Gegenstände erregten mir Ekel und Abscheu; besonders aber ängstigte mich ein Schwindel, der mich jedesmal befiel, wenn ich von einer Höhe herunterblickte.“ Die „heftige“ Kur, die Goethe anwandte, zeigt, dass er in der Hauptsache schon wieder hergestellt war. Nebenhergehen bei dem Zapfenstreiche „neben der Menge der Trommeln, deren gewaltsame Wirbel und Schläge das Herz im Busen hätten zersprengen mögen“, Besuch der Anatomie, Besteigen des Münsterthurmes und Freistehen auf einer Plattform unter der Krone, Besuch von Friedhöfen und einsamen Capellen in der Finsterniss, in der That eine heroische Behandlung. Sie hatte aber Erfolg, und Goethe scheint sich dann in Strassburg recht wohl befunden zu haben. Später erwähnt er, dass er sich mit Arbeiten und Plänen überladen habe, besonders damals, als Herder mit etwas rauher Hand ihn auf neue Gebiete hinwies. Zu der vielfachen Verwirrung kam mit einer angehenden Leidenschaft (zu Friederiken) „noch ein körperliches Uebel, dass mir nämlich nach Tische die Kehle rein zugeschnürt war." Er nennt die Beschwerde eine unerträgliche Unbequemlichkeit, ein heftiges Uebel, und schiebt die Schuld dem rothen Tischweine zu. Da die andern Tischgenossen den Wein gut vertragen zu haben scheinen, handelt es sich offenbar um eine besondere Reizbarkeit Goethes. Sie erinnert an seine Abneigung gegen den Kaffee und gegen den Thee, von dem er später behauptete, er wirke auf ihn wie Gift, an seine Verurtheilung des Tabaks, an seine Empfindlichkeit gegen Witterungseinflüsse, vermöge der er sich besonders bei niederem Stande des Barometers unlustig, ja unwohl fühlte. Das sind alles Symptome der Nervosität.

Haben wir bisher die mehr körperlichen Störungen, an denen der junge Goethe zu leiden hatte, in's Auge gefasst, so gilt es nun, d. h. der Wertherzeit gegenüber, den Geisteszustand in die erste Reihe zu stellen. Dabei muss aber hervorgehoben werden, dass jede solche Auseinandersetzung der Fülle der Wirklichkeit gegenüber sehr dürftig ausfallen muss, dass, will man nicht ins Grenzenlose gerathen, im

Grunde nicht mehr zu thun ist, als Einzelheiten herauszuheben.

In den Schilderungen Goethes selbst und in denen der Mutter erscheint der Dichter als ein frühreifes Kind, lebhaft, heiter, selbstbewusst. Von Anfang an verräth er nicht nur die ausserordentliche Lernfähigkeit, sondern auch den ungeheuren Lerneifer, der noch nach 80 Jahren nicht ermatten sollte. Die Frühreife ist ein wichtiger Zug im Bilde der meisten genialen Menschen. Sie war bei Goethe in hohem Grade vorhanden. Früh tritt die leidenschaftliche Art des Knaben zu Tage. So entflammt er für das Gretchen und geräth nach ihrem Verluste in äusserste Verzweiflung. „Ich hatte, schreibt der Greis, oft halbe Nächte durch mich mit dem grössten Ungestüm diesen Schmerzen überlassen, sodass es durch Thränen und Schluchzen zuletzt dahin kam, dass ich kaum mehr schlingen konnte und der Genuss von Speise und Trank mir schmerzlich ward, auch die so nah verwandte Brust zu leiden schien." Man lese die ausführliche Schilderung seines „Rasens" am Ende des 5. Buches von Wahrheit und Dichtung nach. Zuletzt trat „eine körperliche Krankheit und ziemlicher Heftigkeit" ein. In ganz ähnlicher Weise quält ihn in Leipzig die Eifersucht, wie die noch erhaltenen Aufzeichnungen des Jünglings darthun. Dann folgt die Zeit des Missmuths. Nach der schweren Erkrankung in Leipzig kehrt langsam der Lebensmuth zurück, aber über Jahr und Tag wird der Genesene von der Reizbarkeit geplagt. Der in Strassburg zu Kraft und Frische Gelangte wird von der Liebe zu Friederiken erfasst, und nach der Trennung von dieser führen Aufregung und Gewissensbedenken zu erneuter Reizbarkeit, die diesmal erfolgreich durch Fusswanderungen, Reiten, Schlittschuhlaufen bekämpft wird. Seit dem Strassburger Aufenthalte denkt Es in Goethe mit Macht. Sucht man sich seinen Geisteszustand vorzustellen, so fallen einem Schillers Verse ein: „Und es wallet und siedet und brauset und zischt, wie wenn Wasser mit Feuer sich mengt." Es ist, als ob ein Fieber in ihm glühte. Die Ausrufungen überstürzen sich, die Sätze werden kaum zu Ende geschrieben, Gedankenstriche sind ein unentbehrliches Mittel des Ausdruckes. Ein Entwurf drängt den anderen, bald führt ihn sein Flug in Himmelshöhen, bald dringt er in finstere Tiefen, bald weilt er behaglich auf der platten Erde, immer aber ist er in Thätigkeit, und wenn er auch Essen und Trinken nicht vergisst, so scheint er doch manchmal des Schlafes kaum zu bedürfen. Ohne viel dabei zu denken, spricht man oft von dem den Dichter leitenden Genius, von seiner Inspiration, hier aber sieht man, dass dies nicht nur Worte sind, dass ein vom Dichter empfundener und für die Umgebung unverkennbarer Zwang vorhanden ist, ein mächtiges Muss, das aus dem Individuum ein Organ macht, oder vielmehr in diesem Falle deutlich macht, dass das Individuum nur ein Organ ist. Von jeher hat die naive Auffassung die Aehnlichkeit des genialen Wesens mit dem Pathologischen erkannt, hat von göttlicher Trunkenheit, von Furor poeticus u. s. w. gesprochen. Ist die Besonnenheit das wichtigste Merkmal des Normalen, so ist andererseits die fieberhafte Erregung im Fühlen, Denken und Thun mit dem Charakter des Zwanges ein wohlbekanntes pathologisches Bild. Gerade bei dem Zustande des jungen Goethe ist die wenigstens formale Aehnlichkeit zwischen dem Aufblühen des genialen Geistes und der maniakalischen Erregung oder Hypomanie unverkennbar. Lerse drückte das populär aus, wenn er später erzählte, er habe gefürchtet, Goethe werde überschnappen. Sehr ausgeprägt war bei Goethe die Zornmüthigkeit. Schon der Jüngling schreibt von sich: „O sähest du den Elenden, wie er rast, aber nicht weiss, gegen wen er rasen soll, du würdest jammern... Wie könnte ein Toller vernünftig werden? Das bin ich. Ketten an diese Hände. Da wüsst' ich doch, worein ich beissen sollte." Die Zeitgenossen erzählen, wie der junge Goethe seine Wuth ausgelassen habe mit Zerschlagen der Bilder an der Tischecke, mit Zerschiessen der Bücher u. s. w. Er habe sich bei Verkehrtheiten nicht erwehren können, mit einem Ingrimm zu rufen: das soll nicht aufkommen; und so habe er irgend eine Handlung üben müssen, um seinen Muth zu kühlen. Lavater schreibt an Zimmermann: „Das sind mir Hunde! hör' ich Goethen stampfend rufen."*) Be-

---

*) Wenn die Schilderung Senckenbergs den Thatsachen entspricht, ist man in Goethes Familie gelegentlich recht heftig geworden. S. erzählt, der Rath Goethe und sein Schwiegervater seien in Streit gerathen. Jener habe diesem vorgeworfen, er habe die Stadt an die Franzosen verrathen. „Textor warf ein Messer nach ihm, Goethe zog den Degen."

kanntlich werden auch aus Goethes späterem Leben heftige Zornesausbrüche gemeldet.*)

Zu dem geistigen Fieber traten Symptome hinzu, die dem Dichter selbst später als entschieden pathologisch erschienen. Goethe fühlte Ekel vor dem Leben und trug sich mit Selbstmordgedanken. Zu Eckermann sagte der alte Goethe, er habe Werthers Leiden nur Einmal wieder gelesen. „Es sind lauter Brand-

---

Goethe sagt dagegen in Wahrheit und Dichtung von seinem Grossvater: „Er sprach wenig, zeigte keine Spur von Heftigkeit, ich erinnere mich nicht, ihn zornig gesehen zu haben." Vielleicht darf man hier von grosser Selbstbeherrschung reden.

*) Abgesehen von den heftigen Ausbrüchen des Zornes scheint Goethe zuweilen ganz eigenthümliche kurze Zustände von Erregung gezeigt zu haben. Einen solchen beschreibt Prof. Kieser in einem Briefe an Luise Seidler (12. December 1813): „Um 6 Uhr ging ich zu Goethe. Ich fand ihn allein, wunderbar aufgeregt, glühend ganz wie im Kügelgen'schen Bilde. Ich war zwei Stunden bei ihm, und ich habe ihn zum ersten Male nicht verstanden. Mit dem engsten confidentiellen Zutrauen theilte er mir grosse Pläne mit und forderte mich zur Mitwirkung auf. Ich glaubte, es sei die Zeit nach Tische, aber es gab kein Tröpfchen und dennoch wurde er immer lebendiger. Ich war zu müde, um mich in dieselbe Stimmung zu versetzen; so habe ich mich endlich ordentlich losgerissen. Ich fürchtete mich beinahe vor ihm; er erschien mir, wie ich mir als Kind die goldenen Drachen der chinesischen Kaiser dachte, die nur die Majestät tragen können. Ich sah ihn nie so furchtbar heftig, gewaltig, grollend; sein Auge glühte, oft mangelten die Worte und dann schwoll sein Gesicht und die Augen glühten und die ganze Gesticulation musste dann das fehlende Wort ersetzen... Er sprach über sein Leben, seine Thaten, seinen Werth mit einer Offenheit und Bestimmtheit, die ich nicht begriff."

Will man nicht doch an Alkohol denken, so ist das von Kieser entworfene Bild merkwürdig genug.

Der Lebenslauf.

raketen! Es wird mir unheimlich dabei, und ich fürchte den pathologischen Zustand wieder durchzuempfinden, aus dem es [das Buch] hervorging." Und an Zelter schreibt er: „Ueber die That oder Unthat selbst [den Selbstmord des Stiefsohnes Zelters] weiss ich nichts zu sagen. Wenn das Taedium vitae den Menschen ergreift, so ist er nur zu bedauern, nicht zu schelten. Dass alle Symptome dieser wunderlichen, so natürlichen als unnatürlichen Krankheit auch einmal mein Innerstes durchrast haben, daran lässt Werther wohl niemand zweifeln. Ich weiss recht gut, was es mich für Entschlüsse und Anstrengungen kostete, damals den Wellen des Todes zu entkommen, so wie ich mich aus manchem spätern Schiffbruch auch mühsam rettete und erholte." Am ausführlichsten aber spricht er über die Wertherstimmung in Wahrheit und Dichtung. „Jener Ekel vor dem Leben [d. h. Selbstmordneigung ohne Noth] hat seine physischen und seine sittlichen Ursachen: jene wollen wir dem Arzt, diese dem Moralisten zu erforschen überlassen und bei einer so oft durchgearbeiteten Materie nur den Hauptpunkt beachten, wo sich jene Erscheinung am Deutlichsten ausspricht." Er setzt nun auseinander, das Behagen am Leben beruhe eigentlich auf der periodischen Wiederkehr der Dinge, werde der Wechsel der Tages- und Jahreszeiten u. s. w. einem zuwider, „dann tritt das größte Uebel, die schwerste Krankheit ein; man betrachtet das Leben als eine ekelhafte Last." Als Ursachen dieses Ueberdrusses nennt Goethe die Wiederkehr der Liebe, als wodurch dieser das Merkmal des

Ewigen genommen werde, den Wechsel des Moralischen, als Gunst und Neigung, die Wiederkehr der eigenen Fehler, deren Nothwendigkeit der Jüngling nicht begreife. Ausser diesen allgemein-menschlichen Motiven nennt Goethe bestimmte Zeitumstände, nemlich den Einfluss der melancholischen englischen Literatur und die Unzufriedenheit mit dem engen, langweiligen, bürgerlichen Leben. „In einem solchen Element, bei solcher Umgebung, bei Liebhabereien und Studien dieser Art, von unbefriedigten Leidenschaften gepeinigt, von aussen zu bedeutenden Handlungen keineswegs angeregt, in der einzigen Aussicht, nur in einem schleppenden, geistlosen bürgerlichen Leben hinhalten zu müssen, befreundete man sich in unmuthigem Uebermuth mit dem Gedanken, das Leben, wenn es einem nicht mehr anstehe, nach eigenem Belieben allenfalls verlassen zu können, und half sich damit über die Unbilden und Langeweile der Tage nothdürftig genug hin." Ich kann nicht sagen, dass mich diese Erörterung sehr befriedige. Die Antithese, dass der Wechsel der natürlichen Dinge Grundlage des Behagens, der Wechsel im Moralischen Grundlage des Ueberdrusses sei, ist doch recht künstlich.

Unter den Neueren hat sich besonders Bielschowsky mit der zu Selbstmordgedanken führenden Verstimmung des jungen Goethe beschäftigt. Ausser den von Goethe selbst erwähnten Umständen nennt er mehr persönliche Missverhältnisse, die Zerwürfnisse mit dem Vater, das Gefühl, allein und unverstanden zu sein, allgemeiner die Faustgefühle, das Ungenügen an Kunstbestrebungen, die Enge und Mattigkeit des bürgerlichen Lebens gerade in Frankfurt, die Abneigung gegen die Rechtsgeschäfte, die unglückliche Liebe. Ich sollte meinen, die persönlichen Beziehungen wollen nicht allzuviel heissen. Gewiss mag man die persönlichen und die Zeit-Umstände als Hilfeursachen herbeiziehen, aber die Hauptsache steckt denn doch tiefer. Das Taedium vitae der Jugend ist offenbar eine Erscheinung aller Zeiten und der verschiedensten Völker. Der junge Buddha sah, dass nichts Bestand habe, und er verneinte das Leben. Der junge Schopenhauer schrieb das 4. Buch von Wille und Vorstellung. Wie viele junge Männer mögen in den reichlich 2000 Jahren, die zwischen Buddha und Schopenhauer liegen, eine ähnliche Noth durchgemacht haben! Man könnte sagen, dass es eben gerade hochbegabten Menschen eigen sei, den Zwiespalt zwischen dem Ideal und der relativen Nichtigkeit der Welt besonders schmerzlich zu empfinden, und dies am meisten dann, wenn er sich ihnen zum ersten Male aufthut. Daran ist sicher etwas Wahres. Der unbedeutende Mensch hat mit dem Taedium vitae, von dem hier die Rede ist, nicht viel zu thun. Aber wenn jene Erkenntniss die Hauptsache wäre, so müssten doch die von ihr abhängende pessimistische Auffassung und die melancholische Stimmung im Laufe des Lebens festgehalten, ja in mancher Hinsicht verschärft werden. Das ist aber nicht der Fall. In der Theorie zwar kann man Pessimist bleiben, aber ein Gefühls-Pessimist ist eigentlich nur der junge Mensch. Je älter man wird, um so mehr hängt man am Leben. Das Taedium vitae der Alterskrankheit Melancholie hat mit dem hier besprochenen Taedium vitae nichts gemein, dieses ist ein Merkmal der Lebensfülle, jenes ist der Ausdruck des Zusammenbruches der persönlichen Lebenskraft. Bleibt der alte Mensch von der Melancholie verschont, so ist er seinem Gefühle nach kein Pessimist. Der alte Koheleth war trotz seines „Alles ist ganz eitel" im Grunde ein Epikuräer. Der alte Schopenhauer war es in gewissem Sinne auch. Man wird den Lebensüberdruss der Jugend psychologisch nicht vollständig erklären können. Es steckt etwas Organisches darin. Das fühlt ja auch Goethe, der das Physische bei der Sache dem Arzte überlassen will. Wenn nur der Arzt etwas Rechtes wüßte! Das Thatsächliche ist, dass hervorragende Menschen nicht selten in ihrer Jugend eine Zeit des Lebensüberdrusses durchzumachen haben und dass, wenn der Selbstmord vermieden wird, diese Stimmung später von selbst aufhört. Daraus, dass die Sache unter den verschiedensten Lebensverhältnissen im wesentlichen dieselbe ist, kann man darauf schliessen, dass ihre Ursache im Menschen selbst liegt, daraus, dass sie beim Durchschnittsmenschen fehlt, darauf, dass sie in innerer Beziehung zu der einseitigen Gehirnentwickelung steht, ein Theil der Abnormität ist, die das Genie darstellt, sozusagen die ihm eigene Jugendkrankheit.

Die widerwärtige und dumme Lehre, dass die Hauptsache für den Menschen das „Milieu" sei, ist natürlich Goethe fremd, trotzdem scheint er mir den

Der Lebenslauf.

zufälligen Umständen zuviel Gewicht beizulegen. Fast an jedem Orte und zu jeder Zeit werden sich Umstände auffinden lassen, die man zu Ursachen des Lebensüberdrusses machen kann. In unserer Zeit könnten z. B. die materialistische Weltauffassung, die politisch-sociale Zerrissenheit, die Ueberfüllung vieler Berufe, die Strenge der Prüfungen und vieles andere angeschuldigt werden. In den alten Zeiten konnten die Kriegsnöthe, der harte Druck der Herrschaft, die religiösen Verfolgungen dieselbe Rolle spielen u. s. f. Das Wesentliche ist eben das, dass der normale Mensch in guten und in schlechten Zeiten am Leben festhält, dass die erste Bedingung des Taedium vitae in des Menschen Innerem, in einer mitgebrachten abnormen Beschaffenheit liegt. Alle von Goethe betonten Umstände sind nur Gelegenheitursachen. Der Einfluss der englischen Literatur war doch vielfältig. Goethe selbst sagte später, dass Goldsmith und Sterne gerade im Hauptpunkte der Entwickelung durch hohe wohlwollende Ironie, Billigkeit und Sanftmuth bei allem Wechsel ihn aufs löblichste erzogen haben. Gewiss haben Hamlet und Ossian die ihnen zugeschriebene Bedeutung gehabt, aber dafür haben wir unsere pessimistische Literatur. Das bürgerliche Leben ist in gewissem Sinne immer langweilig. Dafür, dass in Goethes Jugendzeit seine Bedingungen besonders drückend gewesen wären, liegt gar kein Beweis vor. Im Gegentheile war es eigentlich eine heitere, freundliche, hoffnungsfreudige Zeit, in der die Gegensätze mehr als sonst gemildert waren, und jedem Tüchtigen der Weg offen stand. Goethe erkennt dies ja an andern Orten ausdrücklich an. Niemand ahnte damals die Unmasse des Hasses, die Widerwärtigkeit des politischen Treibens in unserer Zeit.

Aber auch die von Bielschowsky herangezogenen persönlichen Verhältnisse Goethes scheinen mir hier nicht in Betracht zu kommen. Die häuslichen Spannungen nahm Goethe offenbar nicht allzu ernst; die Zukunft eines Frankfurter Rechtsanwaltes mochte ihn nicht locken, aber er war ja nicht gebunden; von Unbefriedigung in seinen künstlerischen Bestrebungen kann man am Beginne der Laufbahn nicht reden. Die einzige stichhaltige Gelegenheitursache scheint die hoffnungslose Neigung zu Lotten zu sein. Jedoch Goethe selbst nennt sie, sowohl wenn er von sich, wie wenn er von Werther spricht, nur als eins unter anderen.*) Mit den Faustgefühlen hat es ja seine Richtigkeit, aber sie sind Symptom, nicht Ursache.

Etwas auffallend ist es, dass sich in den Briefen aus der Jugendzeit die pessimistischen Gedanken und der Lebensüberdruss viel weniger bemerklich machen, als bei der retrospectiven Betrachtung. Abgesehen von der Erwähnung der „hängerlichen Gedanken" auf dem Canapé kommt eigentlich nur eine Stelle aus einem

---

*) Als Goethe das Schema zu seiner Biographie entwarf, schrieb er sich Stichworte auf. Am 23. 3. heisst es im Tagebuche: „Abschied von Wetzlar, Reise nach Coblenz." Am 24. 3.: „Frl. v. Klettenberg. Krankheit. Herrnhuter." Am 14. 4.: „Taedium vitae." Der Name Lotte wird überhaupt gar nicht genannt.

Der Lebenslauf.

Briefe an Kestner in Betracht: „Werther muss — muss sein! — Ihr fühlt ihn nicht, ihr fühlt nur mich und euch, und was ihr angeklebt heisst — und trutz euch — und anderen — eingewoben ist — Wenn ich noch lebe, so bist du's, dem ich's danke, bist also nicht Albert — Und also —" Man muss wohl annehmen, dass der junge Goethe seine Verstimmung mit richtigem Gefühle geheim gehalten habe, und dass es sich nicht um eine dauernde Verstimmung gehandelt habe, sondern um Anfälle von Missmuth, zwischen denen alle anderen Stimmungen Platz hatten. Auf jeden Fall kann man gegenüber den bestimmten Erklärungen Goethes aus späterer Zeit an der Existenz des Taedium vitae nicht zweifeln. In Erinnerung an den Kaiser Otho wählte Goethe einen scharfen Dolch aus, und er versuchte vor dem Einschlafen, ob er die Willenskraft habe, ihn langsam in die Brust einzusenken. Wie oft er es gethan hat, sagt er nicht. „Da dieses aber niemals gelingen wollte, so lachte ich mich zuletzt selbst aus, warf alle hypochondrischen Fratzen hinweg und beschloss zu leben." Bekanntlich sieht Goethe in dem Niederschreiben des Werther, den er nach langer innerer Vorbereitung in vier Wochen „ziemlich unbewusst, einem Nachtwandler ähnlich" abgefasst hat, die endgültige Katharsis von Pessimismus und Taedium vitae. Das ist gewiss ebenso richtig wie das, dass Goethe im Werther einen Höhepunkt seines dichterischen Schaffens erreicht hat, dass das ergreifendste Geschenk seiner Muse eben aus der krankhaften Verstimmung heraus gegeben wurde.

Mit der Wertherstimmung war das geistige Fieber nicht erloschen, das das Aufblühen des Dichtergeistes begleitete. Langsam nahm dieses in den nächsten Jahren ab. Immer von neuem flackerte es auf. Die Liebe zu Lili und die aus ihr erwachsenden Aufregungen steigerten die Unruhe. Aber allmählich glätten sich die Wogen. Goethe selbst empfand diese Beruhigung als Wohlthat. Wie alle Einwirkungen auf den Erregten die Erregung steigern, so sucht der beruhigte Geist das ihm Zusagende auf. Dann glaubt man wohl, der äusseren Einwirkung die Beruhigung zuschreiben zu sollen, die eben Ursache davon war, dass diese Einwirkung möglich wurde. „Wie man zu sagen pflegt, dass kein Unglück allein komme, so lässt sich auch wohl bemerken, dass es mit dem Glück ähnlicherweise beschaffen sei, ja auch mit anderen Umständen, die sich auf eine harmonische Weise um uns versammeln; es sey nun, dass ein Schicksal dergleichen auf uns lege, oder dass der Mensch die Kraft habe, das was zusammengehört, an sich heranzuziehen. Wenigstens machte ich diesmal die Erfahrung, dass alles übereinstimmte, um einen äusseren und inneren Frieden hervorzubringen." Aus Spinoza wehte ihn Friedensluft an. Er empfand sich dabei als ein Stück der nach festen Gesetzen lebenden Natur. Besonders aber erschien ihm die dichterische Thätigkeit als eine in ihm waltende Naturkraft. Goethe schildert hier in bemerkenswerther Weise, wie zu jener Zeit seine Gedichte ihm sozusagen ohne sein Zuthun, fertig vom Unbewussten geliefert wurden. „Aber am freudigsten

und reichlichsten trat sie [die Ausübung der Dichter-
gabe] unwillkürlich, ja wider Willen hervor." Man
könnte also von einem „Zwangsdichten" sprechen.
Beim Erwachen in der Nacht fiel ihm ein Liedchen
ein, und um es nicht wieder zu verlieren, rannte er an
den Pult und schrieb, ohne nur den Bogen gerade zu
rücken, das Gedicht von Anfang zu Ende in der
Diagonale herunter. „In eben diesem Sinne griff ich
weit lieber zu dem Bleistift, welcher williger die Züge
hergab: denn es war mir einigemal begegnet, dass das
Schnarren und Spritzen der Feder mich aus meinem
nachtwandlerischen Dichten aufweckte, mich zerstreute,
und ein kleines Product in der Geburt erstickte."
Scherzend fügt Goethe hinzu, er habe für solche Poesieen
besondere Ehrfurcht gehabt, weil er sich zu ihnen verhalten habe, wie die Henne zu den ausgebrüteten
Küchlein. Schopenhauer sagt, im Traume seien wir
alle grosse Dichter, und umgekehrt kann man sagen,
der wirklich grosse Dichter träume dichtend im Wachen.
Es ist ersichtlich, dass nahe Beziehungen zwischen
diesem Zustande und dem hypnotischen bestehen,
dass Goethes Ausdruck „nachtwandlerisch" eine Wahrheit ausdrückt, die noch über seine Absicht hinaus-
reicht.*)

---

*) „Da ich dieses Werklein [Wilhelm Meister], sowie meine
übrigen Sachen, als Nachtwandler geschrieben" (an Knebel, 16. 3.
1814).

Dazu ist auch Boisserées Mittheilung (1815) zu vergleichen:
„Er machte mir die Confession, dass ihm die Gedichte auf einmal und ganz in den Sinn kämen, wenn sie recht wären; dann

Die zwei Seelen.

Das Gebiet des Pathologischen wird auch bei der Lehre von den zwei Seelen betreten. Der Ausdruck, der von Wieland oder eigentlich vom Apostel Paulus herstammt, ist durch Goethe eingeführt worden und an sich hat er bei ihm gedacht. Er selbst ist Faust und Mephistopheles zugleich, Erregung und Kritik zugleich. Sehr gut schildert Hermann Grimm dieses Grundlebensfactum (wie er sich ausdrückt). „Soviel wir wissen, hat Goethe niemals etwas erlebt, das ihn vollständig hingenommen hätte. Und wenn er aufs Leidenschaftlichste erregt scheint, es bleibt ihm stets die Kraft übrig, sich im Momente selbst zu kritisiren, Erlebniss und nachfolgende Reflexion muss bei ihm stets unterschieden werden. Wenn Goethe an Frau von Stein schreibt, getrennt von ihr, einsam, die Feder in der Hand, empfindet er heftiger als neben ihr. Erst indem er reflectirt, kommt die volle Leidenschaft zum Ausbruch. Wir haben gesehen, wie sein Verhältniss zu Lotte erst dann verständlich wird, wenn wir all seine Leidenschaft in die Stunden verlegen, wo er nicht bei ihr ist." Wenn jemand im Stande ist, sich jederzeit selbst zu beobachten, so ist er einerseits sehr zum „Seelenmaler" geeignet, andrerseits aber nicht normal. Der natürliche Mensch ist bei seinen Hauptangelegenheiten „mit ganzer Seele", er giebt sich hin. Die andauernde Kritik entspricht einer Hypertrophie des

---

müsse er sie aber gleich aufschreiben, sonst finde er sie nie wieder." Auch ändere er selten etwas. Er habe über Alles Gedichte gemacht, Aerger und Kummer über tägliche Dinge, Politik u. a. sich durch Gedichte vom Halse geschafft (Sedes pp.).

Denkens und gehört zur Nervosität. Ich habe nervöse
Leute gekannt, die sich in der Brautnacht scharf beobachtet hatten und geneigt waren, gerade im Momente grösster Erregung Betrachtungen anzustellen,
die beim Tode der nächsten Verwandten neugierig auf
ihre Empfindungen waren. Dem Gesunden ist so
etwas geradezu unheimlich, er fühlt, dass das nicht
mit rechten Dingen zugeht. „In jede Gesellschaft begleitete ihn Mephisto, bei jedem Buche las er, ihm
über die Schulter sehend, mit". Jeder höherstehende
Mensch wird etwas wissen von der Spaltung seiner
Persönlichkeit in das Positive, Thätige, und das Nega-
tive, Kritische, aber normal ist die Spaltung nicht:
Höherstehen und Pathologischsein gehören zusammen.

In der Zeit der Erregung war Goethes Innere aus-
gereift. Die krankhafte Erregung war unentbehrlich
zur schönsten Entwickelung; der Dichter musste, um
das ihm gesteckte Ziel zu erreichen, wie die Liebenden
in der Zauberflöte, durch Feuer und durch Wasser
gehen. Aus dem Ueberdrusse gelangte er zu be-
wusster Lebensfreude, liebte das Leben im Guten und
im Bösen wegen des Glückes, das die Thätigkeit ge-
währt. Das schweifende Verlangen wich der Selbstbeherrschung und der Entsagung. Zu Eckermann
sagte der Greis: „Die Hauptsache ist, man lerne sich
selbst beherrschen. Wollte ich mich ungehindert gehen
lassen, so läge es wohl in mir, mich selbst und meine
Umgebung zu Grunde zu richten." Die dunkeln
Mächte waren vorläufig besiegt, aber sie waren natürlich noch vorhanden, und Goethe mag noch manchen

Kampf bestanden haben, wie er denn auf die wiederholte Wiederherstellung seiner Existenz aus sittlichem Schutte mehrfach hindeutet. Dass dieser Ausdruck etwas hyperbolisch sei, dürfen wir wohl annehmen, und sicher ist, dass soweit unsere Kenntniss reicht, der Mann Goethe uns jederzeit als fest und klar erscheint, auch in den Zeiten der Erregung.

Die fortschreitende Ernüchterung, Vertiefung und Ausweitung des Dichtergeistes während des ersten Weimarischen Aufenthaltes schildert z. B. eingehend und trotz gewisser formeller Schwierigkeiten vortrefflich Schöll in seinem Aufsatze über Goethe als Staats- und Geschäftsmann. Dazu kam der Einfluss der Frau von Stein. In dieser sah er damals den Engel, der ihn zu den Gefilden des inneren Friedens führen sollte. Das, was ihn in diesem, wie im Umgange mit Weibern überhaupt förderte, war wohl weniger die weibliche Thätigkeit als sein eigenes Thun, das aber nach seiner Eigenart eines weiblichen Objectes bedurfte. Dieses Thun, die Arbeit am Herzog und am Staat und die Naturbetrachtung waren die wichtigsten Förderer seiner Entwickelung. Man muss anerkennen, dass die äusseren Bedingungen ausserordentlich günstig waren, die Hauptsache bleibt aber doch die dem Individuum Goethe eigene Entwickelung aus inneren Gesetzen. Gewiss kann die Rose ohne Sonne und Regen nicht blühen, aber die Rosen entfalten sich doch nur auf einem Rosenstrauche.

In Goethes Mannesalter erscheint zunächst das Pathologische als gering. Seine Leidenschaftlichkeit bleibt zwar und führt gelegentlich zu Ausbrüchen, aber sie herrscht nicht. Für uns ist die Leichtigkeit, mit der auch der Mann Goethe weint, recht auffallend. Beim Nachdenken über Wilhelm Meister z. B. weint Goethe „bitterlich", über den 5. Act der Iphigenie weint er „wie ein Kind". Zu Caroline Herder sagte er, er habe vierzehn Tage vor der Abreise aus Rom täglich wie ein Kind geweint. Nun ist die Neigung zum Weinen nicht Goethe allein, sondern vielen seiner Zeitgenossen eigen. Ich muss gestehen, dass ich diese Thatsache nicht recht verstehe. Das Weinen ist doch nicht eine Sache des Willens, und kann doch nicht von der Mode abhängen. Wie kommt es, dass vor 100 Jahren Männer bei Gelegenheiten weinten, bei denen jetzt auch der Weichmüthigste keine Thräne vergiesst?*) Indessen ist Goethes Neigung zum Weinen auch seinen Zeitgenossen gegenüber auffallend ausgeprägt.

Jedoch ist Goethe recht viel krank gewesen. Im Jahre 1780 machte er eine schwere Influenza durch. Später handelte es sich theils um Erkältungskrankheiten, theils um Nierenkoliken. Besonders in den ersten Monaten des Jahres 1805 waren die Anfälle der Nierenkolik heftig und häufig, sodass im Februar der Arzt höchst bedenklich war. Im Jahre 1801 hatte Goethe angeblich eine „Blatter-Rose", eine fieberhafte Infectionkrankheit mit beträchtlichen Gehirnstörungen, die ihn

---

*) Manche Kritiker meinen, meine Erörterung sei überflüssig. Sie sollen es mit dem Weinen doch einmal versuchen.

Die infectiöse Krankheit von 1801.

in Lebensgefahr brachte, zu überstehen. Er muss dabei stark benommen gewesen sein, da die Erinnerung für 9 Tage unklar blieb. In Eckermanns Gesprächen sagt Riemer: „Aber ich erinnere mich, dass Sie (Goethe) im ersten Jahre nach meiner Ankunft schwer krank waren und in Ihrem Phantasiren mit einemmale die schönsten Verse über denselbigen Gegenstand [die Höllenfahrt Christi] recitirten. Es waren dies ohne Zweifel Erinnerungen aus jenem Gedicht Ihrer frühen Jugend". Riemer ist 1803 Hauslehrer bei Goethe geworden, man versteht demnach die Zeitbestimmung nicht recht, da 1804 eine schwere Krankheit Goethen nicht betroffen hat. Es handelt sich um die Krankheit von 1801, von der Christiane Riemern erzählt hatte. Diese Krankheit beschreibt auch Frau von Stein. Man wird aber ihren Bericht mit einiger Vorsicht aufnehmen, wie es bei Berichten von Damen über Beobachtetes immer sein muss. Am 12. Januar 1801 schreibt sie: „Es ist ein Krampfhusten und zugleich die Blatterrose; er kann in kein Bett und muss immer in einer stehenden Stellung erhalten werden; sonst will er ersticken. Der Hals ist verschwollen, so wie das Gesicht, und voller Blasen inwendig; sein linkes Auge ist ihm wie eine grosse Nuss herausgetreten und läuft Blut und Materie heraus; oft phantasirt er, man fürchtete eine Entzündung im Gehirn, liess ihm zur Ader, gab ihm Senffussbäder, darauf bekam er geschwollene Füsse und schien etwas besser." Am 14. schreibt sie: „Mit Goethe geht es besser; doch muss der 21. Tag vorüber sein, bis dahin könnte ihm noch etwas zustossen, weil ihm die Entzündung etwas am Kopf und am Zwergfell geschadet hat. Gestern hat er mit grossem Appetit Suppe gegessen, die ich ihm geschickt habe. Mit seinem Auge soll es auch besser gehen; nur ist er sehr traurig und soll 3 Stunden geweint haben; besonders weint er, wenn er den August sieht."

Am 17. Februar 1823 war Goethe von „einer Entzündung des Herzbeutels" befallen worden. Es heisst: „Am 17. Februar befiel ihn eine Entzündung des Herzbeutels, und wahrscheinlich auch eines Theils des Herzens, wozu sich noch eine Entzündung der Pleura gesellte, die ihn im Verlaufe der nächsten Woche an den Rand des Grabes brachte. Der 24. Februar war der Tag der Entscheidung." Die Aerzte befürchteten das Schlimmste. Er selbst sagte zu ihnen am 25.: „Probirt nur immer, der Tod steht in allen Ecken und breitet die Arme nach mir aus, aber lasst Euch nicht stören." Am Tage darauf trat die Besserung ein. Goethe erholte sich sehr rasch, scherzte mit den Aerzten und pries die Wirkungen des Arnica-Extractes. Am 26. Februar schrieb der Sohn: „Wir hoffen, die starke und gute Natur des Vaters, welche ihn in seinem hohen Alter diese bedeutende Krankheit überstehen liess, werde auch die etwaigen Folgen (Wassersucht, wovon sich bedenkliche Vorboten zeigten) überwinden helfen." Inwieweit die Diagnose gerechtfertigt war, das muss man dahingestellt sein lassen. Das Gleiche gilt von einem im Herbste des gleichen Jahres auftretenden „Brustfieber". Im November erkrankte Goethe an einem quälenden Husten, der ihm das Reden erschwerte und mit Schmerzen in der Herzgegend verbunden war. In der 2. Hälfte des Monats wurde der Zustand schlechter, man befürchtete „Brustwassersucht". Goethe erholte sich merkwürdig rasch. Am 14. December war er ganz munter. Nach dieser Krankheit (vielleicht handelte es sich im Frühjahr. um linkseitige Pleuritis, im November um vorwiegend nervöse Störungen) erschien Goethe als deutlich gealtert. Er blieb seitdem viel zu Haus, verliess oft lange sein Zimmer nicht und war gegen die Schwankungen der Witterung sehr empfindlich. Auch Verdauungsbeschwerden machten ihm oft Noth. Er sagte zu Eckermann: „Es ist unglaublich, wie viel der Geist zur Erhaltung des Körpers vermag. Ich leide oft an Beschwerden des Unterleibes, allein der geistige Wille und die Kräfte des oberen Theils halten mich im Gange. Der Geist muss nur dem Körper nicht nachgeben!*) So arbeite ich bei hohem Barometerstande leichter als bei tiefem; da ich nun dieses weiss, so suche ich bei tiefem Barometer durch grössere Anstrengung die nachtheilige Einwirkung aufzuheben und es gelingt mir." Dr. Vogel bestätigt die Häufigkeit der Verdauungstörungen und meint, Goethe habe eben oft zu viel gegessen und Diätfehler begangen. Im

---

*) Goethe hielt überhaupt sehr viel vom Einflusse des Willens. Er sagte 1829 zu Eckermann: „Ich kann aus meinem eigenen Leben ein Factum erzählen, wo ich bei einem Faulfieber der Ansteckung unvermeidlich ausgesetzt war und wo ich bloss durch einen entschiedenen Willen die Krankheit von mir abwehrte." Wann? Während der Campagne?

Jahre 1829 hatte Goethe eine Augenentzündung, die ihn längere Zeit am Lesen hinderte. Die Angabe, dass Vogel „mir nicht gestatten will, vor 4—5 Wochen meine noch immer entzündete Netzhaut in Versuchung zu führen", beruht natürlich auf falscher Auffassung.

Mitte November 1830 erfuhr Goethe, dass sein Sohn in Rom gestorben sei. Er nahm die Nachricht gefasst entgegen und verschloss den Kummer in sich, sprach kein Wort darüber. Wie er am 10. December an Zelter schreibt, drückte ihn das Aussenbleiben des Sohnes heftig und widerwärtig. Er arbeitete mit Gewalt am 4. Bande von Wahrheit und Dichtung. „Soweit nun bracht' ich's in 14 Tagen, und es möchte wohl kein Zweifel sein, dass der unterdrückte Schmerz und eine so gewaltsame Geistesanstrengung jene Explosion, wozu sich der Körper disponirt finden mochte, dürften verursacht haben. Plötzlich, nachdem keine entschiedene Andeutung, noch irgend ein drohendes Symptom vorausging, riss ein Gefäss in der Lunge und der Blutauswurf war so stark, dass das Schlimmste zu erwarten war, dass, wäre nicht gleich und kunstgemässe Hülfe zu erhalten gewesen, hier wohl die ultima linea rerum sich würde hingezogen haben." Auch Eckermann berichtet über diesen Zufall (am 30. November 1830). „Goethe setzte uns vorigen Freitag [den 26. November] in nicht geringe Sorge, indem er in der Nacht von einem heftigen Blutsturz überfallen wurde und den ganzen Tag nicht weit vom Tode war. Er verlor, einen Aderlass mit eingerechnet [das war offenbar die "kunstgemässe" Hülfe], sechs Pfund

Blut, welches bei seinem achtzigjährigen Alter viel sagen will. Die grosse Geschicklichkeit seines Arztes, des Hofrath Vogel, verbunden mit seiner unvergleichlichen Natur, haben jedoch auch diesmal gesiegt, sodass er mit raschen Schritten seiner Genesung entgegengeht, schon wieder den besten Appetit zeigt und auch die ganze Nacht wieder schläft."

Die Angabe, dass Goethe sechs Pfund Blut verloren habe, dürfte übertrieben sein, denn das ginge an die Grenze der Verblutung, und die rasche Erholung des Greises würde nicht verständlich sein. Blutverluste werden gewöhnlich überschätzt, theils wegen der Aufregung der Leute, theils wegen der starken Färbekraft des Blutes, die Wasser und etwas Blut in einem Gefässe als reines Blut erscheinen lässt. Vogel sagt denn auch nur, bei dem „Lungenblutsturze" seien etwa 2 Pfund Blut durch Aderlässe entzogen worden, „nachdem schon zuvor das bis zum Ersticken stromweise aus den geborstenen, bedeutenden Blutgefässen durch den Mund fliessende Blut ein tiefes und weites Waschbecken halb angefüllt hatte." Vor dem Aderlasse habe der Puls nur 50 mal in der Minute geschlagen und „eine wahre Holzhärte" gezeigt.

Woher kam das Blut? Wir stehen hier wieder vor ähnlichen Schwierigkeiten wie bei der Leipziger Blutung. Es wird sich wohl, wie damals schon bemerkt wurde, um eine Blutung aus dem alten Krankheit-Herde in der Lunge gehandelt haben.

Dass die Aufregung und die Blutung zufällig zusammengetroffen seien, wird man nicht annehmen dürfen, vielmehr scheint Goethes Ansicht über den Zusammenhang ganz zutreffend zu sein. Wir sehen hier wieder, wie mächtig Gemüthsbewegungen auf Goethe wirkten, und verstehen seine Angst vor traurigen Nachrichten und traurigen Eindrücken überhaupt. Andererseits bewundern wir die Stärke seiner Natur und seines Willens, durch die er trotz aller Erschütterungen aufrecht, arbeitkräftig und heiter blieb. Er hat viel durchmachen müssen: Der Tod der Eltern ist ja das Natürliche, der frühe Tod der Schwester aber war schmerzlich, mehrere Kinder musste er früh begraben, die Frau starb ihm früh und auf grausame Weise, die jüngeren Freunde, Schiller und der Grossherzog, wurden ihm entrissen, Leben und Tod des Sohnes brachten ihm Leiden. „Vorwärts über Gräber!" schrieb er an Zelter.

Bei dem Greise Goethe treten manche Eigenschaften hervor, die der junge Goethe mit einer gewissen Verwunderung am eigenen Vater bemerkt hatte: die Neigung zu lehrhaften Gesprächen, eine gewisse pädagogische Hartnäckigkeit, der Sammeleifer, ein etwas übertrieben steifes, würdevolles Wesen. Das letztere betrachtete Goethe selbst als Maske, die er willkürlich vornehme. Aber es steckte offenbar tiefer, als er selbst meinte. Ueber die letzten Jahre hat Vogel eingehende Mittheilungen gemacht. Er nennt von Gebrechen des Alters: Steifheit der Glieder, Mangel an Gedächtniss für die nächste Vergangenheit, zuweilen beobachtete Unfähigkeit, das Gegebene in jedem Augenblicke mit Klarheit schnell zu übersehen, Schwerhörigkeit. Gesicht, Geruch, Geschmack und Gefühl seien bis zum Tode sehr fein und scharf geblieben. Der alte Goethe hatte nie Kopfschmerzen, er erfreute sich eines guten Schlafes. Gewöhnlich schlummerte er den Tag über einigemal auf kurze Zeit und dann abends von 9 Uhr an, ohne leicht vor fünf Uhr wieder munter zu werden. Habe er den Kopf voll gehabt, so sei er zuweilen nachts erwacht und habe dann seinen Gedanken nachgehangen. Schlechter Schlaf ohne solche Veranlassung habe ihn ungehalten gemacht, und dann habe es sich meist um Stuhlverstopfung gehandelt. Von Arzneimitteln habe Goethe das Bilsenkraut-Extract geliebt, weil es ihm erquicklichen Schlaf mit ergötzlichen Träumen verschaffte. Er scheint überhaupt viel medicinirt zu haben. Den häufigen Verdauungsstörungen habe man täglich mit Pillen aus Asa foetida, Rharbarber und Jalappenseife, sowie durch Clystire begegnet. Alle Mittel wirkten schon in kleinen Dosen. In den letzten 6 Jahren sei Goethe gesünder gewesen, weil Vogel seinem eigenmächtigen Mediciniren ein Ende gemacht habe. So habe Goethe, weil der Kreuzbrunnen ihm einige male gut bekommen, davon Jahr aus Jahr ein täglich getrunken, im Jahre über 400 Flaschen. In den letzten Lebensjahren seien wegen des Mangels an ausgiebiger Körperbewegung „Vollblütigkeiten, welche starke künstliche Blutentleerungen, Aderlässe, von Zeit zu Zeit ·dringend erheischten", eingetreten. Als besondere Eigenthümlichkeiten Goethes erwähnt Vogel noch, dass er eingeschlossene Zimmerluft liebte, wie Schiller den Geruch faulender Aepfel, dass er höchst reizbar bei Unordnung in seinem Zimmer war, z. B. es nicht duldete, wenn ein Buch auf dem Tische schief lag, dass er es nicht leiden konnte, wenn ein Anderer das Licht putzte.

Auf diese Weise zahlte Goethe dem Alter seinen Zoll. Aber wenn man von diesen kleinen Zügen absieht, ist Goethes Greisenalter der glänzendste Beweis für die ungeheure Stärke seiner Natur. Niemals empfindet man so deutlich, welche Fülle des Lebens in diesem Manne lag, als wenn man die unermüdliche Arbeit, den unersättlichen Lerneifer des klaren und heiteren Greises betrachtet. Er war ein Mensch und musste alt werden, musste deshalb die geistige Zeugungskraft verlieren und an Gedanke und Wort ebenso das Alter erkennen lassen wie an Haut und Haar, aber trotz alledem brannte in dem Greise ein Feuer, um das ihn jeder Jüngling beneiden könnte. Goethes Faust ist schlechtweg ein Wunder. Der Urfaust stammt aus der Zeit der Gärung; leidenschaftliche Erregung beherrscht ihn, pessimistische Neigungen, ungestümer Wissensdrang in den ersten Scenen, höchste Poesie in den Gretchen-Scenen. Dem Urfaust verdankt der spätere Faust seine Macht über die Geister, durch ihn wird das Stück zum Führer und zum Ideal der Jugend. Erreichen auch die Theile des Faust, die der reife Mann und dann der Greis Goethe geschrieben hat, die hinreissende Gewalt des Jugend-Faustes nicht, so gehören sie doch zu dem Schönsten, was der Menschengeist hervorgebracht hat. Gerade die Beiträge des Greisenalters sind zum grössten Theile unschätzbar durch die vollendete Form einerseits, durch Weisheit und Frömmigkeit andererseits. Wann hat ein achtzigjähriger Mann so etwas geschrieben? Psychologisch genommen muss die Verwunderung über die Leistungen des Greises fast noch grösser sein als über die des Jünglings.

In unablässigem Arbeiten und Lernen überraschte Goethen der Tod. Am 15. März 1832 zog er sich eine Erkältung zu. Am 16. fand ihn Dr. Vogel „einigermaassen verstört", er wurde durch die Mattigkeit und Trägheit der sonst immer hellen und raschbewegten Augen betroffen. Der Arzt meldete der Grossherzogin, Goethe leide an einem Katarrhalfieber, und das Ganze sei etwas bedenklich. Jedoch befand sich der Patient in den nächsten Tagen viel besser. Goethe pries in einem launigen Sermon den Goldschwefel, der ihm sehr wohl gethan habe. Aber in der Nacht vom 19. auf den 20. März trat ein Anfall von Angina pectoris ein: Schmerz in der Brust, Athemnoth, heftige Angst. Als am Morgen der Arzt gerufen wurde, war der Kranke in grosser Unruhe, die Angst trieb ihn in jagender Hast bald in's Bett, bald auf den Lehnstuhl, die Zähne klapperten vor Frost, der Schmerz zwang zum Stöhnen und Schreien, die Gesichtszüge waren verzerrt, das Antlitz aschgrau, die Augen tief eingesunken, trübe, der Blick drückte die grässlichste Todesangst aus, der ganze Körper triefte von Schweiss, der schnelle härtliche Puls war so rasch, dass er kaum gezählt werden konnte. Nach $1^{1}/_{2}$ Stunde trat Erleichterung ein. Nach diesem Anfalle hat Goethe nicht

mehr gelitten. Er blieb im Lehnstuhle, war heiter und
besonnen. Das gute Befinden dauerte bis zum 21.
März, 11 Uhr vormittags. Der Kranke collabirte dann,
wie die Aerzte sagen, d. h. er wurde unbesinnlich, die
Hände wurden kühl, es trat Schweiss ein, der Puls
wurde klein und rasch, es begann in der Brust zu
rasseln. Das Sterben dauerte etwa vierundzwanzig
Stunden. Goethe sass still im Stuhle, das Haupt nach
links geneigt, zuweilen sprach er im Traume, auf Fragen
antwortete er mehrmals deutlich. „Er schien von den
Beschwerden der Krankheit kaum noch etwas zu empfinden, sonst würde er bei der ihm eigenthümlichen
Unfähigkeit, körperliche Uebel mit Geduld zu ertragen,
mindestens durch unwillkürliche Aeusserungen, seine
Leiden zu erkennen gegeben haben." Nach Ansicht
Vogels hat Goethe kein Vorgefühl des Todes gehabt.
Ueber die letzten Stunden giebt Coudray ausführlichen
Bericht. Um 9 Uhr früh wurde der Kranke etwas
lebhafter, verlangte Wasser mit Wein, richtete sich
allein auf, fasste das Glas und trank es aus. Er verlangte Licht, hielt aber dann die Hand vor die Augen,
sodass man ihm seinen Augenschirm aufsetzte. Er
rief den Copisten Zahn, liess sich von ihm und dem
Diener aufrichten und fragte stehend nach dem Datum.
Als er hörte, es sei der 22. März, sagte er: „Also hat
der Frühling begonnen und wir können uns dann um
so eher erholen". Dann sass er wieder im Stuhle,
hielt die Hand der auf dem Bette sitzenden Schwieger-
tochter und phantasirte. Er sprach von Farben, von
einem Lockenkopfe, verlangte mit der Hand hinweisend

eine Mappe. Als ihm der Diener ein Buch reichte, antwortete er: „Nicht das Buch sondern die Mappe“, auf des Dieners Bemerkung, es sei keine da: „Nun, so war's wohl ein Gespenst“ [d. h. Nachbild, im Sinne der Farbenlehre]. Um 10 Uhr verlangte er zu essen, nahm ein paar Stückchen, trank etwas, bestellte das Mittagsessen und für den Sonnabend [d. 24.] Dr. Vogels Lieblingsgericht. Als er jetzt wieder aufgerichtet wurde, schwankte er hin und her und musste gleich wieder niedergesetzt werden. Er phantasirte wieder: „Warum hat man Schillers Briefwechsel hier liegen lassen?“ Gleich nachher rief er dem Diener: „Macht doch den Fensterladen im Schlafgemach auf, damit mehr Licht herein komme.“ „Dies waren seine letzten Worte (sagt der damals anwesende Coudray). Abermals einschlummernd, blieb sein Geist in Thätigkeit, denn er fing nun an, mit dem mittleren Finger seiner aufgehobenen rechten Hand in die Luft drei Zeilen zu schreiben, welches er bei sinkender Kraft immer tiefer und zuletzt auf dem seine Schenkel bedeckenden Oberbett öfters wiederholte. Den Anfangsbuchstaben dieser Schrift erkannten wir für ein grosses W, im Uebrigen aber vermochten wir nicht die Züge zu deuten.“ Nach 11 Uhr bemerkte Coudray, dass die Hände blau wurden, die Augen gebrochen waren. Die Athemzüge wurden immer seltener und hörten $\frac{1}{2}$1 Uhr auf. Mit Coudrays Bericht stimmt der Vogels ganz überein. Die letzten Worte hat dieser nicht gehört, da er hinausgegangen war. Auch er hat das W erkannt (nur soll nach ihm Goethe den rechten Zeigefinger benutzt haben) und „Interpunctionszeichen“. Alle anders lautenden Berichte scheinen von Ottilie Goethe ausgegangen zu sein, und müssen mit der allergrössten Vorsicht aufgenommen werden. Das gilt von dem geheimnissvoll klingenden Rufe „Mehr Licht“. Das gilt von den Angaben der Frau von Gustedt. Diese sagt: Das bekannte Wort „Mehr Licht“ (?) mag er wohl gesagt haben, klar und deutlich aber sprach er seine letzten Worte: „Nun kommt die Wandlung zu höheren Wandlungen.“ Frau v. Gustedt, die übrigens eine sehr verständige Dame war, kann das nur von Ottilie haben. Sollte der Satz von der Wandlung nicht durch verwandtschaftliche Erregung aus dem in die Luft geschriebenen W herausgedeutet sein? Dass „die Angehörigen“ etwas stark erregt waren, geht aus den Aussagen der Frau v. Gustedt hervor, sie hätten Trauermusik ohne eine nachweisbare Ursache gehört, und in der Zeit nach dem Tode wäre es mittags im Parkgarten nicht geheuer gewesen, man hätte dort „eine spukhafte Stille, die entsetzliches Angstgefühl erzeugte“, beobachtet. Frau v. Gustedt selbst hat nichts Unheimliches bemerkt. In der Todesanzeige, die Ottilie Goethe versandte, und die Holtei mittheilt, heisst es: Goethe sei „nach kurzem Krankseyn am Stickflusse in Folge eines nervös gewordenen Katarrhalfiebers“ gestorben. Wir würden sagen, er starb, weil bei der letzten katarrhalischen Erkrankung sein Herz erlahmte.

2. Die Periodicität.

Wegen der Bewegungen der Erde ist das ganze irdische Leben periodisch. Wir haben die Jahreszeiten, die Mondzeiten und die Tageszeiten; nach ihnen richtet sich pflanzliches und thierisches Leben. Nicht nur das Thun der Thiere, sondern auch ihre Beschaffenheit ist oft nach der Zeit verschieden: Sommer- und Winterkleid, Fülle und Abmagerung. Beim Menschen scheinen, abgesehen vom Schlafen und Wachen, die irdischen Perioden ohne grossen Einfluss zu sein, jedoch ist in gewissem Grade sein geschlechtliches Leben periodisch, denn nicht nur die Weiber haben, wie man sagt, ihre „Periode", sondern auch beim Manne ist wahrscheinlich eine Wellenbewegung nachzuweisen. Aber der gesunde Mann weiss von ihr nichts, und sein Inneres wird von ihr in wahrnehmbarer Weise nicht verändert. Auch beim Weibe kann man sagen, dass, je gesünder sie ist, um so weniger die periodischen Vorgänge auf ihren geistigen Zustand einwirken. Man kann geradezu die Stetigkeit als Kennzeichen des gesunden Menschen ansehen: Der Mensch

Die Periodicität.

verändert sich mit dem Alter, die Lebhaftigkeit und die Beeinflussbarkeit der Jugend weichen mit den Jahren grösserer Festigkeit und Stille, aber immer herrscht eine ruhig-heitere Stimmung, sofern nicht gerade äussere Einwirkungen Zorn, Trauer oder · Aehnliches hervorrufen. Merkwürdigerweise spielt im Krankhaften das Periodische eine grosse Rolle. Nicht nur treten viele im engeren Sinne körperliche Krankheiten in Anfällen auf (z. B. die Epilepsie und die Migräne), sondern gerade im Geistigen ist der unmotivirte Wechsel das eigentliche Kennzeichen des Pathologischen. Die häufigste aller eigentlichen Geisteskrankheiten ist das sogenannte periodische Irresein. Ist es vollständig entwickelt, so besteht das Leben des Kranken aus einem Wechsel zwischen Hemmung und Traurigkeit (Melancholie) einerseits, übermässiger Erregung (Manie) andererseits. In anderen Fällen schieben sich zwischen anscheinend gesunde Zeiten mehr oder weniger langdauernde Anfälle von Melancholie oder von Manie, oder von beiden. Es herrscht da die grösste Mannigfaltigkeit, aber trotz der Verschiedenheit der Formen bleibt doch immer das, dass Zeiten krankhafter Stimmung auftreten. Nun ist zwischen der deutlichen Krankheit und der Gesundheit ein weites Feld, und viele Stufen führen von dem einen Zustande zu dem anderen. Es wäre nicht empfehlenswerth, einen sogenannten Stimmungsmenschen geisteskrank zu nennen, wenigstens würde er es übel nehmen, aber die Verwandtschaft zwischen dem unmotivirten Stimmungswechsel und dem periodischen Irresein kann kein

Denkender ableugnen. Sieht man genauer zu, so bemerkt man bei manchen Stimmungsmenschen grössere
Schwankungen, die mit einer gewissen Regelmässig-
keit eintreten. Manchmal kehren sie während des
ganzen Lebens wieder, manchmal nur während eines
Abschnittes davon, aber fast immer bleibt ihr Charakter
derselbe, d. h. wenn die Melancholie überwiegt, sind
alle Anwandlungen so gefärbt, wenn die Erregung die
Hauptsache ist, kommt immer Erregung. Von eigentlicher Melancholie führen Uebergänge zur grundlosen
Verstimmung, Willenlosigkeit, Gehemmtheit, wie sie
der einfach Nervöse kennt. Ebenso ist es mit der
Manie. Der im engeren Sinne Maniakalische hüpft
und springt, lacht und schreit, oder zürnt und zer-
schlägt. Häufiger aber ist die sogenannte Hypomanie.
Dabei sind die Patienten auffallend heiter und thätig,
sie sehen alles von der guten Seite an, hoffen das
Beste, machen Pläne, lassen sich in Unternehmungen
ein, schreiben viele Briefe, sind unermüdlich bei ihren
Gängen und Besprechungen. Ist die Erregung nicht
zu stark, so verändert sie den Menschen durchaus zu
seinem Vortheile, macht ihn fleissig, entschlossen,
witzig u. s. w. Natürlich ist das Bild auch danach
verschieden, auf welcher geistigen Höhe der Mensch
steht: Ein gewöhnlicher Mensch wird in der Erregung
mehr leisten als sonst, aber doch immer nur Gewöhn-
liches. Für den Hochbegabten jedoch werden die
Zeiten der Erregung zu Schaffenszeiten, in denen ihm
Dinge gelingen, die auch er sonst nicht fertig bringt,
und die, wie sie aus einem rauschähnlichen Zustande

entstanden sind, auch wieder berauschend wirken. Gerade wegen der werthvollen Ergebnisse sind Viele geneigt, den Zusammenhang solcher Schaffenszeiten mit dem Krankhaften zu bestreiten, es ist aber eine petitio principii, wenn vortheilhaft und gesund, schlecht und krank so zusammengelegt werden, als müsste jede Abweichung von der Norm nach jeder Richtung hin nachtheilig sein. Die Erfahrung zeigt eben, dass in Ausnahmefällen auch das Krankhafte Vorzüge haben kann, wobei immer noch ins Ganze gerechnet der Nachtheil grösser sein könnte. Was schliesslich herauskommt, das wird sich ja zeigen, auf jeden Fall aber haben wir nicht von vorgefassten Begriffen auszugehen, sondern die Zusammenhänge des Wirklichen zu verfolgen. Finden wir bei einem geistig hochstehenden Menschen Perioden der Erregung, so müssen wir fragen, inwieweit ähneln diese Perioden denen, die wir sonst beobachten, die wir schon aus der ärztlichen Erfahrung kennen. Da ist zuerst die regelmässige Wiederkehr. Kommt die Erregung nach gleichen Zeiten wieder, sagen wir jedesmal nach 7—8 Jahren, so zeigt doch schon diese Art von Periodicität, dass ein psychologisches Verständniss nicht zu erwarten ist. Dauert sie jedesmal ungefähr gleich lang an, so kehrt dieselbe Erwägung wieder. Aus der ärztlichen Erfahrung wissen wir, dass Depression und Erregung zusammengehören, dass wenigstens die eine in die andere ausklingt, oder von ihr eingeleitet wird. Gehen also den productiven Zeiten solche der Unlust und Unfruchtbarkeit voraus, oder folgt Verdüsterung, Unthätigkeit nach, so haben wir wieder den Zwang der Analogie. Endlich ist uns bekannt, dass die pathologische Erregung allgemein ist, d. h. dass die meisten Triebe erregt zu sein scheinen, nicht nur, dass die Leute mehr reden, sondern auch, dass es ihnen besser schmeckt, dass sie geschlechtlich erregt sind. Finden wir bei den Schaffenden ähnliche Zustände, sehen wir, dass nicht etwa ein Gedanke oder ein Erlebniss den Menschen in Feuer setzt, dass vielmehr von unten her ein Feuer sein ganzes Wesen wärmt, derart, dass es sich in allen Provinzen regt, so kann man schliessen: quod erat demonstrandum.

Sieht man sich Goethes Leben genauer an, so bemerkt man bald, dass von der gleichmässigen Ruhe, die oberflächliche Beobachter ihm gern zuschreiben, nicht viel zu finden ist, dass fortwährend die Stimmung wechselt, dass Zeiten der Erregung und Zeiten der Trockenheit vorkommen. Es ist nicht ganz leicht, sich dabei zurechtzufinden. Als die wichtigsten will ich die großen Schwankungen zuerst besprechen. Ich gebe zunächst meine frühere Darstellung der Sache wieder, die als Einführung ganz wohl zu brauchen ist, ich muss aber diesmal noch Einiges hinzufügen.

Es ist unverkennbar, dass die Zustände dichterischer Erregung bei Goethe an die Zustände krankhafter Erregung erinnern. Der erste Erregungzustand Goethes begann in Frankfurt, endete in Weimar. Ihm folgte die lange Zeit zunehmender Klarheit und Stille. Inwieweit kürzere Perioden der Erregung eingeschoben sind, das soll später besprochen werden. Im Weiteren müssen wir uns an zwei Merkmale halten, die Wiederkehr der „Herzenspoesie"*) und die erotischer Erregung; beides hängt auf's Engste zusammen. Demnach ist es unverkennbar, dass beim zweiten römischen Aufenthalte eine neue Erregung beginnt und in Weimar eine Zeit lang fortdauert: Faustina, die schöne Mailänderin, Christiane Vulpius; die römischen Elegieen und verwandte Gedichte. Man könnte glauben, dass man die Jahre 1796—97 (Balladen, Hermann und Dorothea) hier zu nennen habe. Ein neuer „Dichterfrühling" war es ja, aber Herzens-Erregung fehlte, und Goethe selbst hatte nicht das Gefühl des Hingerissenseins.**) Von 1798—1807 ist nichts von Herzens-Erregung zu verspüren, vielmehr deutet die Neigung zum Aesthetisiren, Antikisiren und zur Naturwissenschaft auf eine gewisse Trockenheit hin. Aber 1807—8 tritt eine „Verjüngung" ein: Minchen Herzlieb, Silvia von Ziegesar, Sonnette, Wahlverwandtschaften. Dann ähneln Stimmung und Beschäftigung wieder der Zeit vorher. Erst 1814 kehrt der Frühling zurück, und diese Divan-

---

*) „Liebesgedichte habe ich nur gemacht, wenn ich liebte".

**) In einem Gespräche mit Soret sagte Goethe, er habe die Balladen niedergeschrieben, weil Schiller immer etwas für die Horen brauchte. Er habe es ungern gethan, da er die Gegenstände längst als angenehme Träume in sich gehegt habe. „Zu anderen Zeiten, fuhr er fort, ging es mir mit meinen Gedichten gänzlich anders. Ich hatte davon vorher durchaus keine Eindrücke und keine Ahnung, sondern sie kamen plötzlich über mich und wollten augenblicklich gemacht sein, sodass ich sie auf der Stelle instinctmässig und traumartig niederzuschreiben mich getrieben fühlte."

Periode überzeugt uns ganz besonders davon, dass es sich hier nicht um einen zufälligen Wechsel handelt, dass vielmehr ein organischer Prozess zu Grunde liegt. Die Biographen Goethes suchen die eigenthümliche Veränderung des 65jährigen Mannes psychologisch zu erklären. Ich will alle ihre Gründe: Anregung durch „Dichtung und Wahrheit" u. s. w., gelten lassen, aber sie reichen nicht aus. Es ist, als ob ein poetischer Springquell sich ergösse, am 21. Juni 1814 schreibt Goethe das erste Divan-Lied, am Ende August sind schon 30 „Gedichte an Hafis" vorhanden. Die Quelle sprudelt fort, am Ende Mai 1815 ist das erste Hundert der Gedichte vollendet. Dann folgt die Liebe zu Marianne von Willemer, und in den Suleika-Liedern erreicht Goethe eine neue Höhe. Alle die fröstelnde Poesie im antiken Gewande hat das Volk kalt gelassen, die Lieder aber aus den Zeiten der Erregung leben heute noch. Goethe selbst fühlte ganz deutlich, dass das Dichten ihn ankam wie ein Fieber, dass er zur gegebenen Zeit dichten musste, dass nach Ablauf der Erregung die Liederquelle vertrocknet war. Er sagt: „Die Lieder des Divan haben gar kein Verhältniss zu mir. Sowohl was darin orientalisch, als was darin leidenschaftlich ist, hat aufgehört in mir fortzuleben; es ist wie eine abgestreifte Schlangenhaut am Wege liegen geblieben." Verwandte Aeusserungen findet man an verschiedenen Stellen. Zu Eckermann sagt er z. B.: „Als mich vor zehn, zwölf Jahren, in der glücklichen Zeit nach dem Befreiungskriege, die Gedichte des Divan in ihrer Gewalt hatten, war ich productiv genug, um oft in einem Tage zwei bis drei zu machen; und auf freiem Felde, im Wagen oder im Gasthof, es war mir alles gleich. Jetzt, am zweiten Theil meines Faust kann ich nur in den frühen Stunden des Tages arbeiten u. s. w." Es liegt natürlich nahe, zu sagen, ja, die Liebe rief die Lieder hervor; weil Goethe dies und dies Weib kennen lernte, ergoss er seine Gefühle in die Lieder. Indessen trifft der Einwurf nicht das Rechte. Hübsche junge Mädchen und Frauen hat Goethe immer in seiner Nähe gehabt. Aber er verliebte sich nur, wenn die Zeit gekommen war. Dann aber brauchte die Erwählte keine hervorragenden Eigenschaften zu haben. Minna Herzlieb z. B. scheint so wenig den Erfordernissen entsprochen zu haben, die man bei der Liebe des Dichters annimmt, dass sehr nahe stehende Personen nie an eine Neigung Goethes zu ihr geglaubt haben. Ferner schenkte Goethe gewöhnlich seine Neigung einigen weiblichen Personen; fast alle, die sich seiner Liebe erfreut haben, bilden Gruppen. „Es ist eine sehr angenehme Empfindung, wenn sich eine neue Leidenschaft in uns zu regen anfängt, ehe die alte noch ganz verklungen ist." Lotte Buff und Maximiliane la Roche, Lili und Frau von Stein, die Mailänderin und Christiane, Minna Herzlieb und Silvia von Ziegesar bilden solche Paare; bei der Stein und bei Christiane erstreckte sich die Neigung über viele Jahre, aber entstanden war das Verhältniss doch in der Erregung. (Geradezu räthselhaft ist es, dass Goethe am 5. März 1830 zu Soret sagen konnte: „Sie [Lili] war in der That die erste, die ich tief und wahrhaft liebte. Auch kann ich sagen, dass sie die letzte gewesen; denn alle kleinen Neigungen, die mich in der Folge meines Lebens berührten, waren, mit jener ersten verglichen, nur leicht und oberflächlich.") Der deutlichste Beweis aber dafür, dass nicht die schon individualisirte Liebe Ursache der poetischen Thätigkeit war, bietet uns die Entstehung des Divan. Unvermuthet fängt die Quelle der Lieder an zu fliessen, die Erregung, und mit ihr das allgemeine Liebesgefühl, ist schon vorhanden, ehe Goethe der Marianne v. Willemer näher tritt; diese wird Object der Liebe, weil Goethe in dichterischer Erregung war, nicht umgekehrt. Wäre er ihr etwa 1811 statt 1814 begegnet, so hätte sie ihn vielleicht kalt gelassen Die Wiederkehr erregter Zustände bei Goethe kann mit Recht periodisch genannt werden, und es ist bemerkenswerth, dass die Dauer des Zustandes in der Regel ungefähr dieselbe ist, an die zwei Jahre. Auch die letzte Liebe des greisen Dichters, die zu Ulrike von Levetzow, der wir die Marienbader Elegie verdanken, scheint etwa 2 Jahre gedauert zu haben. Ich möchte hier auf eine bemerkenswerthe Stelle im Berichte des Dr. Vogel (über Goethes letzte Krankheit) hinweisen. Goethe habe in den letzten Jahren darüber geklagt, dass er sich zu Arbeiten, die ihm ehemals ein Spiel gewesen, häufig zwingen müsse. „Nur der Sommer 1831 machte hierin eine Ausnahme, und Goethe versicherte damals oft, er habe sich zur Geistesthätigkeit, zumal in productiver Hinsicht, seit dreissig Jahren nicht so aufgelegt gefunden. Rühmte Goethe seine Productivität, so machte mich das stets besorgt, weil die vermehrte Productivität seines Geistes gewöhnlich mit einer krankhaften Affection seiner productiven Organe endigte. Dies war so sehr in der Ordnung, dass mich schon im Anfange meiner Bekanntschaft mit Goethe dessen Sohn darauf aufmerksam machte, wie, soweit seine Erinnerung reiche, sein Vater nach längerem geistigen Produciren noch jedesmal eine bedeutende Krankheit davon getragen habe." Dass Goethe sich selbst recht gut kannte, geht aus einer Aeusserung gegen Eckermann hervor: „Solche Männer und ihresgleichen sind geniale Naturen, mit denen es eine eigene Bewandtniss hat; sie erleben eine wiederholte Pubertät, wahrend andere Leute nur einmal jung sind."

Wenn ich betone, dass wir den Zeiten der Erregung Goethes viel verdanken, so möchte ich doch nicht dahin verstanden werden, als wollte ich die Erzeugnisse seiner ruhigen Zeiten herabsetzen. An den Versen der Iphigenie und des Tasso, an vielen Stücken des späteren Faust, am Wilhelm Meister und an der Biographie wird sich jeder Gebildete erfreuen, ja erbauen, aber das Elementarische, das Hinreissende, das kommt nur den Erzeugnissen der dichterischen Entzündung zu: das Pathologische ist Bedingung des Höchsten. Die Inspiration setzt einen veränderten Geisteszustand voraus, der nach Goethes eigener Aussage dem Schlafwandeln verwandt ist. Die Willkür kann zu bewunderungswürdiger Schönheit führen, aber das dämonisch Schöne entsteht unbewusst.

Will man sich ein tieferes Verständniss der Sache

verschaffen, so empfiehlt es sich, dass man zunächst das merkwürdige Jahr 1823 ins Auge fasse, denn von allen Anfällen Goethes ist der durch Ulrike von Levetzow und die „Elegie" gekennzeichnete der am Meisten lehrreiche.

Bis zum Sommer von 1822 herrscht jahrelang bei ziemlich guter Gesundheit und ziemlich gleichmässiger Stimmung grosse Trockenheit. In Marienbad aber verändert sich Goethe. Er fühlt sich äusserst wohl, alles gefällt ihm. Dabei ist er aufgeregt und weint sehr leicht. Schon vorher besteht deutliches Liebe-Bedürfniss, wie die merkwürdige Aeusserung zu Julie Egloffstein im Mai zeigt, es scheint aber noch unbestimmt zu sein. In Marienbad trifft er mit Levetzows zusammen. Die Mutter hatte ihn früher angezogen,*) jetzt im Alter richtet er sein Auge auf die Tochter, aber noch ist die Sache nicht deutlich. Es scheint, als ob sich Goethe schon 1821 für das Mädchen interessirt hätte, als ob 1822 die zärtliche Neigung begonnen hätte.

An der Jahreswende auf 1823 träumt Goethe von Ulrike und beschreibt ihr den Traum ausführlich. Das Jahr 1823 beginnt mit einer schweren Erkrankung, wahrscheinlich einer Pleuritis. Am 2. Juni ist Goethe wieder in Marienbad. Bei einer Begegnung mit Lili Parthey zeigt er sich heiter und galant, wird durch ihren Kuss eigenthümlich erregt. Während des Zu-

---

*) Er schreibt 1806 an Christiane: „Frau von Lewezow ist reizender und angenehmer als jemals."

sammenseins mit Levetzows in Marienbad und in Karlsbad steigt die Erregung. Die Musik rührt ihn zu Thränen, er hat „conziliante Träume“, er versichert in den Briefen, dass er sich an Leib und Seele wohlbefinde wie seit langer Zeit nicht, seine Mittheilungen haben, wie Suphan richtig sagt, einen ekstatischen Zug. Die Liebe zu der 19jährigen Ulrike bringt den 74jährigen Mann zu Heirathgedanken. Nach Prem, der sich auf persönliche Mittheilungen des alten Fräuleins von Levetzow zu stützen scheint, ist der Grossherzog als Brautwerber aufgetreten, und die Mutter hat Ulriken die Entscheidung anheimgegeben. Das Mädchen hat erwidert, sie liebe Goethe wie einen älteren Verwandten, aber nicht genug zum Heirathen. Goethe selbst scheint kein entscheidendes Wort gesprochen zu haben, indessen seine Briefe vom 9. und vom 10. September „kommen dem, was man im bürgerlichen Leben ‚die Erklärung‘ nennt, ziemlich nahe.“ Am 5. September reist Goethe nach Hause und auf der Reise dichtet er „die Elegie“, jenes eigenthümliche Gedicht, das Goethe selbst anfänglich wie ein Heiligthum ansah, in dem sich wahre Leidenschaft schmerzvoll ausspricht, während seltsame senile Züge dazwischenlaufen. Nach der Rückkehr entsteht durch das Bewusstsein, dass die Geliebte verloren sei, und durch das tactlose Betragen seiner Angehörigen eine tiefe Verstimmung. Allmählich wächst diese, und es wird klar, dass noch etwas Besonderes dahintersteckt. Bei der Abreise der Szymanowska am 5. November bricht Goethe in Thränen aus, und am 6. ist er ernstlich krank. Er hustet, klagt über Schmerzen in der Brust, jammert, bringt die Nächte im Sessel zu. Die Umgebung glaubt an eine schwere körperliche Krankheit und erwartet das Schlimmste. Am 24. November kommt Zelter, glaubt nicht an die Krankheit, spricht Goethen liebreich zu, liest ihm die, Elegie so und so oft vor. Goethe erholt sich mit einem Male, kann wieder im Bette schlafen, und rasch schreitet die Besserung vorwärts. Zwar bleibt er noch angegriffen und reizbar, aber von eigentlicher Krankheit ist nicht mehr die Rede.

Wenn ich sage, dass ich die ganze Novemberkrankheit von 1823 in der Hauptsache für ein Gemüthsleiden halte, für einen Depression-Zustand, wie der technische Ausdruck lautet, so werden Manche den Kopf schütteln. Aber man muss gesehen haben, wie sehr diese Depressionen schwere körperliche Erkrankung vortäuschen können, um es zu glauben. Gewiss mag Goethe einen wirklichen Husten gehabt haben, aber sein Herzstechen, seine Athembeschwerden können ebenso wie sein Missmuth und seine Kraftlosigkeit Ausdruck des Gehirnzustandes sein. Uebrigens war der alte Zelter ein recht scharfsichtiger Mann.*) Ob der krankhafte Zustand noch ein Stück in 1824 hinein gereicht habe, das ist nicht mit Bestimmtheit zu sagen. Am 24. und am 25. März schreibt Goethe die Strophen zu Werther; sie bilden einen Nachklang

---

*) Man muss im zweiten Theile das Einzelne nachlesen, wenn man sich ein Bild von den seltsamen Zuständen machen will.

zu der Leidenschaft von 1823. Dann aber hört es sicher rasch auf. Goethe schreibt dann an Zelter: „Das einleitende Gedicht zu dem wieder auflebenden Werther las ich mir neulich in stiller Betrachtung vor, und gleich hinterdrein die Elegie, die sich ganz löblich anschliesst." Also: „ganz löblich", das klingt schon anders. Die Erregung ist vorüber, die Trockenheit beginnt wieder. Damit steht nicht in Widerspruch, dass Goethe Ulrikens immer zärtlich gedenkt. Hat er geliebt, so bewahrt er nach dem Aufhören der Leidenschaft eine ruhige Neigung; das ist immer so, bei Marianne z. B. und auch bei Anderen.

Bei dem beschriebenen Anfalle haben wir Alles bei einander: das Wohlgefühl, gesteigerte Beweglichkeit und Lust zur Produktion, Verliebtheit und Herzenspoesie, gesteigerte Reizbarkeit, Neigung zu Thränen, Depression, und endlich körperliche Krankheit. Vogel hat in soweit Recht, als bei Goethe die Zeiten gesteigerter Produktion und die körperlicher Krankheit einander nahe stehen, nur ist es nicht richtig, dass diese immer jenen folgen wie Erschöpfung auf Anstrengung. Vielmehr steht die ernste Krankheit im Anfange des Jahres 1823, und am Schlusse erscheint nur ihr Nachbild, das heisst die Schlusskrankheit ist in der Hauptsache Depression.

Ständе der Anfall von 1823 allein, so hätten wir in ihm einen Zustand seniler Erregung zu sehen, wie er bei alten Männern vorkommt. Nun aber kann man von 1823 aus vorwärts und rückwärts gehen: man trifft auf ähnliche Anfälle. Gehen wir sieben Jahre vorwärts, so kommen wir auf 1830. Im Jahre 1830 herrscht eine eigenthümliche Erregtheit, die sich als Geschäftigkeit und Gereiztheit kund giebt. Im November tritt nach dem Tode des Sohnes der Blutsturz ein. Die Erregung besteht auch 1831 noch: Goethe versicherte, er habe sich zur Geistesthätigkeit, zumal in produktiver Hinsicht, seit dreissig Jahren nicht so aufgelegt gefunden. Aus den Briefen an Zelter spricht ein geradezu fieberhafter Eifer. Goethe schreibt an dem Schlusstheile seiner Biographie und beendigt vor allem den Faust. Von erotischer Erregung erfahren wir diesmal nichts: Entweder blieb sie wegen des hohen Alters aus, oder sie blieb im Geheimen.

Der grosse Anfall hatte 1822 begonnen: Von da sieben Jahre zurück giebt 1815, das Jahr der Suleikalieder und der Suleikaliebe. Dieser Anfall hat 1814 begonnen mit dem Hervorbrechen der Hafislieder und der Zärtlichkeit für Philippine Lade. Marianne, die im September „in forma" Willemers Frau wird, scheint 1814 noch keine Rolle zu spielen. Der Anfall dürfte im Winter 1815/16 abgeklungen sein. In Heidelberg hatten sich die Liebenden versprochen, beim Vollmondschein einander zu gedenken. Am 16. December 1815 schreibt Goethe:

> „Mir will es finster bleiben
> Im vollsten Mondenlicht,
> Ich mag nicht singen, schreiben,
> Und trinken mag ich nicht."

Im Jahre 1816 ist nicht mehr viel zu spüren. Goethe beschliesst zwar, mit Meyer, „dem alten kritlichen Fuchs", wie Boisserée sagt, an den Rhein zu reisen, aber als bei Wismar der Wagen umgeworfen und Meyer an der Stirne verletzt wird, giebt er es sofort auf. Er hat Marianne ebenso wie Ulrike und auch die kleine Lade nie wiedergesehen. Aber eine liebevolle Neigung bewahrt er auch Mariannen bis zu seinem Tode. Allemal, wenn „es sich in ihm wiederum regt", gedenkt er ihrer. Im Jahre 1823 in seiner Liebesnoth um Ulrike, auf der Heimreise schreibt er plötzlich an Marianne. Während des Dornburger Aufenthaltes im Jahre 1828 gedenkt er ihrer im Mondenscheine, und „überselig ist die Nacht." Im Juni 1816 ist Goethe ernstlich krank, während seine Frau stirbt. Ob die Sache mehr körperlich oder mehr geistig gewesen ist? Auf jeden Fall entwickelte sich eine Depression, und erst Zelters Besuch im Sommer brachte (ähnlich wie 1823) Aufhellung.

Von 1814/15 sieben Jahre zurück, giebt 1807/08: Minna Herzlieb und Silvie von Ziegesar, Sonnette, Wahlverwandtschaften, Tagebuch u. s. w. Nach schlechtem Befinden beginnt während der Karlsbader Kur von 1807 die Erregung, und schon treten erotische Züge hervor. Im Herbste tritt die Neigung zu Minna Herzlieb auf, die dichterische Thätigkeit ist lebhaft. Der Winter verläuft gut. Im Sommer tritt Silvia, von der wir uns nach dem Wanzengespräche (23. 7. 1809) eine etwas wunderliche Vorstellung machen, an Minnas Stelle und erhält sehr innige Briefe. Vielleicht spielt auch Frl. von Knabenau eine kleine Rolle. Die Wahlverwandtschaften wachsen, und „das Tagebuch" entsteht. Die gute Stimmung hält bis in den Winter hinein an, aber 1809 herrscht wieder Trockenheit. Eine deutliche Depression ist diesmal nicht nachzuweisen.

Alle bisher besprochenen vier Anfälle gehören eigentlich dem Greisenalter Goethes an. Gerade mit 1807 darf man es beginnen lassen, denn die Wahlverwandtschaften sind unter den grösseren Werken das erste, bei dem die Senilität unverkennbar ist. Betrachtet man Goethes Leben im Ganzen, so zerfällt es in zwei Theile: die Jugend und die spätere Zeit. Beide sind getrennt durch die italienische Reise, und deren Bedeutung besteht eigentlich darin, dass mit ihr Goethe seine Jugend festlich zu Grabe trägt. Alle Werke, um deren willen Goethe uns Goethe ist, sind vor der italienischen Reise entstanden: Götz, Werther, das Wichtigste vom Faust, Egmont, die Lehrjahre, Iphigenia, Tasso, die lyrischen Perlen.*) Neugeboren und gerade als Dichter verjüngt glaubte Goethe zu-

---

*) Nicht ohne Interesse sind die Antworten von 45 Schriftstellern, Künstlern, Gelehrten auf die Frage des „literarischen Echo", welches Werk Goethes am stärksten auf sie gewirkt habe (D. lit. Echo, 15. 8. 1899). Manche freilich drücken sich etwas unbestimmt aus. Die meisten nennen einige Werke. Manche betonen den Eindruck auf ihre Jugend. Als besonders wirksam werden genannt: Faust 33 mal, lyrische Gedichte 15 mal, Tasso 9 mal, Götz 6 mal, Dichtung und Wahrheit, Hermann und Dorothea je 5 mal, Werther, Iphigenia je 4 mal, Meister, die Gespräche je 3 mal, Egmont, die Wahlverwandschaften je 2 mal, Clavigo, Elegieen und Epigramme, Reinecke, Achilleïs, der historische Theil der Farbenlehre, die Prosaschriften im Allgemeinen je 1 mal.

rückzukehren, aber er täuschte sich gründlich. Nach der Rückkehr begann das reife Mannesalter, die Jahre der wissenschaftlichen Thätigkeit und der zwar hochentwickelten, aber etwas frostigen Kunstpoesie brachen an. Goethes Mannesalter von 1789 bis 1807 ist die Zeit seiner grössten geistigen Gesundheit und seiner grössten Nüchternheit. Wir lieben den jungen Goethe, wir lieben den alten Goethe, aber den Mann Goethe ehren wir. Man halte mir die Schillerzeit und den „Hermann" nicht entgegen. Schillers Einfluss war für Goethe gar nicht günstig. Zwar Schiller stand sich bei dem Verkehre mit Goethe gut, er wurde sozusagen fleischiger und voller. Goethe aber wurde immer blutleerer, kälter, abstracter, allegorischer. Schon dass er dem Philister Voss nachging, das ist doch kein gutes Zeichen. Wie kann ein wahrhaft deutsches Gedicht in Hexametern geschrieben werden? Sie taugen sehr gut für eine Uebersetzung aus dem Griechischen, aber mit ihnen kommt ein für allemal der Schulstaub geflogen. Wo wird denn Hermann und Dorothea gelesen? In der Schule. Wo werden Pandora, Achilleïs, Palaeophron u. s. w. gelesen? Von ein paar Gelehrten zu literarischen Zwecken. Die Balladen sind thatsächlich vor der trockenen Zeit in Goethes Kopfe gewesen, sie sind nur niedergeschrieben worden unter Schillers Einflusse.

Mit der dargelegten Auffassung stimmt überein, dass während des reifen Mannesalters ein eigentlicher „Anfall" nicht nachzuweisen ist. Indessen Andeutungen sind doch vorhanden. Im Frühjahre 1800 (also wieder etwa sieben Jahre zurück) schreibt Goethe den Spaziergang und die darauf folgenden Scenen des Faust. Im Jahre 1801 übersteht Goethe die grosse Krankheit mit Bewusstlosigkeit. Danach „regt sich die productive Ungeduld." Im Frühjahr 1801 entstehen der zweite Monolog und die Osterscene des Faust. Also gerade die Stellen, die dem Urfaust an dichterischen Schwunge am nächsten stehen, stammen aus dem Jahre 1800 bis 1801. Im Sommer ist Goethe seltsam nervös, was er dem Pyrmonter Brunnen zuschreibt, und im October erscheint ganz unerwartet ein auffallend zärtlicher Brief an Silvie.

Der nächste Termin, also etwa 1794, scheint ganz auszufallen (wenn wir alles wissen).

Aber 1787—88, d. h. also an der Grenze beider Lebenshälften, geht es gerade so zu wie an der Grenze zwischen dem reifen Mannes-Alter und dem Greisen-Alter. Im Jahre 1787 herrscht eine eigenthümlich überspannte Stimmung, gegen Ende des Jahres belebt sich die Studenten-Ader, und Goethe sucht geschlechtlichen Verkehr, dichtet Liebeslieder. Im Jahre 1788 verliebt er sich in die Maddalena Riggi und sofort nach der Rückkehr in Christiane. In den römischen Elegieen klingt seine Stimmung aus. Sie ist 1789 vorüber. Schon aus den Venetianischen Epigrammen sprechen Verstimmung und Bitterkeit, und Goethe sagte dann, es sei gleichsam keine Spur dieser Ader [aus der die Elegieen flossen] mehr in ihm. Die Liebe zu Christiane ist ruhige Zärtlichkeit geworden.

Viel weniger deutlich ist der Termin 1780—81.

Die Periodicität.

Das Jahr 1780 beginnt mit ernster Krankheit. Dann besteht eine Stimmung, wie sie in Goethes Leben nur einmal vorkommt: Feierlicher Ernst, dichterischer Schwung und Todesahnungen. Auch 1781 wird durch Krankheit eingeleitet, nun aber ist die erotische Erregung unverkennbar, die Briefe an die Stein werden leidenschaftlicher, und das „Du“ wird immer gebraucht. Dabei ist Goethe dichterisch lebhaft.

Gehen wir noch einmal um 7 Jahre zurück, so sind wir im Werther-Jahre 1773, d. h. in der Mitte des grossen Erregungzustandes der Jugend.

Endlich gelangen wir zu 1767, zu der leidenschaftlichen Liebe zu Kätchen, zu dem Verkehre mit Jetty, kurz zu der wilden Zeit in Leipzig, der der Blutsturz und die seltsame Depression nachfolgten.

Für Den, der einige Sachkenntniss hat, brauche ich nun nichts weiter hinzuzufügen. Ganz ohne sie geht es aber nicht. —

Mit dem siebenjährigen Cyclus ist es noch nicht ganz gethan. Zwischen den grossen Erregungen besteht nicht gleichmässige Stimmung, sondern es kommen Schwankungen verschiedener Art vor. Nach Analogie könnte man etwa in der Mitte zwischen zwei grossen Anfällen leichtere Störungen vermuthen. Jedoch kommt man bei diesen Dingen gar zu leicht ins Ungewisse. Sehr merkwürdig ist der Sommer von 1828. Nach dem Tode des Grossherzogs zieht sich Goethe nach Dornburg zurück. Dort ist er aber gar nicht traurig, sondern es bemächtigt sich seiner eine rauschartige Fröhlichkeit, deren Gipfel sozusagen das Mondscheingedicht ist. Man muss diese Dinge nachlesen. Etwas verdächtig ist auch die Schwärmerei für die Kaiserin von Oesterreich, und so könnte man noch verschiedenes anführen.

Sodann sind die Jahres-Schwankungen anzuführen. Die dunkeln Decembertage pflegte Goethe „zu verseufzen". H. Voss d. J. sagt, December und Januar seien Goethes „Faullenzermonate", er kränkele da fast jedes Jahr und sei unfähig zu arbeiten, sei aber gesellig und liebenswürdig. Im Sommer lebt Goethe auf. Wenn er ins Bad reist, zieht er einen neuen Menschen an, macht den Damen die Cour und schreibt fleissig. Eine kleine Liebesgeschichte, meint er selbst, gehöre zu einem Badeaufenthalte. Er sieht namentlich in der Witterung und im Barometerstande die Ursachen des mit den Jahreszeiten eintretenden Wechsels der Stimmung. Gewiss ist der Winter an sich unerfreulich, und besonders auf der Hochebene, auf der Weimar liegt, ist der Winter hart. Aber andere Leute bleiben trotzdem im Winter munter, ja die Meisten fühlen sich im Winter mehr zur Arbeit aufgelegt als im Sommer. Im Allgemeinen sind leidlich gesunde Menschen ziemlich unabhängig von Jahreszeit und Witterung, sie freuen sich über gutes, missbilligen schlechtes Wetter, aber ihr Befinden hängt von diesen Dingen nicht ab.

Der Einwurf, es handle sich dabei nur um „Stimmungen", will gar nichts besagen. Ein solcher Wechsel der Stimmung ist eben pathologisch. Die Stimmung des Normalmenschen muss eine dem Lebensalter folgende sanfte Curve darstellen, zeigt die Curve schroffe Schwankungen, so deutet sie auf das Pathologische. Es ist ganz dasselbe wie mit der Wärmecurve: auch der normale Mensch hat bestimmte, aber geringe Wärmeschwankungen, wird jedoch eine gewisse Höhe überstiegen, so besteht Fieber, und oft können wir aus mehr oder weniger regelmässigen Hebungen und Senkungen der Curve ohne weiteres die Art des krankhaften Processes erkennen. Wenn übrigens die Leute statt „pathologisch" lieber sagen wollen „besonders zart" oder „von verfeinerter Organisation", so mögen sie es thun, denn die Sache bleibt dieselbe.

Ausser den bisher besprochenen Zeiten der Depression und der Erregung mit vermehrter Productivität finden wir in Goethes Leben einen fortwährenden Wechsel der Stimmung; Zeiten der Verstimmung wechseln scheinbar unregelmässig mit Heiterkeit, tiefgehendes Missbehagen folgt auf Zeiten frischer Kraft. Düntzer hat in seinem Leben Goethes diese Dinge sehr gewissenhaft verzeichnet. Goethe hat sich selbst sehr fein beobachtet. Er spricht 1780 von dem Cirkel, der sich in ihm umdrehe, von guten und bösen Tagen; Erfindung, Ausführung, Ordnung, alles wechsele und halte einen regelmässigen Kreis. Von plötzlichem Umschlagen der Stimmung wird oft berichtet. Joh. M. Kraus z. B. sagt 1788, Goethe habe noch immer seine alte Laune; im eifrigsten Gespräche könne es ihm einfallen, aufzustehen und fortzulaufen. Schütz, der Goethen bei Johanna Schopenhauer sah, sagt: „Das Merkwürdigste war, ihn fast jedesmal in einer anderen

Das Umschlagen der Stimmung.

Stimmung zu sehen, sodass, wer ihn mit einem Male zu fassen glaubte, sich das nächste Mal gewiss gestehen musste, dass er ihm wieder entschlüpft sei. Man hatte bald einen sanft-ruhigen, bald einen verdriesslich abschreckenden (auch Kummer drückte sich bei ihm gewöhnlich durch Verdriesslichkeit aus), bald einen sich absondernden, schweigsamen, bald einen beredten, ja redseligen, bald einen episch-ruhigen, bald — wiewohl seltener — einen feurig-aufgeregten, begeisterten, bald einen ironisch-scherzenden, schalkhaft-neckenden, bald einen zornig-scheltenden, bald sogar einen übermüthigen Goethe vor sich."

Endlich scheint es noch eine merkwürdige Periodicität zu geben, auf die hier nur hingedeutet werden soll. Der Mensch entwickelt sich im Mutterleibe in zehnmal 28 Tagen, und man glaubt, dass nicht nur das Leben des Weibes, sondern auch das des Mannes aus 28tägigen Perioden bestehe, eine Wellenbewegung, die sich, wenigstens bei manchen Männern, durch leichtere körperliche und geistige Veränderungen kundgebe. Sei der Mensch rechtzeitig geboren, so sterbe er, wenn nicht zu schroffe Einwirkungen von aussen statthaben, an einem 28. Tage. Bei Goethe stimmt die Rechnung, das Weitere aber sei dahingestellt.

3. Die Familie.*)

Das Individuum entsteht auch geistig durch die Mischung des Väterlichen und des Mütterlichen. Goethe ist immer als einer der wichtigsten Belege für Schopenhauers Lehre angesehen worden, nach der der Wille vom Vater, der Intellect von der Mutter ererbt wird. Auch ich glaube, dass für Söhne diese Lehre in der Hauptsache zutreffe, verkenne aber nicht das Missliche der Trennung des menschlichen Geistes in Willen und Intellect. In Wahrheit ist der Mensch ganz Wollen, und der Intellect ist nur das auf Bilder und Begriffe gerichtete Wollen, das ebenso eine individuelle Reaction sein muss wie das anderweite Wollen. Oder genauer gesagt: Mensch heisst eine Verbindung vieler Triebe, deren jeder Intellekt und Wille ist. Indessen

---

*) Wegen Goethes Vorfahren siehe: Düntzer, Goethes Stammbäume 1894; Friedr. Georg Goethe, von R. Jung in Festschrift des fr. D. Hochstiftes v. 1899; Berichte d. fr. D. Hochstiftes, N. f. XV. 3. u. 4. p. 293. 1899. Wegen Goethes Schwester siehe G. Witkowski, Cornelia, die Schwester Goethes, Frankfurt a. M. 1903.

Die Eigenschaften der Eltern im Kinde.

ist doch so viel richtig, dass von einer klugen Frau
kluge Söhne, von einer dummen dumme Söhne
stammen, dass der Sohn eines braven, tapfern, aus-
dauernden Mannes ähnliche Eigenschaften zu haben
pflegt, dass feige, lügnerische, boshafte Männer ihnen
entsprechende Söhne haben. Eine reinliche Trennung
lässt sich freilich nicht durchführen, denn gehört die
Lebhaftigkeit des Empfindens z. B. zum Willen oder
zum Intellect? Andere lehren, dass Söhne vorwiegend
der Mutter gleichen, Töchter dem Vater. Auch das
ist richtig, muss aber mit Schopenhauers Lehre ver-
knüpft werden derart, dass wir bei dem Sohne gewisse moralische oder Charakter-Eigenschaften des
Vaters zu erwarten haben, vielfach aber seine Geistes-
art der der Mutter ähnlich sein werde, dass umgekehrt
bei der Tochter die Natur des Vaters mit Charakter-
Eigenthümlichkeiten der Mutter versetzt sein werde.
Das Weitere liegt freilich ganz im Dunkeln. Bei der
Entstehung eines Menschen tritt etwas völlig Neues
ein: Zwei Keimstoffe, wie sie in gleicher Weise einander noch nie getroffen haben, liefern ein Ergebniss,
das noch nie dagewesen ist. Wir haben ja keine
Ahnung davon, wie beide aufeinander wirken; da
mögen ihre Eigenheiten bald Hemmungen bewirken,
bald vervielfachend wirken; die complicirteste chemi-
sche Gleichung ist ein Kinderspiel gegen dieses Ex-
periment. Auch müssen Beschaffenheit und Wirkungs-
art der Keimstoffe nach den Zeitumständen verschieden
sein, ausserdem sind die einzelnen Keime offenbar zur
selben Zeit verschieden, da sonst die oft weitgehende

Die Familie.

Verschiedenheit der Geschwister gleichen Geschlechts unerklärbar wäre. In Wirklichkeit sind nicht nur die einzelnen Keime verschieden stark, sodass u. U. der eine männliche Keim stärker ist als der weibliche, der andere schwächer, sondern sie sind auch insofern qualitativ verschieden, als bei dem einen die väterlichen Eigenschaften des Eigenthümers, bei dem andern seine mütterlichen Eigenschaften mehr ausgeprägt sind, ja die Fälle von Atavismus zeigen, dass noch weitergehende Verschiedenheiten vorkommen.

Bei der Mangelhaftigkeit unserer Einsicht kann von einer befriedigenden Erklärung des Wunders Goethe aus den Eigenschaften seiner Eltern keine Rede sein.

Die väterliche Familie Goethes lässt sich bekanntlich auf den Hufschmied Goethe in Artern zurückführen. Er hatte von zwei Frauen elf Kinder. Der älteste Sohn war Friedrich Georg Goethe (1657—1730). Er verliess die Heimat, liess sich in Frankfurt als Schneider nieder, wurde später Gastwirth. Er soll ein intelligenter und tüchtiger Mann gewesen sein, musikalisches Talent gehabt haben. Senckenberg sagt, er sei ein artiger, aber hochmüthiger Kerl gewesen, habe die Musik wohl verstanden, sei aber über seinen Hochmuth von Sinnen gekommen. Nun werden freilich die beiden Brüder Senckenberg als etwas boshaft und gehässig geschildert, sodass bei ihren Urtheilen grosse Vorsicht nöthig ist. Auf jeden Fall ist keine Thatsache bekannt, die auf ein „Vonsinnenkommen" deutete, vielmehr zeugen alle Handlungen Friedrich Georg Goethes, und auch sein Testament von gutem

Die väterlichen Vorfahren Goethes.

Verstande. Vielleicht hat das Aufwärtsstreben des früheren Schneiders aristokratische Gefühle verletzt. Friedrich Georg war in erster Ehe mit A. E. Lutz (1667—1700) verheirathet und hatte von ihr fünf Söhne. Der eine war von Jugend an blödsinnig, ein Umstand, dessen Bedeutung wir nicht zu erkennen vermögen. Zwei starben nach wenig Jahren. Der dritte lebte von 1694—1717, erlernte die Buchhalterei in deutscher und französischer Sprache, starb nach mehrmonatiger Krankheit „an kurzem Athem und Engbrüstigkeit". Der vierte Sohn (1697—1761) wurde Zinngiesser und hatte sieben Kinder, 4 Töchter, 3 Söhne. In zweiter Ehe heirathete Goethes Grossvater die Witwe Cornelie Schellhorn (1668—1754). Sie hat Goethe selbst geschildert, und Senckenberg sagt von ihr: Sie lebte sanft und starb ruhig. Arbeitsam, sparsam, wohlthätig. War nie sehr fett. „Betrübte und erfreute sich über nichts. Immer dieselbe, von etwas langsamer, aber im Arbeiten fleissiger Natur." Die ersten beiden Kinder wurden nicht alt (ein Mädchen starb im Jahre seiner Geburt, ein Sohn wurde 19 Jahre), ein Sohn aber, Johann Kaspar (1710—1782), Goethes Vater, entwickelte sich gut.

Goethe sagt selbst, er habe vom Vater die Statur. Ueber die Aehnlichkeit der Gesichtszüge ist, soviel wie ich nach den mir bekannten Bildern urtheilen kann, schwer etwas zu sagen. Verlässt man sich auf den ersten Eindruck, so ist die Aehnlichkeit zwischen Goethe und der Mutter unverkennbar, besonders die Augen und die Züge der Mundgegend bewirken diesen Eindruck. Dagegen ist die Nase der Mutter ganz anders als die des Sohnes, und die Stirn ist mehr nach vorn gebaut. Andererseits besteht zwischen dem Bilde des Rathes von Melchior und den Bildern des alten Dichters trotz aller Verschiedenheit ausgesprochene Verwandtschaft, besonders nach Stirn, Nase, Wange.

Als Eigenschaften des Vaters werden genannt: „ernste Beharrlichkeit und Gediegenheit, die sich in dem grössten Lehr- und Lerneifer, in strenger Ordnungsliebe, gepaart mit Gewissenhaftigkeit, in Rücksichtslosigkeit gegen sich selbst, in Bedürfnisslosigkeit und eiserner Selbstzucht äusserte." Es ist ersichtlich, dass dieselben Tugenden am Sohne gerühmt werden dürfen. Beim Vater wurden sie getrübt durch eine gewisse Beschränktheit, die ihn als pedantisch, eigensinnig, gegen die Familie rücksichtlos, engherzig erscheinen lassen konnte. Das Auffallendste ist dem Sohne gegenüber das phantasielose nüchterne Wesen des Vaters. Dabei muss der Mann gut befähigt gewesen sein, was durchaus mit den Angaben über seine vortreffliche Mutter stimmt. Goethes Vater ist oft zu hart beurtheilt worden. Er war durchaus ein liebevoller Vater, der nach besten Kräften für die Seinigen sorgte. Dass er nicht von Anfang an im Sohne den Genius respectirte, das kann man ihm doch nicht zum Vorwurfe machen, denn wie sollte er wissen, was hinter den von ihm wahrgenommenen Eigenschaften des Jünglings, die auch einen anderen Vater bedenklich gemacht hätten, in Wahrheit steckte?*) Der

---

*) „In den folgenden 2 Bänden bildet sich die Gestalt des

Eigensinn jedoch, der den jungen Mann einsam gemacht und eines über das Haus hinausgreifenden Be-
rufes beraubt hatte, wurde mit den Jahren immer
grösser. Geiz und misstrauisch-mürrisches Wesen
machten später ihm und seiner Umgebung das Leben
schwer. Er bekam schon 1776 Schlaganfälle. Schon
beim Tode Corneliens war er krank. „Das harte Zu-
schlagen einer Stubenthüre erschreckte ihn." Er wurde
still und antheillos; „er war ein gebrochener Mann."
Am 20. 9. 1779 schrieb der Sohn: „Meinen Vater hab
ich verändert angetroffen, er ist stiller und sein Gedächtniss nimmt ab." Im Jahre 1781 trat wieder ein
Schlaganfall auf, der eine deutliche Geistesschwäche
zurückliess. Nach einem weiteren Schlaganfalle war
der Patient gelähmt, „geistesabwesend", sodass er be-
aufsichtigt werden musste. Am 28. Mai 1782 starb
er plötzlich. Es ist klar, dass das Pathologische in
ihm stark war.

Die Familie Textor, der Goethes Mutter angehörte,
lässt sich ziemlich weit verfolgen, doch erfahren wir
über die Gesundheit der älteren Mitglieder wenig.
Goethes Grossvater (1693—1771), dem zwei Geschwister früh gestorben waren, heirathete die 1711
geborene Anna Lindheimer. Von den Kindern starben
drei Söhne und eine Tochter bald nach der Geburt,
drei Töchter und ein Sohn blieben am Leben. Die

Vaters noch völlig aus: und wäre sowohl von seiner Seite als
von der Seite des Sohnes ein Gran des Bewusstseyns in dies
schätzbare Familienverhältniss getreten, so wäre beyden vieles
erspart worden." Goethe an Zelter, 3. 11. 1812.

Die Familie.

älteste Tochter war Katharina Elisabeth (1731—1808), Goethes Mutter; ihr folgten die 1734 geb. Tante Melber, die 1738 geb. Tante Stark und der 1739 geb. Onkel Rathsherr. Ueber Goethes Grossvater hat Senckenberg in der schändlichsten Weise gesprochen, er hat ihn unedel, selbstsüchtig, niederträchtig, einen Trinker genannt. Doch scheint alles Verleumdung zu sein, bis auf eine gewisse Heftigkeit und Eigenwilligkeit. Goethes Schilderung des Grossvaters ist bekannt. Er bekam 1768 einen Schlaganfall und Lähmung der rechten Körperhälfte und Sprachstörung.*) So fand ihn der von Leipzig kommende Enkel. Er starb, während Wolfgang in Strassburg war.

Wenn der Sohn in erster Linie der Mutter und diese ihrem Vater gleicht, so muss der mütterliche Grossvater eine wichtige Person sein, und Goethe muss seine eigenartige Befähigung zunächst dem Grossvater Textor verdanken. Das ist nun schwer einzusehen, da das Bild des tüchtigen ehrenfesten Schultheissen uns als Vorbild eines Dichters nicht recht taugen will. Indessen hat dieser Mann doch wahrscheinlich latente Eigenschaften gehabt, seine Ahnungen und Träume deuten auf eine phantasievolle Natur. Im Grunde wissen wir recht wenig davon, wie es in dem alten Herrn ausgesehen hat. Auch von seiner Frau wissen wir recht wenig, aber ihr Bild mit den grossen

---

*) Vielleicht hat Goethe daran gedacht, als er in den Wanderjahren einen Fall halbseitiger Lähmung mit Aphasie schilderte.

bedeutenden Augen, dem strengen Herrscherblicke und der sehr hohen, mächtigen Stirn, bei dem man unwillkürlich an das Bild des Enkels denkt, beweist, dass sie ein ungewöhnliches Weib war.

Goethes Mutter ist uns durch die Schilderung des Sohnes, durch ihre Briefe und neuerdings durch Heinemanns schönes Buch nahe gerückt. Gab der Vater den tüchtigen festen Grund des Geistes unseres Dichters, so wurde dieser doch erst durch die von der Mutter ererbten Eigenschaften zum Dichter. Ueberaus warme Empfindung und Phantasie, Frohmuth und unbesiegbare Lebensfreude sind die wichtigsten Geschenke, die sie ihm gab. Wie ich anderweit nachgewiesen habe, erbt man gewöhnlich die meisten Kunst-Talente vom Vater, den Dichtergeist aber von der Mutter. Das stimmt auch bei Goethe. Ihre Urtheilskraft überstieg weit das Mittel, aber hier ist die Vergleichung mit des Sohnes Geiste misslich, denn der Geist ist im weiblichen Organismus doch wie verkleidet, und wir würden bei den Müttern grosser Männer nicht viel prophezeien können, wenn wir die Söhne nicht schon kennten. Das Pathologische war auf jeden Fall bei der Frau Rath verhältnissmässig gering.

Wir mögen uns anstellen, wie wir wollen, die Hauptsache bleibt ein Räthsel, eine „Ableitung" Goethes aus seinen Eltern gelingt nicht, und nur ein geheimnissvolles Zusammentreffen günstiger Umstände kann den günstigen Erfolg gehabt haben. Dass es nicht auf die Theile an sich, sondern auf die richtige Zusammenstellung der Theile ankam, das zeigt in über-

Die Familie.

raschender Weise Goethes Schwester. Cornelie (1750 bis 1777) war ihrem Bruder so ähnlich, dass man die Geschwister zeitweise „an Wachstum und Bildung für Zwillinge halten konnte"; trotzdem fehlte ihr im Körperlichen und im Geistigen die Anmuth. Das Hauptunglück scheint das Vorwiegen der väterlichen Eigenschaften bei der Tochter gewesen zu sein. Vater und Tochter verstanden einander dabei gar nicht, der Vater behandelte das Mädchen mit rücksichtloser Strenge und machte durch „unglaubliche Consequenz" die Erziehung zur Qual, das Mädchen wurde verschüchtert, verbittert, ja sie hasste den Vater. Goethe selbst hat bekanntlich Zeit seines Lebens die Schwester für ein merkwürdiges Problem gehalten. Er spricht von ihrem unschönen Körper. „Sie war gross, wohl und zart gebaut, aber die Züge ihres Gesichts waren weder bedeutend noch schön." Bei Betrachtung des Bildes kann man wohl zugeben, dass die abscheuliche Frisur nachtheilig wirkte, doch war offenbar auch das Gesicht trotz der schönen Augen*) abstossend, da die scharfen Züge, die starke Nase, die hohe Stirn wohl dem Bruder gut standen, die Schwester aber entstellten. Auf dem Bilde fällt auch die schlechte Haltung auf. Sie habe von Ausschlag zu leiden gehabt, der wunderlicher Weise besonders dann auftrat, wenn sie einen Ball besuchen wollte. Goethe betont besonders, sie sei ganz ohne Sinnlichkeit gewesen, habe geradezu Abneigung gegen

---

*) Witkowski sagt, sie habe grosse schwarze Augen gehabt. Schwarz?

den ehelichen Umgang gehabt und deshalb in un-
angenehmer Ehe gelebt. Er rühmt ihre hohe Sittlich-
keit und ihren gesunden, scharfen Verstand, dazu kam
aber „ein ernstes, starres, gewissermaassen liebloses
Wesen." „Meine Schwester war und blieb ein inde-
finibles Wesen, das sonderbarste Gemisch von Strenge
und Weichheit, von Eigensinn und Nachgiebigkeit."
„Man hätte von ihr sagen können, sie sei ohne Glaube,
Liebe und Hoffnung." Am deutlichsten zeugt der Umstand, dass auch gegen die Mutter die Tochter abgeschlossen war, für ihr wunderliches Wesen. Schon
in dem 1768—69 von ihr geführten Tagebuche tritt
die Kränklichkeit, die später auch ihren gemüthlichen
Zustand so schwer und trübe machte, hervor. Sie
klagt wiederholt über ihre Gesundheit, sie werde hypochonder, bald heftig und leidenschaftlich, bald stumpf
und gleichgiltig. Nach Witkowskis Angaben füge ich
noch Folgendes hinzu. Cornelie konnte schlecht rech-
nen; ein leichtes Exempel, das ihr der Bruder von
Leipzig aus und zum Scherze aufgegeben hatte, musste
sie sich vom Lehrer auflösen lassen. Sie war schon
frühzeitig häufig krank, jede Erregung erschütterte ihre
Gesundheit. Am 18. Geburtstage schreibt sie, rasch
werde ihr weiteres Leben dahingehen, „nur mit dem
Unterschiede, dass ich noch mehr Leiden als bisher
zu ertragen haben werde. Ich sehe sie vor mir."
Immer war sie mit sich unzufrieden; sie wollte gern
heiter sein, konnte sich aber der Illusion nicht hin-
geben. Ihre Verlobung und Verheirathung mit Schlosser
scheint sie vorübergehend aus sich herausgehoben,

belebt und erheitert zu haben. Doch war das Glück nicht von Dauer, da sie der Liebe nicht fähig war. Die etwa 3$^1/_2$ Jahre dauernde Ehe scheint für beide Theile eine Leidenszeit gewesen zu sein. Es ging eigentlich von Anfang an nicht gut. Cornelie fürchtete sich vor Küche und Keller. Sie zeigte sich körperlich nicht widerstandsfähig: „jeder Wind, jeder Wassertropfen sperrt sie in die Stube," meint Schlosser. Sie nahm keinen Theil an Schlossers vielseitigen Bestrebungen. Angeblich dürstete sie nach Liebe, schreckte aber vor jeder Berührung zurück. Am 28. October 1774 wurde sie zum ersten Male entbunden. „Bis in den Sommer 1776 blieb sie an das Bett gebannt, nicht im Stande, sich selbst nur einen Strumpf anzuziehen, und tief melancholisch. Ihre Einbildungskraft quälte sich immer mit den schrecklichsten Ideen, sodass kein Tag ohne Herzensangst und drückenden Kummer verging." Sie konnte sich mit nichts beschäftigen, weder mit Handarbeit, noch mit Lesen, noch mit Klavierspiel, und das Schreiben fiel ihr so schwer, dass sie zwei Jahre lang keinem Menschen schrieb. Ihr Kind überliess sie fremden Leuten. „Es ist sehr lustig", schrieb sie später, „und will den ganzen Tag tanzen, desswegen es auch bey jedem lieber als bey mir ist." „Im Mai lag sie an einem Nervenfieber lange elend darnieder, die Schwäche und die Schmerzen wollten nicht weichen." Aber am 27. Mai kommt der Bruder mit Lenz „und die Freude that auf Cornelie eine wunderbare Wirkung. Sie ging gleich den andern Tag mit ihnen spazieren und blieb bis zu seiner Abreise am 5. Juni ganz wohl." Im September kam Zimmermann und ordnete eine Kur an. „Im Januar 1776 spürte sie grosse Linderung, wenn auch ihr Körper noch immer elend, kränklich und unfähig zu jeder Beschäftigung blieb." Im Juni hält sie sich für genesen und „findet überall Freude, wo sie sonst Schmerzen fand." „Aber als sie sich erkältet, ermüdet und der feuchten Luft ausgesetzt hat, wird sie doch sogleich von einem entsetzlichen Paroxysmus von Gliederschmerzen überfallen." Im December „schleicht sie wieder durch die Welt mit einem Körper, der nirgend hin als ins Grab taugt". Am 10. Mai 1777 wurde sie zum zweiten Male entbunden. „Einen Monat noch siechte sie dahin." Am 8. Juni starb sie. Von ihren beiden Töchtern starb die eine (Julie) 1793, die andere (Luise, verehelichte Nicolovius) 1811.

Dass die unglückliche Cornelie eine durchaus pathologische Natur war, das braucht wohl nicht erst auseinandergesetzt zu werden. Eigentlich war sie eine Geisteskranke, und es scheint, dass ihr Bruder das ganz gut gewusst habe. Der Psychiater würde ihren Zustand als manisch-depressives Irresein bezeichnen. Man stellt sich manchmal die Sache so vor, als wäre Cornelie aus Betrübniss über ihre körperlichen Mängel und durch das Verhältniss zum Vater erst krankhaft geworden. Das heisst natürlich die Dinge umkehren: Die äusseren Missverhältnisse zeigten innere Missverhältnisse an, und sie konnte mit den Leuten nicht auskommen, weil sie von vornherein abnorm war. Ein sehr wichtiges Symptom der Entartung ist die Zerstörung des Eros. Agape und Aphrodisia können da sein, aber sie thun sich nicht zusammen. Daher fehlt die Befriedigung für den Betroffenen und für die ihm Nächsten. Aber von Verkehrung der Geschlechtsempfindung ist gar keine Rede.

Ueber die nachgeborenen kränklichen und frühgestorbenen Geschwister Goethes wissen wir wenig. Immerhin deutet diese Sterblichkeit auf ein pathologisches Moment vor der Geburt hin. Jakob (1752—59) allerdings wurde über 6 Jahre und soll dann einer ansteckenden Krankheit in der Kriegszeit erlegen sein. Düntzer sagt, er sei „zart, träge und eigensinnig" gewesen. Doch die nachfolgenden Mädchen (1754—55 und 1757—1759) starben 2 Jahre alt, der dritte Knabe (1760—61) wurde nur 8 Monate alt.

In Goethes Nachkommenschaft erreichte das Pathologische eine furchbare Höhe. Es sieht aus, als hätten sich die Dämonen das Glück, das Goethe über das gewöhnliche Menschenglück hinaus genossen hatte, durch das Unglück seiner Nachkommen mit Zinsen zurückzahlen lassen.

Schwer krank und unglücklich war Goethes Sohn. Die, die in Goethe den Normalmenschen sehen, haben natürlich die Quelle des Uebels in der Mutter gesucht. Christiane Sophie Vulpius war am 6. August (angeblich am 6. Juni) 1764 in Weimar geboren als des weimarischen Amtsarchivars Joh. Friedr. Vulpius Tochter. Der Vater soll ein Säufer gewesen und am Alkoholismus gestorben sein. Ueber die Mutter erfahren wir nur, dass sie früh gestorben ist. Christiane war genöthigt, selbst für sich zu sorgen, und arbeitete als Mädchen in der Blumenfabrik Bertuchs. Goethe verband sich mit ihr im Jahre 1788. Sie gebar am 25. December 1789 einen Sohn, August. Es folgten am 14. Oktober 1791 ein todtgeborener Knabe, ein am 24. November 1793 geborenes, am folgenden 4. December gestorbenes Mädchen, ein am 1. November 1795 geborener, am 18. November begrabener Knabe, ein am 18. December 1802 nach schwerer Geburt gleich verschiedenes Mädchen. Ueber Christiane erfahren wir, dass sie klein, wohlgebildet und sehr hübsch nach Art eines Bürgermädchens war. Sie war eine ausserordentlich tüchtige Hausfrau, gut begabt, nicht ohne geistige Interessen, sehr heiter, muthig, tanzlustig. Sie ist viel geschmäht worden, die Damen von Weimar haben ihr ganzes Gift gegen sie verspritzt, und es ist für Christiane das beste Zeugniss, dass der Weiberhass, ausser der später zu erwähnenden Neigung zum Trunke, keine groben Fehler an ihr nachweisen konnte. Abgesehen von allen ausdrücklichen Anerkennungen ist die Thatsache, dass Goethe Christianen geliebt und verehrt hat, dass er mit herzlicher Neigung an ihr festgehalten hat, als die sinnliche Erregung längst vorüber war, Beweis genug, dass Christiane durch vortreffliche Eigenschaften ausgezeichnet war. Goethes Mutter, die am 19. Januar 1795 geschrieben hatte: „küsse den kleinen August und auch deinen Bettschatz!", war, nachdem sie Christiane kennen gelernt hatte, ihres Lobes voll. In ihrem Briefe vom April 1807 heisst es: „Du kannst Gott danken! so ein liebes, herrliches, unverdorbenes Gottesgeschöpf

findet man sehr selten." Dass sie nach ihrer Verheirathung nicht nur treu und gehorsam wie immer,
sondern auch ebenso bescheiden wie früher blieb, das
verdient alle Hochachtung. Viehoff sagt: „Es wird
berichtet, dass bei Christiane die angeerbte Genuss-
sucht stärker hervorgetreten sei." Sie habe Studenten-
Bälle und andere Bälle geringerer Bürgerklassen besucht und habe sich einem verderblichen Weingenusse
hingegeben. Bei diesen Nachrichten weiss man nicht,
wieviel davon Klatsch ist. Sie tanzte gern, und da
die vornehmen Kreise ihr verschlossen waren, musste
sie eben mit Bürgern und Studenten vorlieb nehmen.
Auch das kann sie nicht ohne Goethes Zustimmung
gethan haben. Dass sie mehr Wein getrunken hat,
als gut war, das scheint richtig zu sein. Man kann
etwa Folgendes sagen. Wieviel Christiane als Mädchen getrunken hat, wissen wir nicht. Nach ihrer
Verbindung mit Goethe wird sie an seiner Lebensweise Theil genommen haben. Goethe liebte es,
wenn die Anderen mittranken, ja er soll die üble Ge-
wohnheit des Nöthigens gehabt haben. Christiane
wird also getrunken haben, wie Goethe trank. Das
war für ihn schon zuviel, für sie doppelt zuviel.
Positive Angaben sind selten. Wilh. Grimm sagt 1809:
„er trank fleissig, besser noch die Frau (die sehr gemein aussieht)." Dass sie sich betrunken habe, dass sie
eigentlich trunksüchtig gewesen sei, das wird nirgends
bezeugt. Am bedenklichsten ist eine Aeusserung
Riemers. Es sagt nach Christianens Tode (in den
Briefen an Frommanns), das Ende der Frau sei hart

und schrecklich gewesen, „ob man gleich voraussehen konnte, dass es über kurz oder lang so kommen müsste." Die Trunksucht ist freilich erblich, d. h. es wird die Anlage zu „Suchten" überhaupt ererbt, das leidenschaftliche Verlangen nach dem einmal liebgewonnenen Genusse und die Unfähigkeit, dem Reize zu widerstehen. Das Trinken allein macht nicht trunksüchtig, wenn nicht diese Anlage vorhanden ist: n'est pas alcoolique, qui veut, hat Lasègue gesagt. Offenbar hatte Christiane von ihrem Vater die böse Anlage geerbt, und in dem Alter, in dem Bachus die Venus gern ablöst, trat vielleicht das Uebel stärker hervor. Christiane starb früh, mit 52 Jahren. Schon im Jahre 1815 war sie schwer erkrankt. Riemer schreibt am 14. 1.: „Der Schlag oder eine Art von Schlag im Wagen hat seine Richtigkeit, wiewohl die Dame das selbst nicht weiss. Unterdess ist alles wieder gut. Das Gegentheil wäre für ihn vielleicht gut gewesen; für uns andre gewiss." Frau Schiller schreibt am 8. 2.: „In der Nacht von Sonnabend (den 4.) auf den Sonntag war die Frau einige Stunden (fast) todt, und Huschke hat dem Sohn im Vertrauen eröffnet, sie könnte nicht leben, doch hat es sich gebessert, aber der Anfall von Krampf kann immer bei jeden Veranlassungen wiederkommen." Goethe schreibt am 3. 4. an Willemer: „meine gute Frau war zwey Querfinger vom Tode. Jetzt ist sie wieder auf den Beinen."

Am 1. 6. 1816 schreibt Frau Schiller: „seine Frau ist zweimal in dieser Woche bedeutend krank gewesen, und man könnte Schlag befürchten. Vor vierzehn

Tagen hatte sie auch so einen Krampfanfall, den mir der Sohn recht ängstlich beschrieb."

Ueber ihren Tod liegt ein Bericht von Johanna Schopenhauer vor (Brief an E. v. d. Recke vom 25. Juni 1816), der freilich nicht authentisch ist. „Der Tod der armen Goethe ist der furchtbarste, den ich je nennen hörte. Allein, unter den Händen fühlloser Krankenwärterinnen ist sie, fast ohne Pflege gestorben, keine freundliche Hand hat ihr die Augen zugedrückt, ihr eigener Sohn ist nicht zu bewegen gewesen zu ihr zu gehen, und Goethe selbst wagte es nicht . . . reden konnte sie nicht, sie hatte sich die Zunge durchgebissen . . . Ihre Unmässigkeit in allen Genüssen zu einer sehr bösen Periode für unser Geschlecht, hatten ihr das fürchterlichste aller Uebel, die fallende Sucht zugezogen."

Frau Schiller schreibt am 8. 6.: „Sie hat unendlich gelitten. Die Grossherzogin erzählte mir, dass sie alle Minuten einen Anfall in dem letzten Tage gehabt." Aug. Vulpius schreibt am 11. 6.: „Sie starb am 6., (ihrem Geburtstage, in ihrer Geburtsstunde) Mittag 12 Uhr an Blutkrämpfen der schrecklichsten Art, für sie, und uns."

Nach diesen Angaben ist es kaum zweifelhaft, dass Christiane an epileptischen Anfällen gelitten hat und unter ihnen gestorben ist. Das Wahrscheinlichste ist wohl das, dass diese Anfälle auf Urämie beruhten, d. h. dass ihnen eine Vergiftung durch Versagen der Nierenthätigkeit zu Grunde lag. Wenigstens kommt mir die sogenannte Alkohol-Epilepsie hier weniger wahrscheinlich vor.

Das Sterben der Kinder Goethes.

Höchst auffallend ist die Sterblichkeit der Kinder Goethes. Sollte sie auf den Alkoholismus der Mutter zu beziehen sein, so müsste diese allerdings recht früh angefangen haben, zu trinken, denn sie war erst 27 Jahre alt, als sie 1791 ein todtes Kind gebar. Mir will die Sache nicht recht einleuchten, wenn ich bedenke, dass die Frau Rath im Jahre 1807 Christiane ein unverdorbenes Gottesgeschöpf nennt, dass in all den Briefen jener Zeit nichts auf Trunksucht deutet. Da Goethe selbst gern reichlich Wein trank, wird er sich gegen Andere in dieser Hinsicht lässlich gezeigt haben, ein betrunkenes Weib aber würde seinen Abscheu erregt haben. Die Hauptsache ist denn doch, dass beide Eltern tranken. Ueberdem scheint im Allgemeinen ein Gegensatz zwischen geistiger Productivität und der eigentlichen Reproduction zu bestehen. Wo die eine die Hauptsache ist, da leidet die andere. Beim weiblichen Geschlechte ist die Reproduction das wichtigste Geschäft, die geistige Productivität ist im Allgemeinen fast gleich Null. Wollten wir diese steigern, so würden wir den Zwecken der Natur entgegen arbeiten, wie es die nach „Emancipation“ verlangenden Damen thatsächlich thun. Aber auch beim Manne scheint die Fülle der Geisteskinder der natürlichen Vaterschaft abträglich zu sein.

Auch bei dem Sohne Goethes, der heranwuchs, möchte ich die Quelle des Krankhaften nicht allein in der Mutter suchen, sondern ich denke, dass an seinem Elend, ausser dem Trinken beider Eltern und der Vulpiusischen Gehirnarmuth auch das Genie des Vaters schuld war, nicht nur so, dass der Sohn den Abstand schmerzlich empfand, sondern im physiologischen Sinne.

Es ist recht schwer, von August Goethe sich ein Bild zu machen. Der Knabe scheint sich zunächst sehr gut entwickelt zu haben, er wird schön und begabt genannt. Jedoch scheint er früh zu trinken angefangen zu haben, wenn wir der Frau von Stein glauben dürfen. Sie hatte ihn während Goethes Krankheit im Jahre 1801, also als 12 jährigen Knaben zu sich genommen. „Der hat indessen seine Zuflucht zu mir genommen; aber er ist schon gewohnt, sein Leiden zu vertrinken; neulich hat er in einem Club von der Classe seiner Mutter 17 Gläser Champagner-Wein getrunken, und ich hatte alle Mühe, ihn bei mir vom Wein abzuhalten." Das klingt freilich recht bösartig. Schon im Jahre 1802 wird von der Neigung Augusts zum Sammeln von Münzen berichtet, dem Sammel- und Ordnungsinne, der ihm als väterlich-grossväterliches Erbtheil durch sein ganzes Leben treu blieb. Auch die Neigung zum weiblichen Geschlechte soll sich schon früh gezeigt haben. Als August 1808 zur Universität abging, liess er schon eine Geliebte zurück. Später wird von seiner Freundschaft mit Ernst Schiller berichtet, beide sollen ein ausschweifendes Leben geführt haben. Aus den Briefen der früheren Zeit, von August und über ihn, ist wenig zu entnehmen. Genauere Angaben liegen erst über die späteren Jahre Augusts vor, und auch diese lassen manche Lücken. Die äusseren Daten sind, dass August 1812 Assessor wurde, 1817 sich mit Ottilie von

Pogwisch verheirathete, mit dieser in unglücklicher Ehe lebte, als Rath der Grossherzogl. Kammer arbeitete, den Vater in seinen häuslichen Geschäften und in der Sorge für die Sammlungen unterstützte. Am meisten erfahren wir über ihn von Holtei, dessen Aussagen als zuverlässig erscheinen, wenn auch seine Pragmatik zu wünschen übrig lässt.

Holtei sagt, er habe sich anfänglich durch Augusts schroffes („ich möchte sagen brutales") Wesen zurückgestossen gefühlt. Später jedoch habe er den guten Kern in ihm erkannt, und es sei zu aufrichtiger Freundschaft gekommen. „Als wir es waren [Freunde], verhehlte er mir nicht, dass er oft absichtlich, vorzüglich vor Fremden, darauf ausgehe, als roher Gegner jedes poetischen Treibens zu erscheinen, weil ihm der Gedanke zu fürchterlich sey, für einen Erben zu gelten, der sich bestrebe, Firma und Geschäft des Vaters fortzuführen." „August Goethe war kein gewöhnlicher Mensch; auch in seinen Ausschweifungen lag etwas Energisches; wenn er sich ihnen hingab, schien es weniger aus Schwäche, als vielmehr aus Trotz gegen die ihn umgebenden Formen zu geschehen. Stirn, Auge, Nase waren schön und bedeutend, machten seinen Kopf dem des Vaters ähnlich. Der Mund, mit seinen sinnlich aufgeworfenen Lippen hatte dagegen etwas Gemeines und soll an die Abstammung von weiblicher Seite erinnert haben. Er hielt sich, ging, stand, sass, geberdete sich wie ein feiner Hofmann; seine graziöse Haltung blieb stets unverändert und auch wenn er berauscht war, wenn er tobte, fiel er

nie aus dem Maasse äusserer Schicklichkeit. Er wusste
Viel und Mancherlei, nicht nur, dass er, wenn er einmal in's Arbeiten kam, ein ganz tüchtiger Rath an
fürstlicher Kammer sein konnte, trieb er auch Natur-
wissenschaften in vielfacher Richtung und hielt namentlich die vom Vater angelegten Sammlungen jeder
Gattung in bester scientivischer Ordnung. Das Münz-
kabinet hatte er gleichfalls in seinem Verschluss und
wusste genügende historische Auskunft zu geben."
Nachdrücklich betont Holtei Augusts Ordnungsliebe,
Reinlichkeit, Sammeltrieb. Im Stillen freilich sei er ein
eifriger Dichter gewesen. Die von Holtei gegebenen
Proben lassen das bedauern. August habe grosse
Vorliebe für Humoristisches gehabt. Er habe viele
Briefe von August erhalten. „Leider kann ich von
diesen Briefen wenig oder nichts mittheilen. (Der
Alte drückte sich gegen mich über jene Briefe, die er
trotz ihrer fast unglaublichen Tollheit und cynischen
Raserei, sämmtlich gelesen, mit den Worten aus: Nun,
Ihr evacuirt Euch denn recht gehörig!) Aber mitten
durch die lustigsten Briefe, durch die jubelndsten Ge-
spräche zuckten fortdauernd Blitze des Unmuths, des
Verzweifelns an sich selbst, des Lebensüberdrusses,
die den traurigen Zustand des Unseligen beleuchteten."
Dreierlei habe August zu Grunde gerichtet: 1) das
Trinken; er habe oft schon am Morgen massenweise
Wein getrunken, 2) Liebesunglück; er habe auf den
Wunsch des Vaters hin , seine Geliebte verlassen
müssen, und diese habe sich getödtet, 3) die Kränkung,
dass man ihn 1813, als das Machtwort des Vaters

Augusts Krankheit.

ihn hinderte, Freiwilliger zu werden, für einen Feigling gehalten habe. „Und so bereitete sich denn in ihm, nach allen Kämpfen und Krämpfen, eine verbissene Wuth, ein bohrender Groll, ein unmächtiger Trotz gegen die Verhältnisse, gegen sein Geschick, ja gegen sein Glück vor." Aus Trotz habe er sich dann der Vergötterung Napoleons gewidmet. Neben dieser Schwärmerei habe ihn besonders der Gedanke besessen, Weimar zu verlassen und eine grosse Reise anzutreten. Interessant sind Holteis Bemerkungen über das Verhältniss zwischen Vater und Sohn. August habe kein Geheimniss vor seinem Vater gehabt, habe diesen seinen Beichtiger genannt und habe jeden Morgen ihm alles, was ihm am vergangenen Tage begegnet war, rückhaltlos berichtet. Dies sei so weit gegangen, dass August den Auftrag Holteis, in einer Liebesangelegenheit für ihn zu handeln, deshalb zurückgewiesen habe, weil er die Sache auch vor dem Vater geheim halten sollte. Holtei spricht endlich von der „späteren Zeit, wo er schon körperlich und geistig ganz zerrüttet war", ohne sich näher zu erklären. August habe ihn bei dem letzten Zusammensein „mit einem Zutrauen, mit einer oft stürmischen Freundschaft beschenkt, die mir bisweilen Angst einjagten. Der Tod tobte ihm schon in den Adern; seine Heiterkeit war wild und erzwungen, sein Ernst düster und schwer, seine Wehmuth herzzerreissend. Dabei suchte er aber immer eine gewisse Feierlichkeit der Formen zu bewahren, die oft wie eine unbewusste Nachahmung des Vaters erschien und sich deshalb im Gegensatz zu sonstigem Thun und Treiben gespenstig ausnahm."

Frau von Gustedt ist von Holteis Mittheilungen über August nicht befriedigt. Jedoch werden diese durch das, was sie sagt, eigentlich nur bestätigt. Manches wusste Holtei sicher besser, denn Jenny v. Pappenheim, die nachmalige Frau von Gustedt, war damals ein junges Mädchen, und solche erfahren eben manches nicht. Nach Frau v. Gustedt war August ein „kluger gutmüthiger Mann", der durch den Vater erdrückt wurde. Goethe habe seinen Sohn als Kind zärtlich geliebt, ihn zu sich genommen und ihm seine eigenen Neigungen beibringen wollen. Der Knabe wollte lieber mit Altersgenossen verkehren. Goethe wurde streng, und August wandte sich nun zur Mutter, die ihn verzog, ihm Leckereien und Geld zusteckte, ihm die Hinterthüre öffnete. August war schön, von Schmeichlern umgeben, er liess sich gehen, machte viele Streiche. Er reimte viel, aber seine Verse waren nicht gut. Seinem Hauptwunsche, Weimar verlassen zu dürfen, trat Goethe entgegen. Dieser begünstigte die Verbindung mit Ottilie von Pogwisch. Obwohl er eine ganze Anzahl leichtsinniger Verhältnisse hinter sich hatte, liebte August Ottilien, diese sah in ihm hauptsächlich den Sohn Goethes, und die Ehe wurde sehr unglücklich. August hatte viel „Kneipereien". Als seine Söhne geboren waren, liebte er sie innig und war oft auf den Grossvater eifersüchtig. Ein schöner Zug Augusts war seine Freundestreue. Schliesslich fühlte er sich krank an Leib und Seele. „In besonders trüben Momenten sagte er sich: Ich will nach Rom, um dort zu sterben."*) Als er abreiste, sei der alte Goethe von bösen Ahnungen überwältigt worden. „Ein Grausen könnte uns erfassen (schliesst Fr. v. Gustedt) vor dem Herrscher über uns, wenn wir dies Leben betrachten, denn es scheint uns Schicksal — nicht Schuld." ✓

Nach alledem ist sicher, dass August krank gewesen ist, aber die Art des krankhaften Zustandes ist schwer zu erfassen. Er war Trinker, aber einerseits war sein Alkoholismus von vornherein Ausdruck der Entartung, ging aus Augusts pathologischer Beschaffenheit hervor, andererseits ist zweifellos das von Holtei entworfene Bild nicht durch den Alkoholismus allein zu erklären. Die psychologische Betrachtung mancher Literaturgeschichten stellt alles auf den Kopf; es heisst: August fühlte sich von seinem Vater gedrückt, lebte in unglücklicher Ehe, deshalb trank er, deshalb wurde er krank. Nein, weil er krank war, trank er, fühlte er sich vom Vater gedrückt. Wäre die Sache gut gegangen, wäre August ein ruhiger und tüchtiger Mann geworden, so würde es heissen: Des Vaters Name ebnete ihm den Weg, das Glück, eines so herrlichen Mannes Sohn zu sein, liess ihn alles leichter tragen, da seine Begabung ihn auf einen practischen Beruf hinwies, kam der Vergleich zwischen ihm und dem Vater nicht in Betracht, u. s. f.

---

*) Die ganze Darstellung ist sehr damenhaft, und man wird gut thun, nicht zu gläubig zu sein.

Die Familie.

Wir finden bei August Goethes Leidenschaftlichkeit wieder, das ist das Urphänomen. Aber das, was den Vater förderte, stürzte den Sohn ins Verderben. Denn bei ihm kam die ererbte Anlage zur Trunksucht dazu, die bei der Mutter in Verbindung mit einem glücklichen, heiteren Temperament relativ unschädlich gewesen war. Denn ihm fehlte der hohe Geist des Vaters, er hatte einen guten Durchschnitts-Intellect von der Mutter, und dieser glich bei ihm einem schwächlichen Reiter auf einem wilden Pferde. Dies Missverhältniss seines Wesens ergab die von den Zeitgenossen beobachteten Eigenschaften: Heftigkeit,*) Unstetigkeit, Liederlichkeit, düstern Missmuth, hohle Rhetorik, stürmische erfolglose Anläufe einerseits, Gutherzigkeit, aufrichtiges Streben, tüchtige Kenntnisse andererseits. Im Laufe der Jahre machten sich natürlich die Wirkungen des Trinkens mehr und mehr geltend. Auf die Krankhaftigkeit der trunksüchtigen Ausschweifungen weist besonders ihr intermittirendes Auftreten hin. Aber es klingt, als sollte noch etwas Besonderes angedeutet werden, wenn Holtei theatralisch sagt: Der Tod tobte ihm schon in den Adern, wenn Frau von Gustedt ihn krank an Leib und Seele nennt, wenn Johanna Schopenhauer meint, dass Augusts Zustand

---

*) Im Jahre 1823 (in Hinsicht auf die Verbindung mit Ulrike v. Levetzow) spricht der Canzler von der „rohen und lieblosen Sinnesweise seines Sohnes“ und sagt: „Nur vom Sohne her droht alles Uebel, da der verrückte Patron gegen den Vater den Piquirten spielt, und sogar Ottilien mit sich nach Berlin nehmen will.“

Augusts letzte Reise.

die Meisten seine Rückkehr weder hoffen noch wünschen liess, wenn der alte Goethe gesagt hat: „Als er fort ging, gab ich ihn schon verloren" (zu dem Canzler nach Joh. Schopenhauer). Es taucht der Gedanke auf, ob etwa August in seinen letzten Jahren an beginnender progressiver Paralyse gelitten habe, aber freilich fehlt es an allen Mitteln, die Vermuthung zu begründen.

August reiste mit Eckermann nach Italien, sie scheinen aber nicht gut mit einander ausgekommen zu sein, Eckermann kehrte in Genua um. Ueber die Zeit der Reise liegen des alten Goethe briefliche Aussagen vor, die ziemlich gleichlautend in den Briefen an Zelter und an den römischen Kestner gegeben werden. Die Tagebücher Augusts waren wegen dessen „immer hervorstechender Individualität in ihrer eigensten Energie und Entschiedenheit" nicht mitzutheilen. Soweit wie sie bekannt worden sind, ist aus ihnen ebensowenig wie aus den letzten Briefen diagnostischer Gewinn zu ziehen. Goethe, der am 28. März 1830 zu dem Canzler gesagt hatte: „mein Sohn wird in Italien seine eigenen Wege gehen, das Lumpenpack kümmert sich viel um die Väter", beginnt seinen Bericht so: „Mein Sohn reiste um zu genesen. Seine ersten Briefe von jenseits waren höchst tröstlich und erfreulich." Was heisst das „um zu genesen"? Körperlich war August nicht krank, denn er that alles, was ein Reisender thut, ging, fuhr, besuchte Theater u. s. w. Also muss es sich um eine geistige Krankheit gehandelt haben. Auf dem Wege von Genua nach

Die Familie.

Spezzia sei August gestürzt, habe das Schlüsselbein gebrochen, habe dann vier Wochen liegen müssen und dabei an einer Hautkrankheit gelitten, die bei der Hitze sehr beschwerlich war. Vielleicht hat es sich um Hitzefriesel gehandelt. August „übertrug dieses Uebel mit männlich gutem Humor" und sandte in der Folge musterhafte Tagebücher. Er sei über Florenz nach Livorno gegangen und von da mit dem Dampfschiffe nach Neapel gefahren. „Seine Briefe von dorther wollten mir jedoch, wie ich gestehen muss, nicht recht gefallen; sie deuteten auf eine gewisse Hast, auf eine krankhafte Exaltation." In Pompeji sei er heiter, ja lustig-lebendig gewesen. „Eine Schnellfahrt nach Rom konnte die schon sehr aufgeregte Natur nicht besänftigen; die ehren- und liebevolle Aufnahme der dortigen deutschen Männer und bedeutenden Künstler scheint er auch nur mit einer fieberhaften Hast genossen zu haben. Nach wenigen Tagen schlug er den Weg ein, um an der Pyramide des Cestius auszuruhen, an der Stelle, wohin der Vater, vor seiner Geburt, sich dichterisch zu sehnen geneigt war." Wenn jemand, der nichts weiter weiss, diesen Bericht Goethes unbefangen liest, so muss sich ihm der Gedanke aufdrängen: hier wird von einem Selbstmorde erzählt. Die Betonung der krankhaften Erregung, die Wahl eines activen Wortes (er schlug den Weg ein), das Geheimnissvolle des Ganzen zwingen zu dieser Deutung. Natürlich kann ich mich irren, aber ich möchte doch glauben, dass Goethe, als er jenes schrieb, den Tod seines Sohnes für freiwillig gehalten habe und an die

Augusts Tod.

anders lautenden Berichte nicht geglaubt habe. Ueber den Tod selbst hat der römische Kestner berichtet. Am Freitag sei er mit August bei Thorwaldsen gewesen, am Sonnabend habe er ihn und Preller zu Tische bei sich gehabt, am Sonntage und Montage seien sie zusammen in Albano und Frascati gewesen. Auf diesem Ausfluge wurde der Gast krank, nach der Rückkehr musste er das Lager suchen. Das Uebel begann mit Kopfschmerzen, und August glaubte, er habe sich in Thorwaldsens Atelier erkältet. Dann wird von Gliederschmerzen und Hämorrhoidalbeschwerden berichtet. In der Nacht vor Dienstag nahmen die Schmerzen (welche?) zu, und Dr. Riccardi wurde geholt. Er erklärte, es handle sich um Scharlachfieber (una febbre miliare*) di natura assai benigna, sagt Riccardi selbst), und liess zur Ader. Am Dienstage kam er fünfmal und fand keine Gefahr. Es trat etwas Halsweh auf. Noch schien die Krankheit unbedeutend zu sein, in der Nacht auf den Mittwoch aber trat der Tod ein. „Von zwei treuen Freunden und Landsleuten bewacht, deren Einer der treffliche Preller war", habe Kestner August am Abende des 26. October verlassen. „Um zwei Uhr nach Mitternacht hörten die Wachen einen tiefen Athemzug, und als sie ihn aufrichten wollten, war er ohne allen Kampf hinübergegangen."**)

---

*) Warum Kestner den Ausdruck Febbre miliare, der gewöhnlich mit Friesel verdeutscht wird, mit Scharlachfieber (Febbre scarlattina) übersetzt, weiss ich nicht.

**) Etwas anders lautet der Bericht in einem Aufsatze Schröers, auf Grund der Angaben Prellers. August sei auf dem

Die Familie.

„Auch nicht die Krankheit ist das Unglück gewesen, sagt Kestner, sondern ein Schlagfluss"; es habe das Fieber eine Ader im Gehirn zersprengt, eine Ader, „die vermöge der Desorganisation des Gehirns diesem Bruche nicht allein in dieser Krankheit, sondern fortwährend ausgesetzt war."

Kestner bemühte sich um den alten Vater in rührender Weise. Er schrieb sofort an den Canzler von Müller, er möge sich aller Zeitungen u. s. w. bemächtigen, damit Goethe nichts erfahre, und an Cotta, er möge verhindern, dass die Todesnachricht in die

Ausfluge von einem Fieber befallen worden, nachdem er sich auffallend theilnahmelos gezeigt hatte. Sie seien am Montage zurückgekehrt. In der 2. Nacht sei August aufgesprungen, habe Preller umklammert, so dass dieser erdrückt zu werden fürchtete. Preller und der Maler Rudolf Meier hätten ihn mit Mühe in das Bett gebracht, dann habe August einen tiefen Athemzug gethan und sei verschieden. Der Arzt habe erklärt, August sei an einer zurückgetretenen Hautkrankheit durch Gehirnschlag gestorben. Preller erkrankte in den ersten Tagen des November an den Pocken, man vermuthete daher, er sei durch August angesteckt worden. Demnach müsste doch auch August an den Pocken krank gewesen sein. Natürlich ist die Ansteckung gar nicht erwiesen, auch wäre die Zeit der Incubation etwas zu kurz. Nach einer privaten Mittheilung bestätigt die Witwe Prellers obige Angaben. Ihr Mann habe ihr Augusts Krankengeschichte nicht ein-, sondern hundertmal erzählt. August sei an den Blattern gestorben, die zwar nicht zum Ausbruche gekommen waren, durch die Section aber festgestellt wurden. Es fand sich Eine Blatter auf dem Gehirn [!]. Preller sei bei der Section und dem Begräbnisse noch zugegen gewesen, dann aber sei er nach Hause gefahren worden, und die Blattern seien bei ihm ausgebrochen. Abgesehen von der Schilderung des Todes selbst ist auf diese Prellerschen Angaben gar nichts zu geben.

Zeitungen komme. Er machte in Rom einen Anschlag an geeigneten Stellen, der die Bitte enthielt, man möge in den ersten acht Tagen über Augusts Tod nicht berichten.

In den Anmerkungen der Herausgeber zu Goethes Tagebuch von 1830 heisst es: „Der Tod erfolgte im Hause der Via di porta Pinciana No. 17. Goethe hat darüber ein besonderes Fascikel angelegt. Die Aufschrift von Johns Hand lautet: ‚Acta privata. Das Ableben meines Sohnes erfolgt zu Rom Ende Octbr. 1830 betr.‘

Es enthält auf der 1. Seite den hier 20—25 gedruckten Passus (mit zwei unbedeutenden Varianten), von Goethe eigenhändig signirt. Ferner den Kestnerschen Bericht über Krankheit und Tod Augusts, den Goethe aus v. Müllers Händen empfing, den Entwurf der vom 10. Novbr. datirten und von Goethe und Ottilie unterzeichneten Todesanzeige, den Krankheitsbericht der Aerzte in italienischer Sprache, eine Abschrift des Todtenscheins, Bestimmungen über den Nachlass, ein Verzeichniss der hinterlassenen Effekten. Sodann lose ein weiterer Kestnerscher Brief vom 28. Octbr. über die letzte Stunde und die Section, eine ausführliche Beschreibung des Sectionsbefundes, eine Abschrift der für die Freunde bestimmten Mittheilung vom 23. Febr. 1831 (vgl. Briefw. mit Zelter 6, 158 bis 160), endlich einen aus dem Nachlass der Enkel stammenden Auszug aus der obenerwähnten Relation der drei Aerzte über die Krankheit von Riemers Hand.“

Die Familie.

Herr Geh. Hofrath Suphan hat mir dieses „Fascikel" gütigst vorgelegt. Neben dem Briefe Kestners ist der von drei römischen Aerzten unterzeichnete Bericht am wichtigsten. Er schafft Klarheit und erweckt durch seine einfache und angemessene Sprache Vertrauen. Die Hauptstellen sind folgende. Die Leber war sehr vergrössert,[*] nicht röthlich, sondern weingelb, sie war in hohem Grade verhärtet, sodass sie unter dem Messer knirschte. Auch die Schnittfläche war gelb. An Lunge, Herz u. s. w. war nichts besonderes wahrzunehmen. Aber in der Schädelhöhle wurden stärkere Veränderungen gefunden. Die stark verdickte und ganz mit Blut angeschoppte Hirnhaut war mit der Gehirnoberfläche verwachsen, besonders auf der Convexität.[**]

Die italienischen Aerzte sagen ganz richtig, dass die Krankheit der letzten Tage nicht Ursache der bei der Section gefundenen Veränderungen sei, dass diese chronische, seit langer Zeit bestehende Uebel und die eigentliche Ursache des Todes seien.

---

[*] Die Aerzte sagen: um das Dreifache vergrössert; das ist natürlich etwas stark übertrieben. Riemer hat es richtig übersetzt. Nun liegt aber noch eine Uebersetzung von der Hand der Frau Riemer in dem Hefte, und da heisst es: um das Fünffache vergrössert!

[**] La pia madre fortemente inspissata, tutta injettata di sangue era fortemente aderente, e quasi immedesimata nei lobi superiori del cervello ove si sgorgerano dei punti suppurati. Was es mit den eitrigen Stellen auf sich hat, weiss ich nicht. Vielleicht sind nur gelbe Flecke gemeint. Diese punti suppurati haben wohl zu der „Gehirnblatter" der Frau Preller geführt.

Die Ursache des Todes Augusts.

In der That ist der Befund ganz charakteristisch, denn auch dann, wenn man gar nichts vom Leben wüsste, würde man sagen: der Verstorbene ist ein alter Säufer gewesen. Ein Mensch mit der beschriebenen Leber- und Gehirn-Erkrankung ist natürlich ein dem Einsturze nahes Haus. August war thatsächlich schon bei der Abreise ein Todescandidat. Die Anstrengungen der Reise mögen den Verfall etwas beschleunigt haben, und eine leichte fieberhafte Erkrankung gab den Rest. Ueber die unmittelbare Todesursache sind zwei Meinungen möglich, nemlich Gehirntod oder Herztod. Da offenbar das Gehirn nicht geöffnet worden ist, kann man nicht sagen, ob eine Embolie oder eine Blutung stattgefunden hat. Mir ist eigentlich ein plötzliches Erlahmen des Säuferherzens am wahrscheinlichsten. Dass die Aerzte am Herzen nichts bemerkt haben, spricht nicht dagegen.

Die Frage, ob ausser der Alkohol-Verwüstung eine progressive Paralyse bestanden habe, ist nicht zu entscheiden.

Höchst unglücklich für beide Theile und für die Nachkommenschaft war die aus gesellschaftlichen Rücksichten geschlossene Verbindung von Goethes Sohne mit Ottilie von Pogwisch. Diese war durchaus eine dégénérée. Den „verrückten Engel" nannten sie ihre Freundinnen, die „Frau von dem anderen Stern" sagte Frau von Gustedt. Sie war leidenschaftlich, unstet, phantastisch, trotz vieler guten Eigenschaften und ausgezeichneter Befähigung. Sie konnte weder

Die Familie.

als Mutter im physiologischen Sinne, noch als Erzieherin der krankhaften Art ihres Mannes ein Gegengewicht geben. Ihre Kinder waren in jeder Hinsicht zu bedauern.

Der älteste Sohn, Walter Wolfgang, wurde am 9. April 1818 geboren. Er war ein stiller ergebener Mensch. Er widmete sich später besonders der Musik und fühlte sich tiefgekränkt durch die Nichtbeachtung seiner Compositionen. An der Mutter hing er mit rührender Zärtlichkeit und opferte ihr vieles auf. Später lebte er ganz zurückgezogen „verschwiegen leidend". Asta Heiberg sagt, er sei klein, schwächlich, etwas verkrüppelt gewesen, dabei geistig einfach und gutmüthig bescheiden. Er erkrankte ziemlich früh an der Schwindsucht, ist aber erst 1885 gestorben.

Ueber den jüngeren Sohn, den am 18. September 1820 geborenen Wolfgang Max, der gewöhnlich Wolf genannt wurde, besitzen wir ausser den Bemerkungen der Frau von Gustedt eine Schrift von Otto Mejer (Wolf Goethe. Weimar 1899). Er war von Jugend auf ernst und verschlossen, leidenschaftlich und „phantasiereich" wie seine Mutter. Er zeigte vortreffliche Anlagen, schrieb als junger Mann ein Drama „Erlinde", wandte sich später philologisch-historischen Studien zu, arbeitete sein Leben lang, ohne je mit etwas recht fertig zu werden, war eine Zeit lang im diplomatischen Dienste thätig, lebte dann verstimmt und krank in der Einsamkeit. Schon als junger Mann erkrankte er an Gesichtsneuralgie. Dieses Leiden scheint ihn fürchterlich gequält zu haben, sodass er oft lange gänzlich leistungsunfähig war, und die Umgebung für sein Leben fürchtete. Gesund scheint er fast nie gewesen zu sein, wir hören von Rheumatismus und Kopfschmerzen, allgemeiner Schwäche und Abspannung, Augenleiden, „gichtisch-nervösen" Leiden. Später erkrankte er an asthmatischen Anfällen und starb in einem solchen am 20. Januar 1883.

Sein Freund Mejer sagt von ihm: „Er war ein gross angelegter Mensch, von umfassender Bildung, von weitem Gesichtskreise, von eigenen Gedanken, von vornehmstem Charakter, der allezeit gesinnt und gestimmt war, zuerst seiner Pflichten eingedenk zu sein und erst dann seiner Rechte, voll aufrichtiger Menschenliebe, treu, wahr, arbeitsam." „Wäre nicht die schmerzende Last seiner Krankheit und die glänzende seines Namens auf ihm gewesen, so würde er nach menschlichem Ermessen ein bedeutender Mann geworden sein." Freilich muss man hinzufügen, er konnte kein bedeutender Mann werden, weil er von vornherein eine vorwiegend pathologische Natur war, und eben deshalb wurde er krank, wurde er von seinem Namen gedrückt, statt gefördert. Denn hier wie in den meisten Fällen sind Krankheit und Noth nicht etwas von Aussen Kommendes, sondern das Zeichen der krankhaften Schwäche. Der Gesunde wird nicht krank und überwindet die Hindernisse, der Entartete aber wird das Opfer der Krankheit, und der Stein, der jenem eine Stufe ist, erdrückt diesen.

Die Familie.

Das dritte Kind Augusts war die am 29. October 1827 geborene Alma. Sie ist schon im Jahre 1844 am Typhus gestorben. Sie wird wohl auch lebensschwach gewesen sein, da sonst junge Menschen den Typhus gut überstehen.

Ueberblicken wir die Familie Goethes im Ganzen, so sehen wir in ihr ein Beispiel der bis zu der Vernichtung des Geschlechtes fortschreitenden Entartung, und mitten in all dem Jammer steht der Genius.

Die Gesundheit eines Geschlechtes ist zu messen an der Beschaffenheit der Kinder. Je mehr Gesundheit, um so mehr Kinder und um so gesündere Kinder. In der Familie Goethes nimmt mit jeder Generation die Zahl der Kinder ab, und wächst die Kindersterblichkeit in grauenhafter Weise.

Der Urgrossvater hatte 11 Kinder, der Grossvater 8, der Vater 6, Wolfgang selbst 5, sein Sohn 3.

Der Thüringer Hufschmied hat elf gesunde Kinder, sein Sohn wandert in das Rheinland aus, und von seinen vielen Kindern erreichen nur zwei Söhne das reife Alter. Der Enkel hat einen genialen Sohn und eine kümmerliche Tochter. Der Urenkel hat nur einen lebensfähigen, aber kümmerlichen Sohn, und dessen Söhne verkümmern kinderlos.

Unser Wissen ist Stückwerk, und niemand vermag zu sagen, dass er in dem schlimmen Erbgange alles durchschaue. Aber Eine Ursache des Verderbens ist fassbar: die edle Gottesgabe, der Wein. Wir wissen, was der Alkoholteufel thut, wir wissen, dass er die

Keime noch mehr als den Trinker schädigt. Der Alkohol verderbt zuerst die Blutgefässe, die Nieren und das Gehirn. Arterienerkrankung, Nierenerkrankung, Gehirnerkrankung sind die Hauptkrankheiten der Goethischen Familie. Frühsterbende kränkliche Kinder kennzeichnen die Familien der mittelstarken Trinker. Das stimmt wieder. Wenn das Verderben aufgehalten wird, und die Familie trotz des regelmässigen Trinkens des Vaters erhalten bleibt, so liegt das an der Nüchternheit der Mutter. Die Gesundheit des Weibes ist die letzte Rettung. Trinkt aber die Frau auch, dann geht es zu Ende. Die Verbindung des Dichters mit Christiane besiegelte den Untergang des Geschlechtes. Bei alledem ist nicht von Trunksucht im gewöhnlichen Sinne des Wortes die Rede, sondern von dem täglichen Trinken der in Weinländern noch für „mässig" geltenden Mengen, d. h. etwa von dem Goethischen Maasse: ein bis zwei Flaschen täglich.

Ahnungslos und heiter treiben in der Mitte des unglücklichen Geschlechtes die Frau Rath und ihr grosser Sohn ihr Wesen. Wie im Leben überhaupt Schlimmes und Gutes unaufhörlich vermischt ist, so sehen wir diese hellen Gestalten aus Dunkelheit hervortreten, und Finsterniss ihnen folgen. Der Genius ist hier so recht die Perle in der Muschel: das Krankhafte sprengte das normale Gefüge, und so entstand der Schmuck des menschlichen Geschlechtes. Man kann so sagen, man kann sich aber auch, wie früher, in's Pflanzenreich wenden: Der Stamm Goethes ist

Die Familie.

verdorrt, seine Familie trieb durch unnatürliche Wärme in ihm eine köstliche Blüthe und strömte damit ihre Kraft aus, nach ihm aber folgten nur noch lebensschwache Triebe. Der Genius erscheint auf der Erde nicht, um die Zahl der Menschen zu vermehren, seine Werke sind seine unsterblichen Kinder.

Inhaltsübersicht

des II. Theiles dieses Werkes.

IV, 260 Seiten mit Figurentafel. M. 3.—, geb. M. 4.50.)

I. **Goethes Portrait.**
   Einleitung.
   1. Das Körperliche. — 2. Das Geistige.

I. **Ausführungen und Belege.**
   Nachrichten über den Zustand der Gesundheit
   Goethes von 1767 bis 1832.

II . **Goethe und Gall.**
   Anmerkungen.